公共服务财政支出与中等收入群体发展

Fiscal Expenditure of Public Service and the Development of Middle Income Group

何冬妮 / 著

上海社会科学院出版社

前　言

在百年未有之大变局下,中国发展的内外环境发生深刻复杂变化,无论是有效应对贸易保护主义、单边主义、民粹主义和孤立主义兴起的严峻挑战,还是扩大内需、推动经济转型升级、维护国家经济社会安全,扩大中等收入群体都是我国赢得主动、争取更大发展空间的关键。

自党的十六大以来,扩大中等收入群体已成为我国政府重要的施政目标。从实际看,尽管近年来我国中等收入群体的规模有所扩大,但研究普遍认为中等收入群体占总人口的比例仍然偏低。经济结构调整带来的就业竞争压力叠加快速上升的医疗、养老、子女教育、住房等压力,增加了中等收入群体的脆弱性和不稳定性,成为我国经济社会可持续发展面临的现实挑战。

关于中等收入群体影响因素的诸多研究认为,优化政府财政支出结构,特别是扩大公共服务财政支出,对中等收入群体的形成、稳定和发展具有重要影响。许多研究建议,应通过增加公共服务财政支出,为中低收入者提供基本而有保障的教育、医疗卫生,以及社会保障等公共服务,促进中低收入者向上流动,从而加快扩大中等收入群体。但现有文献中关于我国公共服务财政支出的"扩中"作用的实证研究较少,也鲜见关于公共服务财政支出影响中等收入群体的路径和机理研究。

为此,本书以《公共服务财政支出与中等收入群体发展》为题,采取理论和实证分析相结合、历史比较和国际比较相结合、推理演绎和数量分析相结合等方法,研究公共服务财政支出变化对扩大中等收入群体的影响路径和传导机理,并运用回归分析、比较分析、制度分析等方法,分析公共服务财政支出与扩大中等收入群体两者间的关系,分析公共服务财政支出发挥"扩中"作用面临的主要问题和制度障碍，在此基础上得出本书的主要研究结论与政策建议。在前人的基础上，本书主要有四个方面的研究探索：

1. 利用中等收入群体理论、公共财政理论、收入分配理论和阿马蒂亚·森"可行能力"理论等的观点，研究提出公共服务财政支出影响中等收入群体的分析框架，并重点研究论证教育、医疗卫生、社会保障三大公共服务财政支出对扩大中等收入群体的影响，分析阻碍公共服务财政支出充分发挥"扩中"作用所面临的问题、挑战以及制度障碍，最后针对问题提出对策建议。

2. 以宏观和微观相结合的方法推理演绎公共服务财政支出影响中等收入群体的路径和机理。这对已有研究是一种补充与丰富。

3. 探索用"购买力平价"方法来测算不同地区中等收入群体比重。利用2001—2016年我国22个省份的居民家庭收入和公共服务财政支出的面板数据，就地方公共服务财政支出变化对中等收入群体比重的影响进行实证分析。

4. 研究分析公共服务财政支出发挥"扩中"作用的国际经验。通过对美国、德国、日本、韩国、北欧和拉美国家等的公共服务财政支出影响中等收入群体发展的实践案例研究，来分析提炼对我国的重要启示。

全书研究的逻辑框架如下：

首先，在系统梳理国内外关于公共服务财政支出和中等收入群体发展之间关系的研究文献，以及研究综述中等收入群体理论、公共财政理论、收入分配理论、阿马蒂亚·森"可行能力"理论等相关理论的基础上，构建公共服务财政支出影响中等收入群体发展的理论分析框架，推理演绎公共服务财政支出影响中等收入群体发展的路径和机理。从宏观视角看，公共服务财政支出的"扩中"效应有"两线""三结构"的传导路径，即公共服务财政支出变化通过经济增长、收入分配这"两线"和供给结构、需求结构、收入分配结构这"三结构"影响中等收入群体的扩大发展；从微观视角看，公共服务财政支出的变化引起居民的工资性收入、经营收入、财产性收入和转移性收入的变化,进而影响中等收入群体的发展。

其次,在理论指导下,客观分析我国公共服务财政支出的变化趋势与我国中等收入群体变化趋势之间的一致性或背离性。

再次,采用问卷调查的方法,对影响"扩中"最受关注的公共财政因素进行了调研,结果显示最贴近民生的教育、社会保障和就业、医疗卫生等公共服务支出,是被调查对象关注最高的影响中等收入群体的公共财政因素。紧接着,提出并采用基于"购买力平价"的中等收入标准,测算了不同地区中等收入群体的比重,利用2001—2016年我国22个省份的居民家庭收入和公共服务财政支出的面板数据,实证分析地方公共服务财政支出变化对中等收入群体比重的影响。研究结果表明,公共服务财政支出占GDP比重的提高对扩大中等收入群体规模具有明显的正向作用,其影响和作用要大于财政总支出对扩大中等收入群体的影响和作用。通过分别对教育财政支出占GDP比重、医疗卫生财政支出占GDP比重、社会保障和就业财政支出占GDP比重的变化与中等收入群体比重的变化之间的关系进行回归分析发现,这三项公共服务财政支出的"扩中"作用由大到小依次为医疗卫生财政支出、教育财政支出、社会保障和就业财政支出。

然后,在前文分析我国公共服务财政支出发展趋势与中等收入群体发展趋势的一致性或背离性的基础上,研究我国公共服务财政支出在扩大中等收入群体方面面临的主要问题和挑战,分析阻碍公共服务财政支出"扩中"作用的制度因素。从全国看,一方面公共服务财政支出仍然不适应产业结构升级、消费结构升级的趋势与需求,从而抑制了经济增长的"扩中"效应;另一方面公共服务财政支出不均等加剧收入分配不平等,从而抑制了收入分配改善的"扩中"效应。阻碍公共服务财政支出的制度因素涉及当前财政制度、公共服务体制、教育结构和教育制度、医疗卫生制度以及社会保障制度中不合理的安排。

接着,通过分析美国、德国、日本、韩国、北欧国家和拉美国家等的公共服务财政支出影响中等收入群体发展的实践案例,研究总结可供我国借鉴的、充分发挥公共服务财政支出的"扩中"作用的国际经验:充分发挥公共服务财政支出的"扩中"作用,首先需要把扩大中等收入群体作为一项重要的发展目标和考核政府绩效的重要指标;要以公平和可持续发展为导向扩大公共服务财政支出,尽可能避免和减少对私人投资和私人消费的挤出效应;需要发挥政府和市场的合力,政府在促进基本公共服务均等化为导向的公共服务支出中承担主体责任并发挥主导作用,同时充分利用市场机制和竞争机制来提高公共服务财政支出的效率。

最后,基于前文的理论和实证研究,针对制约公共服务财政支出发挥"扩中"作用的现实问题及深层次的制度原因,结合国际经验,提出对策建议。

本书成稿于2020年新冠肺炎疫情爆发之前,但当下疫情全球大流行正加剧大变局之"变"。处变不惊,重在稳住自己。中等收入群体的稳定和发展既是稳现实,又是稳预期,这样的特殊背景提升了本书所研究问题的现实意义。

疫情之下,中央政府出台"六保""六稳"应对疫情冲击的政策完全必要。财政政策要更积极,但财政支出的效率要全面提升。财政支出结构与效率恰是本书研究探讨的核心问题。在本书的测算中,公共服务财政支出对中等收入群体的积极影响是显著的,同时在公共服务财政支出中又属公共卫生医疗财政支出的"扩中"效应最为明显,这印证了我国扩大公共卫生医疗财政支出比重和提高该项支出效率的必要性、重要性、现实性。

本书的研究依然存在许多不足,关于公共服务财政支出影响中等收入群体发展的宏微观传导机制研究尚处于探索阶段,从公共服务财政支出变化到产业结构变化、消费结构变化,到中等收入就业比重变化和居民收入变化,再到中等收入群体比重变化的"传导链",仍然需要更深入具体的实证研究和分析。在计量分析方面也还可以进一步深挖,例如,教育、医疗卫生、社会保障和就业财政支出均等化对中等收入群体比重的影响,财政对学前教育、义务教育、职业教育、高等教育支出比重的变化对中等收入群体比重的影响,财政对医疗卫生支出比重的变化对中等收入群体比重的影响,财政对基本养老保险基金的补助、对其他社会保险基金的补助比重的变化对中等收入群体比重的影响等。由于时间限制,我暂无法在本书中就这些值得进一步研究的问题——做更深入具体的解剖分析,是为遗憾,但也留下念想。希望在未来我能努力结合实际,更深入地开展后续研究。

目　　录

第一章　问题的提出 ··· 1

　第一节　研究背景与意义 ·· 1

　　一、研究背景 ·· 1

　　二、研究意义 ·· 3

　第二节　主要内容 ··· 3

　　一、研究的问题 ··· 3

　　二、研究视角 ·· 4

　第三节　研究思路与研究方法 ··· 6

　　一、研究思路 ·· 6

　　二、章节安排 ·· 6

　　三、研究方法 ·· 8

　　四、期望创新点 ·· 10

第二章　文献综述与理论基础 ·· 12

　第一节　概念界定 ·· 12

　　一、公共财政与公共服务财政支出 ································ 12

　　二、中等收入群体 ·· 15

　第二节　文献研究 ·· 22

　　一、公共服务财政支出与影响中等收入群体发展的主要因素 ··· 22

　　二、教育、医疗、社会保障和就业财政支出与中等收入群体

　　　　的关系 ·· 28

三、文献述评 ……………………………………………… 37
第三节 理论基础 ……………………………………………… 39
一、中等收入群体理论 …………………………………… 39
二、公共财政理论 ………………………………………… 42
三、收入分配理论 ………………………………………… 46
四、阿马蒂亚·森"可行能力"理论 …………………… 49

第三章 公共服务财政支出影响中等收入群体发展的路径与机理：理论分析 …………………………………………… 55

第一节 公共服务财政支出与经济增长 …………………… 55
一、公共服务财政支出对总供给和总需求的影响 ……… 55
二、公共服务财政支出对长期经济增长的影响 ………… 57

第二节 公共服务财政支出与收入分配 …………………… 59
一、公共服务财政支出对初次分配的影响 ……………… 59
二、公共服务财政支出对再分配的影响 ………………… 60
三、公共服务财政支出对社会流动性的影响 …………… 60
四、公共服务财政支出与制度因素 ……………………… 61

第三节 公共服务财政支出与可行能力 …………………… 61
一、公共服务财政支出对提升个体"可行能力"的影响 … 62
二、公共服务财政支出对促进"可行能力"平等的影响 … 62

第四节 公共服务财政支出对中等收入群体发展的影响：
宏观视角的传导路径与机理 ……………………… 63
一、公共服务财政支出影响中等收入群体的"两线"路径
及机理 …………………………………………………… 65
二、公共服务财政支出影响中等收入群体的"三结构"路
径及机理 ………………………………………………… 66

第五节 公共服务财政支出对中等收入群体发展的影响：
微观视角的传导路径与机理 ……………………… 69

一、公共服务财政支出影响居民工资性收入的路径和机理 ………………………………………………… 70

二、公共服务财政支出影响居民转移性收入的路径及机理 ………………………………………………… 71

三、公共服务财政支出影响居民财产性收入的路径及机理 ………………………………………………… 73

四、公共服务财政支出影响居民经营性收入的路径及机理 ………………………………………………… 73

第四章 中国公共服务财政支出变化趋势及其"扩中"作用考察 ……… 74

第一节 公共服务财政支出总体趋势 ……………… 74

一、公共财政支出占 GDP 的比重逐步提升 …………… 74

二、公共服务财政支出占公共财政支出的比重逐步提高 …… 76

第二节 医疗卫生财政支出及其"扩中"作用考察 ………… 76

一、医疗卫生财政支出比重上升明显 ………………… 77

二、形成以医疗保障支出为主体的医疗卫生财政支出结构 …………………………………………………… 77

三、人均医疗卫生财政支出地区间差距有所缩小 ……… 80

四、农村医疗卫生水平明显改善 ……………………… 80

五、医疗卫生财政支出在促进中等收入群体发展方面发挥了积极作用 …………………………………………… 81

第三节 教育财政支出及其"扩中"作用考察 …………… 83

一、教育财政支出比重不断上升 ……………………… 84

二、形成以义务教育支出为主体的教育财政支出格局 …… 85

三、为城乡义务教育均等化提供了较为充足的财力保障 …… 85

四、教育财政支出对强化人力资本有明显作用 ………… 87

第四节 社会保障财政支出及其"扩中"作用考察 ……… 88

一、社会保障财政支出变化趋势 ……………………… 89

二、社会保障支出结构调整趋势 …………………………… 90
三、社会保障财政支出的地区间差距有所缩小 …………… 92
四、城乡居民人均转移性收入差距缩小,从而有利于形成"扩中"的收入分配格局 …………………………………… 93

第五章 我国公共财政"扩中"作用的问卷调查分析 ……………… 96
第一节 调查分析设计 ……………………………………………… 96
一、调查分析整体方法及设计 ……………………………… 96
二、调查问卷设计 …………………………………………… 97
第二节 调查过程及结果 …………………………………………… 100
一、调查过程 ………………………………………………… 100
二、初步调查结果及筛选情况 ……………………………… 100
三、有效问卷构成 …………………………………………… 101
第三节 问卷调查结果分析 ………………………………………… 104
一、对中等收入群体身份认定的分析 ……………………… 104
二、公共财政"扩中"作用的问卷分析 …………………… 106
三、公共财政支出的充分性及需求分析 …………………… 108
四、公共财政对"扩中"的平衡性分析 …………………… 111

第六章 我国公共服务财政支出"扩中"作用的实证研究 …………… 115
第一节 中等收入群体比重的测算 ………………………………… 115
一、测算方法说明 …………………………………………… 115
二、数据来源和变量的描述性统计 ………………………… 116
三、中等收入群体比重的计算方法 ………………………… 118
四、中等收入群体占比测算 ………………………………… 121
第二节 中等收入群体比重与公共服务财政支出的面板数据分析 ………………………………………………… 125
一、面板模型设定与变量描述性统计 ……………………… 125

二、面板识别检验 …………………………………… 128
第三节　回归结果和协整检验 …………………………………… 129
　　一、财政支出与中等收入群体比重的关系 …………… 130
　　二、公共服务财政支出与中等收入群体比重的关系 …… 130
　　三、教育财政支出与中等收入群体比重的关系 ……… 131
　　四、医疗卫生财政支出与中等收入群体比重的关系 …… 131
　　五、社会保障和就业财政支出与中等收入群体比重的
　　　　关系 ……………………………………………… 132
第四节　回归结果分析 …………………………………………… 132

第七章　我国公共服务财政支出发挥"扩中"作用面临的问题及其制度分析 …………………………………………… 134
第一节　我国公共服务财政支出发挥"扩中"作用面临的
　　　　矛盾问题 ……………………………………………… 134
　　一、公共服务财政支出与产业结构升级的需求不相适应的矛盾
　　　　…………………………………………………… 134
　　二、公共服务财政支出与消费结构升级的需求不相适应的矛盾
　　　　…………………………………………………… 137
　　三、公共服务财政支出不均等加剧收入分配不平等的矛盾
　　　　…………………………………………………… 140
第二节　阻碍公共服务财政支出发挥"扩中"作用的制度因素 …… 146
　　一、公共财政制度仍然存在不完善的地方 …………… 146
　　二、公共服务体制建设滞后与公共服务需求快速增长的趋势
　　　　…………………………………………………… 152
　　三、教育结构不合理 …………………………………… 155
　　四、医疗卫生制度改革尚不到位 ……………………… 159
　　五、社会保障仍然面临不充分、不公平、不可持续的挑战 …… 160

第八章　扩大中等收入群体与公共服务财政支出：国际经验 …… 168
第一节　美国 …………………………………………………… 168
　　一、中产阶层发展的情况 ………………………………… 168
　　二、中产阶层发展与公共服务财政支出 ………………… 173
　　三、财税制度与中产阶层 ………………………………… 177
第二节　西欧国家 ……………………………………………… 179
　　一、中产阶层发展的基本情况 …………………………… 179
　　二、公共服务财政支出与中产阶层发展 ………………… 181
　　三、财税政策与中产阶层发展 …………………………… 185
第三节　北欧国家 ……………………………………………… 186
　　一、中产阶层发展的基本情况 …………………………… 187
　　二、公共服务支出与中产阶层发展 ……………………… 187
　　三、公共支出的经济增长效应和收入分配效应 ………… 189
第四节　东亚国家 ……………………………………………… 191
　　一、日本中产阶层发展与公共服务财政支出 …………… 191
　　二、韩国中产阶层发展与公共服务财政支出 …………… 193
第五节　拉美国家 ……………………………………………… 195
　　一、拉美国家中产阶层发展的基本情况 ………………… 195
　　二、公共服务财政支出与中产阶层发展 ………………… 196
第六节　国际经验对我国的启示 ……………………………… 199
　　一、把促进中等收入群体发展作为公共服务财政支出的
　　　　重要目标 ……………………………………………… 199
　　二、把扩大中等收入群体作为衡量公共服务财政支出有
　　　　效性的重要指标 ……………………………………… 200
　　三、以公平和可持续为导向优化公共财政支出结构 …… 200
　　四、发挥政府和市场的合力 ……………………………… 201

第九章　提升我国公共服务财政支出"扩中"作用的对策建议 … 203
第一节　优化财政支出结构 … 203
一、提升公共服务财政支出的比重 … 203
二、优化医疗卫生财政支出结构 … 205
三、优化教育财政支出结构 … 208
四、优化社会保障财政支出结构 … 211

第二节　以公共服务财政支出均等化为重点理顺中央和地方财税关系 … 217
一、促进公共服务财政支出均等化 … 217
二、促进各级政府公共服务事权、支出责任与财力相匹配 … 218
三、推动财政体制"扁平化"改革 … 219
四、理顺政府与市场关系 … 219

第三节　深化财政支出管理制度改革 … 221
一、加强公共服务财政支出绩效管理制度建设 … 221
二、推进公共服务财政支出预算法治化、科学化、民主化 … 222
三、完善公共服务供给绩效考核体系 … 222

第四节　推进税收结构和财政支出结构的协同调整 … 223
一、在不增加税负的前提下扩大公共服务财政支出比重 … 223
二、以税收制度改革为公共服务财政支出提供财力保障 … 224
三、由以间接税为主向以直接税为主的税收结构转变 … 224

第五节　推动财政制度和公共服务体制的联动改革 … 225
一、以公共服务制度创新提升公共服务财政支出效率 … 225
二、创新公共服务提供方式 … 226
三、加快公益事业机构改革 … 227
四、全面推行公共服务领域的政府采购制度 … 228

参考文献 … 229

后记 … 243

图 示 目 录

图 1.1　研究思路 ·· 7
图 3.1　宏观视角下公共服务财政支出影响中等收入群体发展的路径
　　　　和机理 ·· 64
图 3.2　2009—2018 年我国三大产业的就业结构 ·············· 67
图 3.3　2009—2018 年我国城乡居民恩格尔系数 ·············· 68
图 3.4　2018 年我国居民人均收入构成 ························ 70
图 3.5　2009 年与 2018 年城镇居民和农村居民可支配收入构成 ········ 72
图 4.1　2008 年和 2017 年财政支出（一般公共预算支出）及其结构 ······ 76
图 4.2　2008—2017 年医疗卫生财政支出占国家财政支出和占 GDP
　　　　比重变化 ·· 78
图 4.3　2014 年和 2017 年医疗卫生财政支出中各项支出的比重 ······· 79
图 4.4　2007 年和 2016 年各地区人均医疗卫生财政支出 ·········· 80
图 4.5　2007—2016 年新农合财政人均补助标准 ·············· 81
图 4.6　2007 年和 2016 年卫生总支出中政府卫生支出、社会卫生支出、
　　　　个人现金卫生支出的比重 ·································· 82
图 4.7　2008—2016 年城乡居民恶性肿瘤死亡率对比 ·········· 83
图 4.8　2008—2017 年教育财政支出占国家财政支出比重和占 GDP
　　　　比重 ·· 84
图 4.9　2008—2017 年财政性教育经费与国家教育财政支出占 GDP
　　　　比重 ·· 85
图 4.10　2002 年和 2011 年各类教育支出占教育财政支出的比重 ······ 86

图 4.11	2007—2016 年各级学校师生比	87
图 4.12	2009—2018 年我国本、专科毕业和研究生毕业人数变化	88
图 4.13	2008—2017 年社会保障和就业财政支出占国家财政支出和 GDP 的比重变化	89
图 4.14	2008—2017 年社会保障与就业支出各项目占社会保障与就业财政支出的比重	91
图 4.15	2009—2018 年城乡居民人均可支配收入比和人均转移性收入比	94
图 4.16	2009—2018 年城乡居民人均转移性收入占人均可支配收入的比重	95
图 5.1	调查问卷的省份构成	102
图 5.2	公共财政支出的整体充分性情况	109
图 5.3	公共财政支出的地区平衡性的调查结果	112
图 5.4	公共财政支出的城乡平衡性的调查结果	113
图 6.1	收入水平和收入等级拟合曲线	120
图 6.2	三种方法估算的我国中等收入群体比重	125
图 6.3	单位根检验结果	127
图 7.1	2009—2018 年国家财政支出、国家财政收入、GDP 增长速度	147
图 7.2	2016 年各地区中等职业学校和普通高中生均财政经费	157
图 7.3	2007—2016 年各地区普通高中和中等职业学校生均财政经费增长率	157
图 7.4	2007 年和 2016 年社会保障各项支出占社会保障财政总支出的比重	164
图 8.1	2017 财年美国联邦政府预算支出结构	174
图 8.2	2015 年德国联邦政府财政支出结构	185

表 格 目 录

表 2.1 关于中等收入群体的划分标准 ………………………… 18
表 2.2 不同国家和地区中产阶层或中等收入阶层比重、划分标准
　　　的比较 ……………………………………………………… 21
表 3.1 城乡居民收入构成 ……………………………………… 69
表 4.1 2008—2017 年按功能划分的财政支出情况及其所占比重 …… 75
表 4.2 2008—2017 年医疗卫生财政支出规模及其比重变化 ………… 78
表 4.3 2008—2017 年教育财政支出规模及其比重变化 …………… 84
表 4.4 2007—2011 年城乡财政义务教育经费情况 ………………… 86
表 4.5 2008—2017 年社会保障和就业财政支出规模及其比重
　　　变化 ………………………………………………………… 90
表 4.6 2008—2017 年社会保障与就业支出子项目占社会保障与就业
　　　财政支出的比重 …………………………………………… 91
表 4.7 2007 年与 2017 年各地区社会保障支出情况 ……………… 92
表 4.8 2009—2018 年我国城乡居民人均可支配收入比和人均转移性
　　　收入比 ……………………………………………………… 94
表 5.1 本研究的调查问卷 ……………………………………… 98
表 5.2 被调查者基本信息构成情况 …………………………… 102
表 5.3 各种年收入情况下被调查者对自身是否属于中等收入人群
　　　的调查情况 ………………………………………………… 104
表 5.4 公共财政支出的充分性情况 …………………………… 109
表 5.5 城乡各级被调查者对自身所获公共财政支出的满意度情况 …… 113

表 6.1	22 个省级行政区居民可支配收入数据的描述性统计	117
表 6.2	22 个省级行政区人均养老保险支出数据的描述性统计	118
表 6.3	基于不同标准假设的中等收入群体比重(购买力平价法)	122
表 6.4	基于不同标准假设的中等收入群体比重(绝对收入法)	123
表 6.5	基于不同标准假设的中等收入群体比重(相对收入法)	123
表 6.6	变量的描述性统计	127
表 6.7	单位根检验结果	128
表 6.8	F 检验和 Hausman 检验结果	129
表 6.9	回归结果	129
表 7.1	社保支出占比的国际比较	137
表 7.2	1992—2013 年城镇居民储蓄率、消费率和职工养老金替代率	138
表 7.3	按收入来源的城乡收入差距	140
表 7.4	2014—2018 年不同来源收入差距对城乡居民可支配收入差距的贡献率	141
表 7.5	不同收入水平农村居民家庭不同收入比重(2012)	141
表 7.6	2018 年各地区城镇居民人均可支配收入构成	142
表 7.7	2018 年各地区农村居民人均可支配收入来源	143
表 7.8	2018 年各地区居民人均可支配收入来源	145
表 7.9	2009—2018 年财政支出、财政收入占比及增速	147
表 7.10	2017 年各地区人均一般公共预算支出与人均生产总值	149
表 7.11	2008—2017 年中央教育财政支出与地方教育财政支出规模及比重	150
表 7.12	2008—2017 年中央与地方社会保障和就业财政支出规模及比重	151
表 7.13	2008—2017 年中央与地方医疗卫生财政支出规模及比重	151
表 7.14	各国老年赡养率趋势	161
表 7.15	2000—2015 年中国劳动就业人口与领取退休金人数的比	162

表 7.16　2018年城乡居民基本养老保险待遇领取人数占参保人数
　　　　　的比例 …………………………………………………… 162
表 7.17　2012年OECD和全球其他主要国家养老金总替代率 ……… 165
表 7.18　农民工社会保险参保率 ………………………………………… 167
表 8.1　2015年美国各项税式支出在收入阶层间的分布 ……………… 178
表 8.2　德国、英国、法国前1%的人口收入占比 ……………………… 180
表 8.3　2011—2014财年德国联邦政府财政支出情况 ………………… 183
表 8.4　2011—2014财年德国联邦政府财政收入情况 ………………… 183
表 8.5　2013—2018财年德国联邦政府财政支出情况 ………………… 184
表 8.6　2004—2012年北欧国家基尼系数变化情况 …………………… 187
表 8.7　韩国中央财政分领域支出情况 ………………………………… 193
表 8.8　2010年部分拉美国家不同收入群体的教育年限 ……………… 198

第一章 问题的提出

在内外形势深刻复杂变化的背景下,无论是推动经济转型升级和扩大内需,还是有效应对贸易保护主义和单边主义的严峻挑战,稳定和扩大中等收入群体(以下简称"扩中")都是我国把握主动的关键所在。随着经济快速发展,我国中等收入群体规模和比重有所扩大,但总体而言尚未形成"橄榄型"的收入分配结构。制约中等收入群体扩大的因素是多方面的,一些研究观察到财政支出结构不合理特别是公共服务财政支出不足,不利于中等收入群体的稳定和发展。财政支出特别是公共服务财政支出作为再分配的重要手段,稳定和扩大中等收入群体赋予了其在新时代改革创新的新使命。为此,本书以公共服务财政支出为特定视角,研究充分发挥公共服务财政支出"扩中"作用所面临的问题和挑战,并提出具有针对性的改革建议。

第一节 研究背景与意义

一、研究背景

世界正处于百年未有之大变局。经济全球化面临贸易保护主义、民粹主义和单边主义兴起的严峻挑战,一些国家从经济全球化的旗手变成了反全球化和反自由贸易的推手,其中一个重要原因就在于这些国家内部中产阶层的萎缩和收入分配差距的扩大。

扩大中等收入群体已经成为我国政府重要的施政目标。然而,从现状看,尽管近年来我国中等收入群体有所扩大,但占总人口的比例仍然偏低。

经济结构转型升级带来的就业竞争压力叠加不断上升的医疗、养老、子女教育、住房开支等压力，使中等收入群体具有脆弱性和不稳定性。我国中等收入群体发展面临既不够大（比例偏小）也不够稳（抗风险能力偏弱）的双重挑战，成为制约经济社会协调和可持续发展的突出问题。

学术界围绕扩大中等收入群体的影响因素进行了大量研究。许多研究认为，优化政府财政支出特别是扩大公共服务财政支出对中等收入群体的形成、稳定和发展有重要影响。公共服务财政支出既对经济增长有重要影响，又对收入分配有重要影响，这两者被认为是中等收入群体发展壮大的主要因素。在公共服务财政支出中，教育支出和医疗卫生支出影响人力资本的形成和强化，社会保障支出对低收入群体向上流动和中等收入群体的稳定有直接影响。许多关于扩大中等收入群体的研究，也都提出要增加公共服务财政支出，促进基本公共服务均等化，特别是为中低收入者提供基本而有保障的教育、医疗卫生和社会保障等公共服务，以此促进中低收入者向上流动。这些研究为促进中等收入群体发展的理论研究和实践提供了重要参考和研究基础。

但是，现有研究在对公共服务财政支出对中等收入群体的影响及其路径和机理的剖析，对我国公共服务财政支出在扩大中等收入群体方面实际作用的大小，以及限制和阻碍公共服务财政支出发挥作用的问题和成因的剖析，尤其是公共服务财政支出影响中等收入群体的实证分析等方面，仍然比较缺乏，亟须进一步深化。从实际看，在我国经济转型升级的大背景下，公共服务财政支出扮演着多重角色——既是积极财政政策的重要构成，肩负维护宏观经济稳定运行和促进经济增长的任务；又是建设公共服务体制的重要支柱，肩负促进社会公平和推动共享发展的任务；也是政府转型和政府职能转变的重要抓手，肩负着推动政府自我革命的任务。如何使公共服务财政支出的"扩中"效应最大化，是一个值得深入研究探讨的问题。为此，本书以《公共服务财政支出与中等收入群体发展》为题，在前人研究的基础上深入研究我国公共服务财政支出对中等收入群体发展的影响及其路径和机理，深入分析当前阻碍公共服务财政支出在扩大中等收入群体方面发挥作用的突出问题及体制制度障碍,提出对策建议。

二、研究意义

(一) 理论意义

本书聚焦公共服务财政支出对中等收入群体的影响研究,通过综合运用中等收入群体、公共财政以及发展经济学等理论,对我国公共服务财政支出变化影响中等收入群体发展的路径和机理进行研究分析,用科学的方法论证我国公共服务财政支出对中等收入群体的影响,有助于丰富中等收入群体理论研究,也有助于丰富社会发展视角下的公共财政理论研究,有助于推进公共财政理论在实现特定目标——促进中等收入群体发展方面的运用和完善。

(二) 应用价值

本书通过对现有研究中关于扩大中等收入群体的公共服务财政支出因素在我国的适用性进行检验,通过回归模型分析公共服务财政支出指标变量和中等收入群体指标变量之间的相关性,对公共服务财政支出促进中等收入群体发展所面临的突出矛盾和问题进行深入研究,剖析问题形成的原因特别是制度成因,在此基础上提出问题导向的对策建议。这不仅为我国发展中等收入群体的政策和实践提供务实建议,也为我国公共财政政策与实践提供新的视角和可能的选择。

第二节 主要内容

一、研究的问题

(一) 构建公共服务财政支出促进中等收入群体发展的分析框架

在综述国内外相关文献基础上,探究本书与以往研究的关系,确定本书研究的理论基础，构建本书的分析框架，以期为中等收入群体理论和公共财政理论添砖加瓦。

(二) 论证公共服务财政支出与中等收入群体发展之间的关系

一方面，从理论上分析公共服务财政支出影响中等收入群体发展的路径和机理。从宏微观相结合的角度，分析我国教育、卫生医疗和社会保障等领域公共服务财政支出变化对中等收入群体的影响及其路径和机理。另一方面，通过设计指标和建立回归模型，测算我国教育、医疗卫生和社会保障等公共服务财政支出与中等收入群体比例之间的相关系数。通过统计数据的分析，找到阻碍教育、医疗卫生和社会保障等公共服务财政支出在促进我国中等收入群体发展中充分发挥作用的问题，深入研究问题背后的原因尤其是制度原因。

(三) 研究总结可供我国参考借鉴的国际经验

拓宽中等收入群体研究的国际视野，研究美国、德国、日本、韩国、挪威等国家关于公共服务财政支出在扩大中等收入群体上发挥积极作用的主要做法、经验和教训，为我国相关理论研究与实践提供参考借鉴。

(四) 提出更好发挥公共服务财政支出"扩中"作用的制度改革建议

针对当前阻碍和限制公共服务财政支出充分发挥"扩中"作用的突出问题及其成因，提出相关制度改革和创新的建议，以此充分发挥教育、医疗、社会保障等公共服务财政支出的"扩中"作用。

二、研究视角

本书的研究聚焦于公共服务财政支出与中等收入群体两者间的关系，主要原因如下：

第一，在我国以间接税为主的税收结构下，相较而言，公共服务财政支出对中等收入群体的影响会更直接一些,从而研究和分析起来更便利、更直观。公共财政包括收支两条线。一般公共预算支出包括一般公共服务、外交、国防、公共安全、教育、科学技术、文化体育与传媒、社会保障和就业、医疗卫生、节能环保、城乡社区、农林水、交通运输、资源勘探信息等、商业服务业等、金融、援助其他地区、国土海洋气象等、住房保障等方面的支出。按照政府财政支出反映的政府职能,可以分为经济建设性支出、公共服务支出与行政管理支出。基础设施、科学技术等经济建设性支出对经济增长有良好的促进作用,从而对影响中等收入群体的就业、收入等产生影响,公共服务财政支出对中等收入群体的影响则不仅涉及经济增长,也涉及收入分配,影响的机理更为复杂,但得益于这些年财政透明化建设,可以做较为科学、清晰的量化分析。一般公共预算收入包括各项税收与非税收入,非税收入中又包括专项收入、行政事业性收费、国有资本经营收入、国有资源(资产)有偿使用收入等。税收影响产业、就业,从而对居民的财产和收入都有直接影响。不同产业与企业的发展受到税收和非税收入的影响不一,然而要锁定能创造大量中等收入就业岗位的产业和企业进行调查,在取样和调查上面临很大的困难。非税收入的情况则更加复杂一些,对中等收入群体的影响间接大于直接。

第二,从本书调研和问卷调查的结果看,最贴近民生的教育、社会保障和就业、医疗卫生等公共服务支出,是被调查对象关注最多的影响中等收入群体的公共财政因素。相对财政支出,大多数被调查对象并没有把政府税收和非税收入看作影响中等收入群体最重要的公共财政因素。究其原因,主要有三个:一是由于我国税收结构中超过70%是间接税,直接税的比重小,企业的"税感"远远大于居民的"税感",居民对税收影响其收入与财富的感受远远小于公立学校、医疗保险、养老保险等对其收入影响的感受;二是这些年我国不断提高个税起征点,许多中低收入者和潜在的中等收入者的收入尚未达到个税起征点,并且个税在税收收入中的比重为7%左右,对居民收入的影响相对较小;三是房产税、财产税等对居民收入和财富有直接影响的税收仍处于试点阶段,尚未在全国推开,所以绝大多数被调查的居民对于税收的关注度远远低于对财政支出特别是与民生直接相关的公共服务财政支出的关注度。

第三，从本书的实证研究看，公共服务财政支出与中低收入者向高收入者迈进的相关性也是最高的。本书的实证结论发现，公共服务财政支出比重的提高对于扩大中等收入群体具有显著的拉动作用，其中，教育、医疗、社会保障三项支出比重的提高对扩大中等收入群体的拉动作用更为显著。

诚然，无论是公共服务财政支出的可持续，还是支出的均等化，都涉及财政收入和税收体制的调整和改革。但通盘考量后，笔者选择以公共服务财政支出对扩大中等收入群体的影响为"研究主题"，因为这不仅对发挥公共财政的"扩中"作用牵一发而动全身，也是一个更现实的研究"切入点"。

第三节 研究思路与研究方法

一、研究思路

本书遵循"把握问题——分析问题形成的原因——解决问题的对策建议"这一逻辑思路，分析公共服务财政支出对中等收入群体的影响、传导路径和内在机理，找出当前抑制和阻碍公共服务财政支出在扩大中等收入群体中充分发挥作用的问题和成因，在此基础上形成问题导向的行动建议。

二、章节安排

第一章为绪论。主要包括研究背景与研究问题的提出、研究目的和研究意义、研究思路和主要内容、研究方法和技术路线、拟解决的重点问题和期望创新。

第二章是文献综述与理论基础。在对本研究涉及的概念和特指含义进行清晰阐释后，对包括公共服务财政支出与扩大中等收入群体的关系等文

第一章 问题的提出 / 7

```
研究背景 → 扩大中等收入群体的重要性和现实性凸显
              扩大中等收入群体成为我国发展目标之一

问题的提出 → 扩大中等收入群体的影响因素与公共服 ← 文献综述
            务财政支出的角色和作用

理论基础 → 中等收入群体理论、公共财政理论、收入
          分配理论、阿马蒂亚·森"可行能力"理论

发展现状 → 公共服务财政支出对中等收入群体的    现状反馈
          现实影响

          公共服务财政支出对扩大中等收入群体的影    推理演绎
          响、传导路径和内在机理

          论证公共服务财政支出对中等收入群体的影    研究公共服务
          响、传导路径和内在机理，找到当前不利于    财政支出对中
实证       公共服务财政支出发挥扩大中等收入群体作    等收入群体比
分析       用的问题和体制制度障碍                  例变化的影响
和观
点论       论证公共服务财政支出的城乡结构、地区    研究分析基
证         结构对中等收入群体比重的影响，找到其    本公共服务
          中不利于扩大中等收入群体的问题和体制    财政支出的
          制度障碍                                城乡投入结
                                                  构、地区间
                                                  投入结构

          分别论证教育财政支出、医 │ 分别从教育财政支出、  分析教育财
          疗卫生财政支出、社会保障 │ 医疗卫生财政支出、    政支出、医
          和就业财政支出对"扩中"  │ 社会保障和就业财政支  疗卫生财政
          影响，找到阻碍三大公共服 │ 出对中等收入群体      支出、社会
          务财政支出发挥"扩中"作 │ 的影响，寻找可借鉴    保障和就业
          用的问题和体制制度障碍   │ 的国际经验            财政支出对
                                                          中等收入群
                                                          体的影响

对策建议 → 通过制度改革创新充分发挥公共服务财政支出的"扩中"作用
```

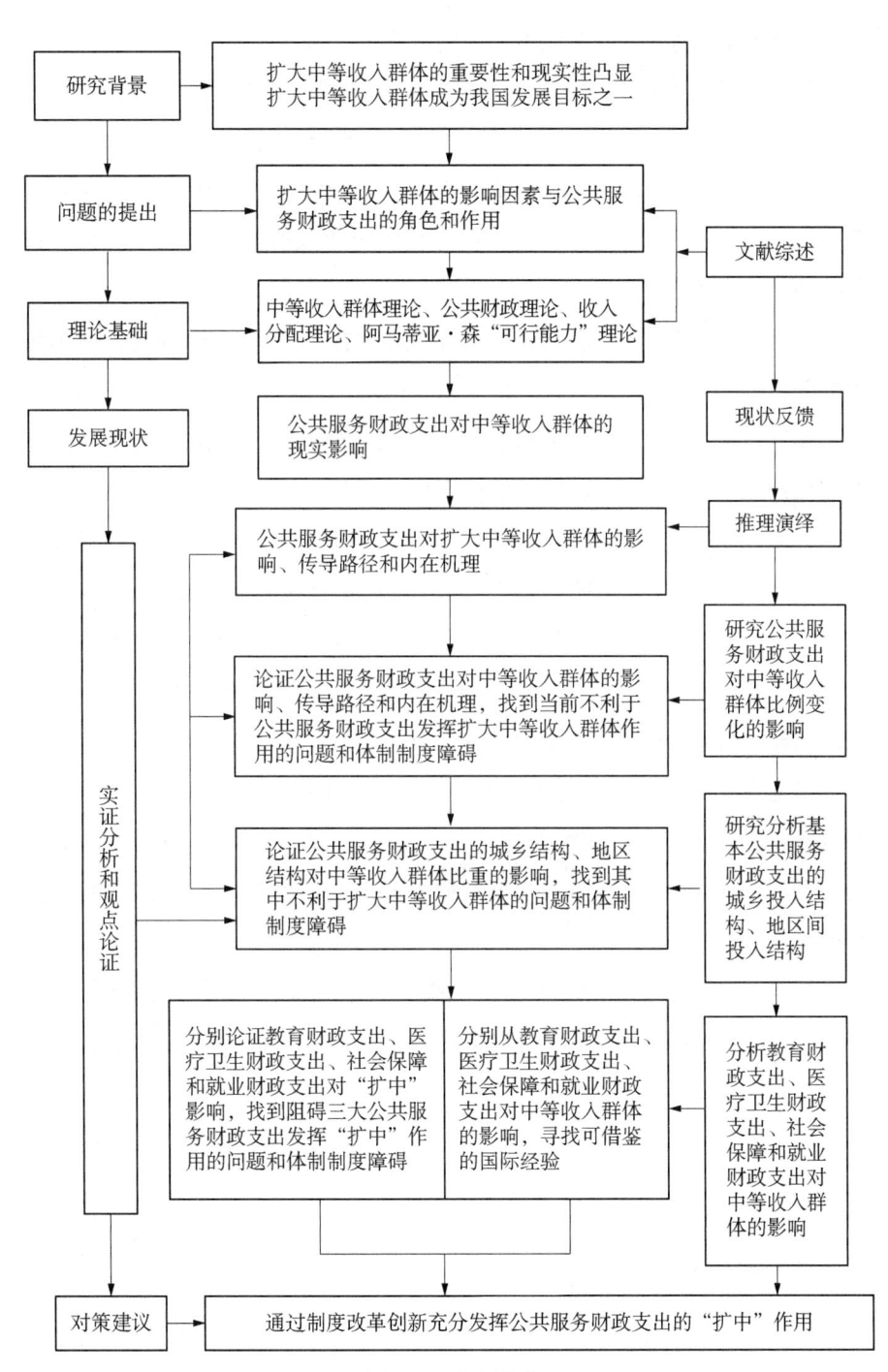

图 1.1 研究思路

献进行研究和文献述评，形成本书研究的理论基础。

第三章是公共服务财政支出影响中等收入群体的理论分析框架。利用中等收入群体理论、公共财政理论、收入分配理论以及阿马蒂亚·森"可行能力"等理论工具，分析公共服务财政支出与中等收入群体发展之间的关系，在此基础上对公共服务财政支出影响中等收入群体的路径和机理进行分析演绎。

第四章是对我国公共服务财政支出制度与政策对扩大中等收入群体效果的分析与研究。

第五章采用问卷方式，了解被调查对象对公共财政支出对于"扩中"是否有作用的认知、哪些具体项目的作用更突出及其最为关注的焦点问题等。

第六章是对公共服务财政支出与中等收入群体比重之间关系的实证分析。利用我国22个省份的面板数据，分别建立公共服务财政支出、教育财政支出、医疗卫生财政支出和社会保障财政支出占GDP比重与中等收入群体比重之间的回归方程，分析公共服务财政支出与中等收入群体比重的关系，从回归分析结果分析公共服务财政支出对中等收入群体比重的影响和作用。

第七章是对我国公共财政制度发挥"扩中"作用过程中存在的问题进行制度分析。分析当前公共服务财政支出在扩大中等收入群体制度方面面临的问题和挑战，找出阻碍和限制公共服务财政支出发挥"扩中"作用的制度与政策因素。

第八章是国际经验借鉴分析。主要研究包括美国、德国、北欧国家、日本、韩国及拉美国家公共服务财政支出影响中等收入群体发展的经验、教训及其对我国的启示。

第九章是对策建议部分。从我国实际情况出发，提出充分发挥我国公共服务财政支出"扩中"作用的对策建议。

三、研究方法

（一）文献研究法

搜集关于中等收入群体与基本公共财政支出关系的理论与实践总结方

面的文献资料,中等收入群体(中产阶级、中产阶层、中间阶级、中间阶层)理论、公共财政理论、收入分配理论等方面的文献资料,以及国内外促进中等收入群体发展实践经验的文献资料。通过梳理,总结已有研究的侧重点和特点,把握最新研究动向和成果,明确本书的主要问题与研究重点。

(二) 理论分析法

综合运用中等收入群体、公共财政和发展经济学的相关理论和方法,运用演绎、推理、归纳、综合等理论分析手段,构建本研究的理论工具,研究演绎公共服务财政支出对中等收入群体的影响、传导路径和内在机理。

(三) 实证研究和回归分析

建立公共服务财政支出变化和中等收入群体比重变化之间的回归分析模型,分析我国公共服务财政支出对中等收入群体比重变化的影响及影响程度。应用Matlab R2010.b软件对财政支出结构性变化的指标和中等收入群体变化的指标分别进行量化分析,考察两者间的关系和前者对后者的影响。

(四) 典型调研法

根据研究需要,通过座谈会、访谈等方式获取关于扩大中等收入群体面临的体制机制障碍、公共服务财政支出变化趋势对扩大中等收入群体的影响、充分发挥基本公共财政支出在扩大中等收入群体方面作用面临的挑战和应对等相关问题的一手资料。

(五) 案例分析法

通过对现实个案进行剖析,检验本书理论研究和数量分析的结果。在理论分析和数量分析后,通过对国内外案例进行解剖与比较,以期提出具有现实意义和一定可行性的以公共服务财政支出促进中等收入群体发展的相关建议。

四、期望创新点

（一）拟解决的重点问题

1. 研究分析公共服务财政支出影响中等收入群体的路径和机理。通过梳理中等收入群体、公共服务财政支出以及两者间关系的国内外研究文献，利用中等收入群体理论、公共财政理论、收入分配理论和阿马蒂亚·森"可行能力"等理论观点，提出公共服务财政支出影响中等收入群体的分析框架，推理演绎公共服务财政支出影响中等收入群体的路径和机理，并重点研究论证教育、医疗卫生、社会保障和就业三大公共服务支出对扩大中等收入群体的影响。

2. 实证分析我国公共服务财政支出对扩大中等收入群体比重的影响。设计评价指标，建立回归模型，测算和分析公共服务财政支出与中等收入群体之间的相关系数，利用地区居民家庭收入和公共服务财政支出的面板数据，就地方公共服务财政支出变化对中等收入群体比重的影响进行实证分析和比较。

3. 找出阻碍公共服务财政支出发挥"扩中"作用的突出问题及制度障碍。通过具体分析我国公共服务财政支出变化和政策调整及其对中等收入群体的影响，找出阻碍公共服务财政支出发挥"扩中"作用面临的问题和挑战尤其是制度障碍。

4. 提出有针对性的、具有现实意义和一定可操作性的建议。通过对美国、德国、日本、韩国、北欧和拉美国家等的公共服务财政支出影响中等收入群体发展的实践案例研究，总结出对我国的重要启示。针对当前限制和阻碍公共服务财政支出在扩大中等收入群体方面充分发挥积极作用的问题，提出相关的制度改革和创新建议。

（二）期望实现的创新点

1. 理论层面创新。初步构建起公共服务财政支出影响中等收入群体的分析框架。基于中等收入群体理论、公共财政理论、收入分配理论和阿马蒂亚·森"可行能力"理论,采取宏观和微观相结合的方法,推理演绎公共服务财政支出影响中等收入群体的路径和机理。

2. 实践层面创新。以"购买力平价"方法测算了不同地区中等收入群体比重,有别于先前学者常用的绝对收入法和相对收入法。利用2001—2016年我国22个省份的居民家庭收入和公共服务财政支出的面板数据,就公共服务财政支出变化对中等收入群体比重的影响进行实证分析得出结论,分析教育、医疗卫生、社会保障和就业等公共服务财政支出变化对中等收入群体比重变化的影响。

第二章 文献综述与理论基础

本章阐述本书研究对象的定义和内涵,对公共服务财政支出影响中等收入群体发展的相关文献进行研究和述评,对中等收入群体理论、公共财政理论、收入分配理论以及阿马蒂亚·森"可行能力"理论等进行研究和阐述,在此基础上形成本书理论分析框架。

第一节 概念界定

一、公共财政与公共服务财政支出

(一)公共财政的概念

在不同社会制度下,公共财政职能的特点不同。1998年,我国首次提出构建公共财政模式的改革方向,2003年后我国公共财政建设有了飞跃性的发展。"公共财政"是为满足经济社会发展的公共需要而进行的财政运行机制。公共财政的基本特征重在"公共性",主要有四个基本特征:一是以满足社会公共需要作为主要的目标和工作重心;二是以提供公共产品和公共服务作为满足公共需要的基本方式;三是以公民权利平等和政治权利制衡前提下规范的公共选择作为决策机制;四是以现代意义的具有公开性、透明度、完整性、事前确定、严格执行、追求绩效和可问责的预算作为基本管理制度。

(二)公共服务财政支出的概念

公共服务财政支出主要是指政府财政用于医疗卫生、教育、社会保障和就业等满足居民基本的公共服务需求和保障人们基本生存和发展权的财政支出。本书研究考察的公共服务财政支出主要指政府在教育、医疗卫生、社会保障和就业、住房保障上的财政支出总和。这是从当前老百姓反映最强烈也最迫切需要的基本公共服务出发来考虑，也与党的十九大报告中"坚持在发展中保障和改善民生"目标下的"幼有所育、学有所教、劳有所得、病有所医、老有所养、住有所居、弱有所扶"内容相吻合。

需要说明的是，宽口径的公共服务财政支出包括了来自一般公共预算支出、政府性基金支出、国有资本经营支出和社会保险基金支出四大预算中政府对基本公共服务的投入。但出于三个方面原因，本书仅研究考察一般公共财政预算支出中的公共服务财政支出对中等收入群体的影响。第一个原因在于宽口径的财政支出情况过于复杂——政府性基金的情况差异很大，主要支出并不用于基本公共服务；国有资本经营预算支出中用于基本公共服务的也很少；社保基金的主要构成是企业缴费和个人缴费，财政支出主要是用于补充社保基金。第二个原因是四大预算支出数据的可获得性参差不齐。本书在做量化分析时需要使用地方层面的数据，但要全面收集各个地方财政四大预算支出中的公共服务财政支出数据十分困难，原因在于地方政府一般公共预算支出的公开透明度较高，而另外三大预算向社会公开的进度、程度和情况并不相同。第三个原因在于四大预算中统计指标和统计口径不一，这就容易造成在计算公共服务财政支出占财政支出的比重时难以计算清楚的问题。基于以上原因，为了便于分析，除非在特指或特别说明的情况下，本书研究的公共服务财政支出指一般公共预算支出中用于基本公共服务的财政支出。

（三）公共服务财政支出的主要构成/内容

一是教育财政支出。作为公共服务财政支出的重要项目，本书所指的教育财政支出是指政府各项教育事业费用的总和，包括普通教育、职业教育、成人教育、留学教育、进修培训、广播电视教育等10项，更细分的包括学前教育、小学教育、初中教育、普通高中教育、中等职业教育、高等职业教育、高等教育等。本书具体研究考察我国一般公共财政预算支出中的教育支出变化(包括教育财政支出规模、比重,教育财政支出内部构成,教育财政资源的地区间和城乡配置等)及其对中等收入群体的影响。

二是医疗卫生财政支出。医疗卫生同样是影响中等收入群体的重要因素。本书所指的医疗卫生财政支出是指政府各项医疗卫生事业费用的总和,包括公立医院、基层医疗卫生机构、公共卫生、医疗保障、食品和药品监督管理事务、中医药等支出。本书具体研究考察我国一般公共财政预算支出中的医疗卫生支出变化(包括医疗卫生财政支出规模、比重,医疗卫生财政支出内部构成,医疗卫生财政资源的地区间和城乡配置等)及其对中等收入群体的影响。

三是社会保障和就业财政支出。本书所指的社会保障和就业支出是指政府社会保障事业费用的总和,即中央财政预决算统计中的社会保障和就业支出,包括财政对社会保险基金的补助、补充社保基金、行政事业单位离退休、最低生活保障、就业补助、社会福利、抚恤等19项。需要说明的是,2007年以前社会保障支出统计口径包括抚恤和社会福利救济费、社会保障补助支出和行政事业单位离退休费三大类,2007年后并入社会保障和就业统计指标。本书具体研究考察我国一般公共财政预算支出中的社会保障和就业支出变化(包括社会保障和就业支出规模、比重,社会保障和就业财政支出内部构成,社会保障和就业支出的地区间和城乡配置差别等)及其对中等收入群体的影响。

(四)公共服务财政支出的地区结构

这里是指不同地区间公共服务财政支出的对比和差距。公共服务财政支出的城乡结构主要是对各地区人均公共服务财政支出的数据以及各地区的公共服务财政支出项目下人均财政支出的数据进行对比研究。本书研究考察我国公共服务财政支出的地区结构,是通过考察和对比各个地区公共服务财政支出情况,发现地区间公共服务财政支出差距对中等收入群体发展的影响,并找到公共服务财政支出地区差距的体制制度原因。

(五) 公共服务财政支出的城乡结构

其含义是指城乡公共服务财政支出的对比和差距。公共服务财政支出的城乡结构主要通过城乡居民的基本公共服务情况、城乡居民人均转移性收入指标对比来反映两者间差距。通过具体的教育、医疗卫生、社会保障和就业等公共服务财政支出项目下的城乡指标对比，有些直接从财政统计数据中比较得出，有些没有统计数据的则用替代性指标及其统计数据来反映。例如，教育财政支出的城乡结构变化用城乡生均教育经费支出、城乡每百名学生教师比等指标来反映，社会保障财政支出的城乡结构变化用城乡基础养老金对比等指标来反映。本书研究考察我国公共服务财政支出的城乡结构，旨在通过研究考察城乡基本公共服务财政资源投入情况，发现公共服务财政支出的城乡差别对扩大中等收入群体的影响，并找到公共服务财政支出城乡差距的体制制度原因。

(六) 公共服务财政支出中的中央政府支出和地方政府支出

其含义是指公共服务财政支出中中央政府支出的部分和地方政府支出的部分。由于公共服务财政支出的城乡结构、地区结构涉及中央和地方政府的公共服务职责分工和支出责任划分，所以公共服务财政支出项目中的中央财政支出占比和地方财政支出占比的变化也是反映公共服务财政支出结构性变化的重要指标，也是本书研究考察的重要对象。

二、中等收入群体

(一) 中等收入群体的概念界定

目前，国内外还没有形成对中等收入群体统一的概念界定。从国外学者的研究成果看，经济学家主要以收入指标为主界定中等收入者，社会学家则倾向于用多维标准的社会分层论来界定中产阶层。马克思关于社会分层的标准是人们对生产资料的占有关系。韦伯采用了财富(经济角度)、权力

(政治角度)和声望(社会角度)的多元社会分层法①。当前国际上比较盛行的是新韦伯主义中产阶级理论的多元分层论。

我国学者对中等收入群体主要有两种界定方法。一种方法主要以收入和生活水平来界定。常兴华(2003)②提出，中等收入者是指收入和生活水准在一定时期内稳定保持在中等或相对平均水准的居民。他认为，界定中等收入者以收入为主，但要与生活水平的相关指标结合看，中等收入水平是中位数概念，不是简单的算术平均水平，并且强调收入具有一定的稳定性。杨宜勇(2004)③认为中等收入群体的界定主要不看消费水平和财产多少，而要看持续的收入能力。顾纪瑞(2005)④提出，中等收入群体的界定应当只从收入角度划分，收入起点应略高于人均 GDP，接近城镇职工的年平均工资水平。吴青荣(2014)⑤认为应以收入水平为主要依据来界定中等收入群体，这既符合该术语的经济学内涵，也符合国情，只要收入达到中等收入标准，就属于中等收入群体。陈云、李慧芸、郭鸽(2016)⑥认为，衡量中等收入群体最重要的变量是收入水平，用收入水平作为划分标准既符合国际通用方法，也方便定量分析。另一种方法从收入、财富、职业、教育程度、社会地位等更广的维度来界定中等收入群体(中产阶层、中间阶层)。陆学艺(2002)⑦认为中间阶层是就其所拥有的各种资源而言处于社会中间等级位置的阶层。李正东(2004)⑧提出，划分中间阶层的标准具体包括社会变迁指标、职业指标、经济指标(包含财产和收入)、声望指标和权力指标。沈晖(2008)⑨提出，中间阶层指社会上具有相近的生活方式、自我评价、价值取向、心理特征的群体

---

① 李金.马克思的阶级理论与韦伯的社会分层理论[J].社会学研究,1993(02):23—30.
② 常兴华.界定中等收入者[N].国际金融报,2003-12-30.
③ 杨宜勇.对瑞典和德国中产阶级的考察[J].开放导报,2004(6):87—90.
④ 顾纪瑞.界定中等收入群体的概念、方法和标准之比较[J].现代经济探讨,2005(10):10—16.
⑤ 吴青荣.中国梦视阈下中等收入群体扩容之路[J].云南财经大学学报,2014,30(06):16—22.
⑥ 陈云,李慧芸,郭鸽.我国中等收入群体界定及其测算研究述评[J].全国商情(经济理论研究),2016(02):3—5.
⑦ 陆学艺.当代中国社会阶层研究报告[M].北京:社会科学文献出版社,2002:259—260.
⑧ 李正东.关于当前中产阶层研究的几个思考[J].天府新论,2004(01):90—95.
⑨ 沈晖.中国中产阶级的认同及其整合[J].探索与争鸣,2008(07):16—17.

或社会阶层。李培林、张翼(2008)[①]提出,应当用收入水平、职业类别、教育资本来衡量中产阶级。李春玲(2011)[②]提出,界定中国中产阶层通常有四个标准,即收入标准、职业标准、教育标准、消费及生活方式标准。赵竹茵(2014)[③]认为,应根据职业、教育、收入等客观指标和大众舆论、自我认同标准等主观指标来划分中产阶级,我国中产阶级包括国家与社会管理者阶层、经理人员、私营企业主和各种专业人员。王宏(2013)[④]对国内外机构和学者关于中等收入群体划分标准的观点做了梳理(如表2.1所示)。

笔者认同以苏海南为代表的学者关于中等收入群体的概念界定,即中等收入群体的概念界定既包含经济属性,也包含社会属性和文化属性。从经济属性看,这一群体的收入、财富和消费水平处于高收入群体和低收入群体之间;从社会属性看,这一群体具有一定的社会地位和社会形象;从文化属性看,这一群体成员一般具有较高的教育和文化水平。

(二) 中等收入群体的收入标准划分

在中等收入群体的收入标准划分上,国际上主要分为绝对标准法和相对标准法。绝对标准法是指确定收入的上下限,比如世界银行、亚洲开发银行确定的中等收入的标准是每人每天10—100美元;相对标准法就是按收入均值或中位数的前后区间,比如居民收入中值的3/4到1.25倍。

国内对中等收入群体的收入衡量指标主要有三种办法:一是收入五等分或七等分法。国家统计局居民家庭收入分组是按五等分或七等分的。陈新华(2005)[⑤]采用五等分法分析城镇中等收入者分布和发展趋势,将中间的20%视为中等收入者。常亚青(2011)[⑥]按五等分法来计算相对收入流动性的短期、中期和长期时间间隔的收入转移矩阵,并结合个人特征数据采取多

[①] 李培林,张翼.中国中产阶级的规模、认同和社会态度[J].社会,2008(02):1—19,220.
[②] 李春玲.中国中产阶级的发展状况[J].黑龙江社会科学,2011(01):75—87.
[③] 赵竹茵.中国中产阶级发展问题研究[D].武汉:武汉大学,2014.
[④] 王宏.国际视野的中等收入阶层:内涵界定、指标体系与地区差异[J].改革,2013(05):15—24.
[⑤] 陈新华.中国中产阶层的状况分析与前景展望[D].苏州:苏州大学,2005.
[⑥] 常亚青.中国中等收入者的收入流动性研究[D].上海:上海社会科学院,2011.

表 2.1 关于中等收入群体的划分标准

	数据来源	方法或依据	城乡差异的处理	口径	下限(万元/人·年)	上限(万元/人·年)	倍数
国际组织	世界银行(2010年)	低收入经济体为1 005美元或以下者；下中等收入经济体在1 006至3 975美元之间；上中等收入经济体在3 976至12 275美元之间；高收入经济体为12 276美元或以上者	全社会	人均国民收入	人均4 000美元左右进入上中等收入国家		
	亚洲银行《亚洲和太平洋地区2010年关键指标》	亚洲地区，每天消费2—20美元的人群					
	联合国粮农组织	家庭支出中恩格尔系数(食品支出占消费性支出的比重)30%—40%为较富裕水平					
外资咨询机构	巴黎百富勤(2002年)	网络调查		人均收入(2010年)	5.1	5—6	
	盖洛普中国(2005年)	网络调查		户均收入(2005年)			
统计部门	广东统计局城调队(2004年)	据对城镇住户调查测算，广东人在1.2万—3万元的城镇居民群体，其恩格尔系数正好落在0.3至0.39之间，把介于小康之上和比较富裕之下的收入水平定义为中等收入人群体		家庭人均可支配收入	1.20	3.00	2.50

续 表

数据来源		方法或依据	城乡差异的处理	口径	下限（万元/人·年）	上限（万元/人·年）	倍数
统计部门	南京市统计局（2004年）	月收入标准＋恩格尔系数法：中等收入家庭人均月收入暂定为 3 000～10 000 元，恩格尔系数不应超过 30%		家庭人均月收入	3.60	12.00	3.33
	国家统计局（2005年）	2005 年国家统计局城调队的抽样调查数据。世界银行公布的全球中等收入阶层的人均 GDP 起点（3 470 美元）和上限（8 000 美元），要将这两个数据转换为中国的中等收入群体指标，牵涉三重换算。人均 GDP 和人均收入之间换算，美元和人民币之间的汇率换算，购买力评价标准换算。根据三重换算，购买力评价标准家庭年均收入下限 6.5 万元，上限是 18 万元左右。同时考虑到我国地区间居民家庭收入差距较大，最终被界定出来的标准是 6 万～50 万元	样本仅包括城市居民家庭	城镇家庭总收入（2005 年）	6.50	18.00	2.31
国家研究机构	国家发改委宏观经济研究课题组	外推法（2002 年基础上外推到 2020 年）＋与世界银行人均 3 000 美元标准对标（按户均 3 个、1.58 个就业者）	城乡综合考虑	城乡居民人均收入（2002 年）	3.47	10	2.88
	中国社会科学院《城市蓝皮书》（2011 年）	恩格尔系数法（居民家庭的恩格尔系数在 0.3 至 0.375 之间）	城镇居民单独考虑	城镇居民可支配收入（2010 年）	1.63	3.73	2.29

续表

数据来源	方法或依据	城乡差异的处理	口径	下限(万元/人·年)	上限(万元/人·年)	倍数
狄煌(2003年)	恩格尔系数法(人均食品支出占消费支出比例低于25%)+国际标准2/3	城乡综合考虑	城乡家庭居民人均收入(2002年)	1	4	4
人民日报社(2010年)	中等收入群体收入下限是全社会成员的平均收入,上限是高于其2倍	城乡综合	城乡居民的人均年可支配收入(2009年)	1.07	3.21	3
苏海南等(2011年)			城乡居民年收入6万—20万元,主体是6万—12万元			2—3.3

资料来源:王宏.国际视野的中等收入阶层:内涵界定 指标体系与地区差异[J].改革,2013(05):15—24.

元选择模型来考察内部收入等级跃迁的影响因素。二是收入中位数或均值划分法。徐建华等(2003)[①]提出,用收入中值加减全距的 1/6 来计算中等收入分布的上下限。李培林(2017)[②]以中国城镇家庭年人均收入作为参照基准,借鉴世界银行标准,把收入高于平均收入线 2.5 倍及以上的群体定义为高收入者;把收入低于平均收入线 50% 及以下的群体定义为低收入者;把收入处于低收入上限到平均线之间的群体定义为中低收入者;把收入在平均线到平均线的 2—5 倍的人群定义为中等收入者。三是家庭人均年收入法/家庭财产划分法。刘伟、周月梅、周克(2007)[③]按家庭人均年收入或家庭财产标准来界定中等收入群体。纪宏、陈云(2009)[④]把人均年收入 3 万—8 万元作为界定我国中等收入者的标准。苏海南(2015)[⑤]提出,我国的中等收入者是收入处于全国或当地社会平均收入水平与较高收入水平间,家庭生活水平处于全国或当地小康与比较富裕水平间的人员,具体以全国或当地平均收入水平为下限,以高于平均收入的 2 倍为上限。不同国家的中等收入标准有所不同,并且不断发展变化。我国学者王宏(2013)对中等收入群体的划分标准和比重进行了比较(如表 2.2 所示)。

表 2.2 不同国家和地区中产阶层或中等收入阶层比重、划分标准的比较

国家(地区)	家庭年收入(万美元)	比重(%)	主观认同率(%)	人均 GDP(美元)(按现价计算)	总人口(亿)
美国	4—20	80		37 305	2.8
英国		65		24 819(2001 年)	0.59
德国	3—8	50	75	25 427	0.824
瑞典	4—10	55	80	25 979	0.088 7
日本	4.4—6.8			37 000	1.27
新加坡		90		265 000	0.04

---

① 徐建华,陈承明,安翔. 对中等收入的界定研究[J]. 上海统计,2003(8):12—14.
② 李培林. 怎样界定中等收入群体更准确[N]. 北京日报,2017-07-17.
③ 刘伟,周月梅,周克. 中等收入家庭界定方法探讨[J]. 经济评论,2007(1):51—56.
④ 纪宏,陈云. 我国中等收入者比重及其变动的测度研究[J]. 经济学动态,2009(6):11—16.
⑤ 苏海南. 当代中国中产阶层的兴起[M]. 杭州:浙江大学出版社,2015.

续 表

国家(地区)	家庭年收入(万美元)	比重(%)	主观认同率(%)	人均GDP(美元)(按现价计算)	总人口(亿)
中国香港	2—4.1			23 800	0.068 2
韩国	2—3.6			10 260	0.48
印度	0.07—0.3	29.2		468	10.27

资料来源：王宏.国际视野的中等收入阶层：内涵界定、指标体系与地区差异[J].改革,2013(05):15—24.根据《世界银行发展报告》、亚洲人口有限责任公司的数据和印度"国家应用经济研究理事会"发布标准加工整理。

笔者在本书中采用的衡量中等收入群体规模和比重的主要指标是收入指标。这主要有两方面的原因。首先,尽管中等收入群体的划分指标除了收入以外还有例如财产、消费水平、生活方式、配置资源能力、教育水平和职业等其他指标,但收入指标是衡量中等收入群体最具代表性和最基本的指标。其次,由于研究的主要目的是研究和考察公共服务财政支出变化与中等收入群体比重变化两者间关系,为了便于在有限时间内完成定量分析和回归分析,笔者在第四章中采集和利用2001—2016年我国22个省份公共服务财政支出和以收入指标(绝对收入指标、相对收入指标以及"购买力平价"收入指标)为衡量标准的中等收入群体比重的数据,对公共服务财政支出变化给中等收入群体比重的影响进行实证分析。

第二节 文献研究

本节梳理和综述国内外学者关于影响中等收入群体发展的因素尤其是公共服务财政支出对中等收入群体的影响的研究成果,在此基础上通过文献述评进一步明确本研究的重点。

一、公共服务财政支出与影响中等收入群体发展的主要因素

从现有文献看,鲜见把公共服务财政支出作为一个整体来研究分析其对中等收入群体的影响的文献。许多研究认为经济增长和收入分配是影响

中等收入群体发展的两大主要因素,同时,有许多研究认为公共服务财政支出对经济增长和收入分配有重要影响。

(一) 影响中等收入群体发展的主要因素

许多研究认为,经济增长和收入分配是扩大中等收入群体的两大主要因素。纪宏、刘扬(2013)[1]提出,经济增长、收入分配和中等收入标准线的变化是影响中等收入者比重的三个主要因素。经济增长对我国扩大中等收入者有很明显的积极影响,效应值在不同时期均超过10%,且大多数年份都在20%以上,收入分配对我国中等收入者产生了较严重的抑制作用,因为居民收入分配不合理引起中等收入者比重下降的平均降幅达到30%左右。李伟、王少国(2014)[2]提出,我国中等收入者(以绝对标准衡量)比重变化主要受收入增长和收入分配两个因素的影响。郭存海(2012)[3]提出,由于经济增长和社会政策的共同作用,中产阶级在21世纪得以壮大,经济增长是"拉动"作用,社会政策是"推动"和"巩固"作用。

关于是经济增长的"扩中"作用大还是收入分配的"扩中"作用更大,学者的研究有不同的结论。一些研究表明,经济增长对促进中等收入群体发展的作用更大。龙莹(2015)[4]利用中国健康与营养数据库(CHNS)1988—2010年居民住户调查数据,对影响中等收入群体比重变动的因素进行研究,结果显示在影响中等收入群体比重变动的因素中,经济增长效应大于收入分配效应。张少良(2017)[5]采用动态分解法对城乡中等收入群体比重变动进行分析,发现经济增长效应与收入分配效应的此消彼长是造成中等收入群体比重波动的重要原因,其中经济增长是中等收入群体规模扩大的主

---

[1] 纪宏,刘扬.我国中等收入者比重及其影响因素的测度研究[J].数理统计与管理,2013,32(05):873—882.
[2] 李伟,王少国.收入增长和收入分配对中等收入者比重变化的影响[J].统计研究,2014,31(03):76—82.
[3] 郭存海.拉丁美洲中产阶级研究[D].北京:中国社会科学院,2012.
[4] 龙莹.中等收入群体比重变动的因素分解——基于收入极化指数的经验证据[J].统计研究,2015,32(02):37—43.
[5] 张少良.中等收入群体规模变动的因素分析[D].杭州:浙江工商大学,2017.

要动力,而收入分配不平等在一定程度上阻碍了中等收入群体的扩大。另一些研究表明,收入分配因素对中等收入群体的影响大。石刚、韦利媛(2008)[1]通过实证分析得出,经济增长因素对中等收入者比重的影响不显著。杨宜勇等(2007)[2]提出,我国基尼系数和中等收入群体比重之间存在负相关关系,扩大中等收入群体的比重要建立在缩小基尼系数的基础上,如果到2020年中等收入群体比重要达到50%以上,基尼系数至少要降到36%。庄健(2007)[3]对122个国家进行了实证分析,发现中等收入群体比重和基尼系数之间存在明显的负相关关系,当基尼系数为0.7时,中等收入群体比重为27.6%;当基尼系数为0.6时,中等收入群体比重为34.3%;当基尼系数为0.5时,中等收入群体比重为41%;当基尼系数为0.4时,中等收入群体比重为47.6%;当基尼系数为0.3时,中等收入群体比重为54.3%;当基尼系数为0.2时,中等收入群体比重为60.9%。刘璐(2015)[4]根据满足洛伦兹曲线性质的三阶多项式推导出基尼系数与洛伦兹曲线系数间的关系,也得出中等收入群体比重与基尼系数负相关的结论,中等收入群体的比重越大,基尼系数越小,相反则越大。Solimano(2008)[5]对全球129个国家进行了比较研究,发现收入不平等和中产阶级规模间存在负相关的关系,在收入不平等较严重的国家,中产阶级规模较小。Borraz(2011)[6]用乌拉圭1994—2004年和2004—2010年的家庭收入数据分析中产阶级和收入两极分化之间存在的关系,发现在前一时期收入严重不平等时中产阶级比重明显下降,

---

[1] 石刚,韦利媛.我国中等收入者比重研究评析[J].经济学动态,2008(11):77—80.
[2] 杨宜勇,顾严.2006~2007年:政府高度重视下的收入分配[J].经济研究参考,2007(18):4—10.
[3] 庄健.中国居民收入差距的国际比较与政策建议[J].宏观经济研究,2007(02):29—35.
[4] 刘璐.中等收入群体比重变动问题研究[D].合肥:安徽大学,2015.
[5] Solimano A. The Middle Class and the Development Process [R]. Serie Macroeconomía del Desarrollo 65. Santiago, Chile: United Nations, Economic Commission for Latin America. 2008: 1-51.
[6] Borraz F, Pampillón N G, Rossi M. Polarization and the Middle Class [EB/OL]. http://www.fcs.edu.uy/archivos/2011.pdf.

而后一时期,收入两极分化减弱,同时中产阶级规模增加了。Olivieri(2007)[①]对阿根廷大布宜诺斯艾利斯地区1986—2004年中产阶级与收入分配关系的相关研究发现,这一地区这一时期中产阶级的衰落伴随着收入分配两极分化的加剧。

此外,工业化、城市化、对外开放、城乡二元制度等也是影响中等收入群体发展的重要因素。周晓虹(2005)[②]认为工业化发展导致职业结构分化,从而导致不同职业群体的收入和声望分化,从而形成中等收入群体。吴青荣(2017)[③]用1985—2015年时间序列数据建立可变参数状态空间模型进行实证分析,结果表明产业结构变迁是我国扩大中等收入群体的重要驱动因素,产业结构变迁提高一个百分点,中等收入群体比重提高近0.1个百分点;对外开放水平对中等收入群体的拉动作用趋于强化,对外开放水平提高一个百分点,中等收入群体比重提高0.47个百分点;人力资本水平对中等收入群体有明显的促进作用但影响呈持续弱化的趋势;R&D(科学研究与试验发展)的强度对中等收入群体的影响弹性为负值。余增威(2017)[④]认为,国家收入分配政策、产业调整与发展、高等教育发展是影响我国中产阶层规模扩大的主要原因。王哲慧、龙莹(2015)[⑤]运用CHNS数据和夏普里值分解法,分析影响我国中等收入群体发展的因素,结果表明区域因素、受教育水平、职业类型和单位类型是影响低收入群体能否向中等收入群体转化的重要因素。徐佳舒、段志民(2017)[⑥]测算我国居民1989—2011年处于中等收入的平均持续时间,发现中等收入持续时间的平均值和中位值分别为8.97

[①] Olivieri S. Debilitamiento de la Clase Media: Gran Buenos Aires 1986 - 2004[EB/OL]. Diciembre, 2007. http://www.depeco.econo.unlp.edu.ar/maestria/tesis/051-tesis-olivieri.pdf.
[②] 周晓虹.扩大中等收入者的比重是保证社会和谐发展的不二法则[J].学习与探索,2005(06):24—29.
[③] 吴青荣.产业结构变迁、人力资本、R&D强度对中等收入群体影响的动态测度——基于协整和状态空间模型的实证[J].经济问题探索,2017(09):25—29,93.
[④] 余增威.当前我国中产阶层规模变化探析[D].成都:四川省社会科学院,2017.
[⑤] 王哲慧,龙莹.我国中等收入群体收入差距影响因素分解[J].安徽农业科学,2015,43(13):292—294,318.
[⑥] 徐佳舒,段志民.中等收入持续期及其影响因素分析——构建橄榄型收入结构视角[J].江西财经大学学报,2017(02):24—39.

年和 7 年,个体特征如性别、年龄、受教育程度及工作单位类型,地区特征如人均 GDP、基尼系数、失业率及市场化程度等都对中等收入的持续时间产生显著影响。严斌剑、周应恒、于晓华(2014)[①]研究认为,受教育程度改善、非农就业程度提高、家庭生产性固定资产扩大、家庭赡养比提高和税费负担减轻对家庭收入水平和收入位置的提高影响显著。王开玉(2006)[②]认为,我国中等收入者比重提升的主要障碍是城乡二元结构、劳动力不能自由流动、分配制度不公平等体制因素,并且体制性垄断和政府公共物品供给不足也对中等收入者比重扩大造成障碍。姜迪武(2011)[③]提出,由于我国城乡二元分割的体制,城乡居民收入差距持续扩大制约了农村中等收入者阶层的发展,从而阻碍了我国中等收入者阶层的扩大。李雨潼(2015)[④]认为,我国中等收入群体比例过小的原因在于生产力水平还比较低、收入分配制度不合理和城乡二元经济结构制约等。李曼(2015)[⑤]认为,我国中等收入者的比重及其变动取决于诸多因素,包括居民财产总额、财政转移性支出总额、国民总收入、经济增长率、经济开放程度、经济市场化程度、城市化程度、教育财政性投入总额、工资分配率、银行存贷比率等,这些因素的综合作用对我国中等收入者比重及变动的累积贡献率高达 92.11%。

(二) 公共服务财政支出与影响中等收入群体发展的经济增长因素

娄峥嵘(2008)[⑥]对我国公共服务财政支出与经济增长的关系进行了回归分析,结果表明,以教育、医疗卫生、社会保障和就业为主的社会性公共服务支出对经济增长具有正效应,但与同等发展水平国家的比较看,我国公共

[①] 严斌剑,周应恒,于晓华.中国农村人均家庭收入流动性研究: 1986—2010 年[J].经济学(季刊),2014(3): 939—968.
[②] 王开玉.中国中产阶层的初级形态[J].合肥学院学报(社会科学版),2006(01): 6—14.
[③] 姜迪武.转型期我国扩大中等收入者阶层的理论与实证研究[D].成都:西南财经大学,2011.
[④] 李雨潼.促消费背景下扩大我国中等收入群体的路径探析[D].成都:四川师范大学,2015.
[⑤] 李曼.关于影响我国中等收入者比重因素的实证分析[J].广东行政学院学报,2015,27(01): 79—86.
[⑥] 娄峥嵘.我国公共服务财政支出效率研究[D].徐州:中国矿业大学,2008.

服务支出存在很大缺口。杨晓妹（2014）[①]通过建立包括财政政策、经济增长与就业增长的联立方程模型检验三者间关系，结果表明：财政支出每增加1%，经济增长1.245%，我国财政支出政策对经济增长的拉动作用明显，特别是自20世纪80年代以来，科教文卫支出对经济增长和就业扩张效应的正向影响越来越大，为此需要进一步加大科教文卫支出，释放科教文卫支出的就业扩张效应，提高财政政策对经济的正向作用。张术茂（2014）[②]研究发现，财政支出结构中财政教育支出对长期就业总量有较大正向影响，而财政行政管理费支出、财政投资支出、财政社会保障支出和财政科技支出对长期就业总量的影响都是负向的；按促进就业作用的大小，排序依次为教育支出、社会保障支出、投资支出、科技支出和行政管理费支出。

（三）公共服务财政支出与影响中等收入群体发展的收入分配因素

Afonso、Schuknecht 和 Tanzi（2010）[③]以及 Heipertz 和 Ward-Warmedinger（2008）[④]实证研究表明，以公平为导向的公共服务财政支出占比越高，收入差距就越小。李培林（2007）[⑤]提出，扩大中等收入者比重，需要扩大公共产品及公共服务供给，提高转移支付的效率，尤其是转移支付要向基层、农村、困难地区、低收入者倾斜。王力（2012）[⑥]研究认为，社会保障支出等对我国城乡居民收入差距有重要影响。其中，城乡医疗保险差距加大了城乡居民收入差距，社会保障支出和支农支出则缩小了城乡居民收入差距。安东尼奥·阿弗索、卢德格尔·舒克内希特、维托·坦齐等（2013）[⑦]利

[①] 杨晓妹.财政政策就业效应研究[D].成都：西南财经大学，2014.
[②] 张术茂.中国财政支出政策就业效应研究[D].沈阳：辽宁大学，2014.
[③] Afonso A., Schuknecht L., & Tanzi V. Public Sector Efficiency: Evidence for New EU Member States and Emerging Markets[J]. Applied Economics, 2010：42(17), 2147-2164.
[④] Heipertz M, Ward-Warmedinger M. Economic and Social Models in Europe and the Importance of Reform [J]. Financial Theory & Practice, 2008,32(3)：255-287.
[⑤] 李培林.关于扩大中等收入者比重的对策思路[J].中国党政干部论坛，2007：11—43.
[⑥] 王力.我国居民收入差距的测度及其影响因素研究[D].大连：东北财经大学，2012.
[⑦] 安东尼奥·阿弗索,卢德格尔·舒克内希特,维托·坦齐,王少国,马陆.收入分配的决定因素与公共支出效率[J].经济社会体制比较，2013(05)：1—13.

用非参数 DEA 法来评估公共支出在收入再分配中的效率，发现公共支出政策显著影响收入分配，尤其是直接通过社会支出和间接通过高质量的教育/人力资本投入来发挥对收入分配的影响。蔡昉(2013)[①]认为，教育、医疗、社保等公共财政支出对调节收入分配具有重要作用，但现行的财政支出体制机制未能有效发挥出扩大中等收入群体的效应。莫连光等(2014)[②]指出，在城乡二元结构下，我国政府财政资金的投入明显倾向城市，在医疗卫生、基础教育和社会保障等公共服务领域，农民无法享受与城市居民同等的待遇，不利于扩大农村中等收入群体。Afonso，Kazemi(2017)[③]通过跨国实证研究发现，公共支出对收入分配有显著影响。

二、教育、医疗、社会保障和就业财政支出与中等收入群体的关系

(一) 教育财政支出与中等收入群体

从现有文献看，许多研究表明，教育对中等收入群体的经济增长有重要作用，教育水平是影响就业和收入水平的重要因素。Heipertz 等(2008)[④]通过对北欧五国的实证分析得出，教育财政支出对经济增长的贡献率在 12%—33%。石刚、韦利媛(2008)[⑤]通过实证分析得出，对我国中等收入者比重影响较大的三个主要因素是政策制度因素、经济发展因素以及教育因素。两位学者利用格兰杰因果检验和协整检验对我国中等收入者比重的影响因素进行定量分析，发现代表教育因素的每万人口拥有大学生数每增加 1 个百分点，我国中等收入者比重平均增加 0.027 个百分点。王哲慧、龙莹

---

① 蔡昉. 中国收入分配：完成与未完成的任务[J]. 中国经济问题,2013(05)：3—9.
② 莫连光,洪源,廖海波. 收入分配财政政策调节居民收入差距效果的实证研究[J]. 财经论丛,2014(03)：32—39.
③ Afonso A. , Kazemi M. Assessing Public Spending Efficiency in 20 OECD Countries [A]. In: Bökemeier B. , Greiner A. (eds) Inequality and Finance in Macrodynamics, Dynamic Modeling and Econometrics in Economics and Finance, Vol 23. Springer, Cham. 2017(23)：7-42.
④ Heipertz M, Ward-Warmedinger M. Economic and Social Models in Europe and the Importance of Reform [J]. Financial Theory & Practice, 2008,32(3)：255-287.
⑤ 石刚,韦利媛. 我国中等收入者比重研究评析[J]. 经济学动态,2008(11)：77—80.

(2015)①运用 CHNS 数据和夏普里值分解法,分析影响我国中等收入群体的因素,发现受教育水平是影响低收入群体能否向中等收入群体转化的重要因素之一。张术茂(2014)②研究发现,财政支出结构主要项目中只有财政教育支出对长期就业总量有较大正向影响,财政投资支出、财政科技支出、财政行政管理费支出和财政社会保障支出对长期就业总量都有负向影响,财政支出主要项目按促进就业作用大小排序依次为:财政教育支出、财政社会保障支出、财政投资支出、财政科技支出和财政行政管理费支出。徐佳舒、段志民(2017)③通过实证分析论证了受教育程度是显著影响中等收入的持续时间的因素之一。严斌剑、周应恒、于晓华(2014)④研究认为,受教育程度改善是家庭收入水平和收入位置提高的重要原因之一。梁文泉、陆铭(2015)⑤用 2005 年 1‰人口小普查的数据进行实证分析发现:教育水平的提高一年会平均提高工资水平 13.2%。冯云(2014)⑥将受教育程度、性别、年龄、户籍、居住区域、工作行业、工作年限、家庭背景等变量列入模型控制变量进行参数估计,结果显示受教育程度对提升我国居民收入有显著促进作用,受教育程度越高,居民的收入水平也越高。

徐谦(2007)⑦认为,财政对教育尤其是对基础教育的投资,是提高我国国民受教育程度从而使中产阶级崛起的重要条件,近些年我国教育支出有所增加,但相对西方国家教育支出占财政支出的比例还存在差距。李芳蹊(2015)⑧通过实证研究发现,我国财政性教育支出显著推动了经济增长,并

---

① 王哲慧,龙莹.我国中等收入群体收入差距影响因素分解[J].安徽农业科学,2015,43(13):292—294,318.
② 张术茂.中国财政支出政策就业效应研究[D].沈阳:辽宁大学,2014.
③ 徐佳舒,段志民.中等收入持续期及其影响因素分析——构建橄榄型收入结构视角[J].江西财经大学学报,2017(02):24—39.
④ 严斌剑,周应恒,于晓华.中国农村人均家庭收入流动性研究:1986—2010 年[J].经济学(季刊),2014(3):939—968.
⑤ 梁文泉,陆铭.城市人力资本的分化:探索不同技能劳动者的互补和空间集聚[J].经济社会体制比较,2015(03):185—197.
⑥ 冯云.中国教育不平等对居民收入差距影响研究[D].大连:东北财经大学,2014.
⑦ 徐谦.关于扩大中产阶级的财政政策研究[D].成都:西南财经大学,2007.
⑧ 李芳蹊.中国财政性教育支出对经济增长影响的实证研究[D].沈阳:辽宁大学,2015.

且教育财政支出对经济增长的影响和重要性仍在不断增强。冯云(2014)[1]用随机面板模型测算财政教育经费投入对地区经济增长的贡献,发现近年来各地区财政教育投入对经济增长的拉动作用逐年提升,1999年时各地区财政教育投入对经济增长的弹性贡献率普遍为负数,平均水平为-0.223,2007年时已有半数以上的省份财政教育投入对经济增长的贡献率超过0.3,超过三分之一的省份贡献率在0.4以上,个别省份贡献率甚至超过0.6。孙涛(2015)[2]以基本公共教育服务的社会收益为衡量标准,研究了如何通过增加教育财政投入规模和优化教育财政投入资源配置促进基本公共教育的社会收益最大化。

一些研究发现,公共教育财政支出中存在不利于中等收入群体发展的问题并提出了对策建议。韩静舒(2016)[3]利用受益归宿成本法测算教育支出的分配受益均等化程度,发现义务教育公共支出具有明显的累进性特征,农村的低收入居民受益程度比城镇居民更大,而非义务教育阶段财政公共支出具有明显的累退性特征,高收入居民的受益程度更大,农村的高收入居民受益的比例更高。齐海鹏(2004)[4]研究认为,由于财政性教育经费投入的政策偏向,我国居民在受教育的机会上存在着很大的不公平,低收入家庭得到的收益低于其他家庭,高收入阶层获得了高等教育投资所形成的主要收益。冯云(2014)[5]运用 Mantel 空间相关系数检验法,计算了地区间各级教育经费投入差距与地区居民收入差距矩阵之间的相关性,发现我国地区财政教育投入总量差距与地区居民收入差距之间没有明显的正相关关系,但生均各级财政教育经费投入的差距与地区居民的收入差距是高度相关的,尤其是地区生均教育经费在普通小学、普通中学和普通高中上的投入差距与地区居民的收入差距相关性都超过0.7,生均财政教育经费在职业高中

---

[1] 冯云.中国教育不平等对居民收入差距影响研究[D].大连:东北财经大学,2014.
[2] 孙涛.我国基本公共教育服务均等化问题研究[D].大连:东北财经大学,2015.
[3] 韩静舒.受益归宿视角下的基本公共支出均等化研究[D].北京:中央财经大学,2016.
[4] 齐海鹏.调节居民收入分配差距的财税视角分析[J].现代财经-天津财经学院学报,2004(11):18—21.
[5] 冯云.中国教育不平等对居民收入差距影响研究[D].大连:东北财经大学,2014.

和高等教育阶段的投入差距与地区居民的收入差距相关性在 0.5—0.6 之间,这说明财政教育投入不均等是导致地区发展差距和地区居民收入差距扩大的一个原因。孙涛(2015)[1]论证了造成我国目前教育不均等的制度因素、财政因素、政策成因以及收入分配成因,重点从完善公共财政框架下的财政收支体系、理顺政府间财政关系、规范转移支付制度、完善各级基本公共教育服务经费投入机制、完善基本公共教育财政保障配套制度建设等方面提出实现基本公共教育服务均等化的财政保障机制。茹长芸(2013)[2]认为,扩大中等收入群体,应优化财政性教育支出的结构,特别是改善教育财政支出的内部结构。刘国余(2014)[3]建议确定合理的教育财政投入增长指标,拓宽教育资金的来源渠道,提高教育财政投入的使用效益,优化教育投入的层级结构、区域结构和城乡结构。

(二) 医疗卫生财政支出与中等收入群体

关于这方面的研究主要包括:一是医疗卫生财政支出对缓解"因病致贫""因病返贫"的影响和作用;二是医疗保障支出对破解"看病难、看病贵"与减轻中低收入居民家庭负担从而提高家庭实际可支配收入的影响和作用;三是医疗卫生财政支出对医疗卫生公共服务均等化进而对收入分配结构的影响和作用。

汪辉平等(2016)[4]调查发现因病致贫的类型中,有 43% 是因为丧失劳动力,29% 是因为医疗费用过高,两种因素都有的占 10%。在出现重大疾病等风险时,中等收入家庭就面临滑落低收入阶层的风险。韩静舒(2016)[5]研究发现有家庭成员住院的家庭经济境遇变差的概率在上升,"因

---

[1] 孙涛.我国基本公共教育服务均等化问题研究[D].大连:东北财经大学,2015.
[2] 茹长芸.中等收入群体持续扩大的财税政策建议[J].会计之友,2013(29):105—107.
[3] 刘国余.基于教育社会收益率的我国教育财政投入研究[D].大连:东北财经大学,2014.
[4] 汪辉平,王增涛,马鹏程.农村地区因病致贫情况分析与思考——基于西部 9 省市 1 214 个因病致贫户的调查数据[J].经济学家,2016(10):71—81.
[5] 韩静舒.受益归宿视角下的基本公共支出均等化研究[D].北京:中央财经大学,2016.

病致贫"的效应明显。卢燊(2017)①采取了理论与实证相结合的方法分析了疾病与贫困之间的关系,发现疾病尤其是重大疾病所产生的高额医疗费用会对个体和家庭产生严重的负面影响,甚至会使个体和家庭陷入持续性、代际性的贫困。他研究了我国城乡居民基本医保及大病保险制度对反贫困的影响和作用,认为城乡居民基本医保制度未能充分发挥有效作用,而大病保险制度则发挥了有效作用。吴仁广(2017)②也认为,大病医疗保险制度有效降低居民医疗负担,对解决"因病返贫、因病致贫"有重要的作用。宋志华(2010)③通过实证研究发现,政府卫生支出的规模及卫生事业费所占的比重对于总体死亡率的下降和经济增长率有显著的影响。赵鹏飞(2012)④使用30个省份2003—2008年的面板数据进行回归分析,发现各级政府卫生支出都对于改善国民健康产生了显著效果,而且在经济较落后地区健康改进的效果更为明显。同时,利用1980—2010年面板数据可以分析得出,公共卫生支出对经济增长有正向促进作用,政府卫生支出增加能够抑制卫生总费用上涨的结论。曾雁冰⑤(2011)发现财政因素和物价因素对医疗费用过快增长起着决定性作用,其中,财政的影响在40.0%—71.6%,物价的影响在40.8%—66.7%,医疗机构因素影响在12.0%—38.3%。医疗卫生财政支出不足,反映了政府以经济发展优先,忽视医疗卫生发展,导致财政对医疗卫生服务筹资职能逐步弱化,迫使医疗卫生机构直接通过服务收费增加收入的问题。齐海鹏(2004)⑥建议,应加大医疗公共卫生财政支出,政府财政对社会低收入人群的医疗服务应给予必要的补贴。

杨亮(2012)⑦认为,在新一轮医改的背景下,尽管卫生财政支出逐年增

---

① 卢燊.城乡居民大病保险制度的脱贫效应及模式研究[D].南京:南京大学,2017.
② 吴仁广.大病医疗保险制度实施效果评估研究[D].济南:山东大学,2017.
③ 宋志华.中国政府卫生支出的规模、结构与绩效研究[D].沈阳:东北大学,2010.
④ 赵鹏飞.公共卫生支出与国民健康及经济发展的关系研究[D].北京:北京交通大学,2012.
⑤ 曾雁冰.基于系统动力学方法的医疗费用过快增长问题建模与控制研究[D].上海:复旦大学,2011.
⑥ 齐海鹏.调节居民收入分配差距的财税视角分析[J].现代财经-天津财经学院学报,2004(11):18—21.
⑦ 杨亮.中国政府卫生支出的问题与对策[D].武汉:武汉大学,2012.

加,但居民个人的卫生支出仍然偏高,"看病难、看病贵"仍然突出,为此需要建立合理的政府卫生投入保障机制;改革财政预算体制,提高卫生财政支出的配置效率;完善转移支付制度,重点缩小卫生财政支出的地区内差异;完善农村卫生财政投入的保障机制,重点缩小卫生财政支出的城乡差异;在医疗卫生事务上合理划分各级政府的事权和财权。曾雁冰(2011)[①]运用系统动力学方法构建 SD 模型,通过对改变影响系统状况的行为如政府投入、物价收益率、总额预算、医保报销比例及覆盖率调整等干预结果的分析表明,由于政府投入改变引起的总体次均费用的变化是医保作用的 1.03—2.38 倍,而业务收入收益率的作用是医保作用的 1.18—1.42 倍,为此应加大政府对医疗服务的投入力度,提高业务收入收益率以降低医疗费用,从而使医疗费用增长在社会经济可承受的范围之内。余央央(2012)[②]研究了我国医疗卫生支出的趋势,测算到 2030 年我国医疗卫生支出占 GDP 比重将达到 8%—10.6%,到 2050 年有 40% 的医疗资源需配置于老龄人口,老龄化对扩大医疗卫生支出的需求日渐增大,未来需要更多医疗卫生资源向老龄人口尤其是农村老龄人口倾斜。

顾永红、向德平(2014)[③]利用 1997—2009 年中国居民健康与营养调查数据考察不同收入分配测度方式与居民健康水平变动的关系,结果显示地域差距、贫富差距扩大加剧居民健康水平的差距。韩静舒(2016)[④]关于基本医疗保险福利效应的实证研究发现,现行的医疗保障制度不仅有助于缓解居民家庭的医疗支出负担,也有助于降低中低收入家庭面临的不确定性和风险,同时城乡二元体制导致城镇低收入家庭参保后未能增加消费支出,农村低收入家庭在参保后福利则有明显的改善;政府对医疗卫生机构的补助,更多的收益则为富裕家庭所享受,高收入的 40% 的居民群体获得了超过

[①] 曾雁冰.基于系统动力学方法的医疗费用过快增长问题建模与控制研究[D].上海:复旦大学,2011.
[②] 余央央.中国人口老龄化对医疗卫生支出的影响[D].上海:复旦大学,2012.
[③] 顾永红,向德平.居民收入与健康水平变动关系研究[J].学术论坛,2014,37(02):92—99.
[④] 韩静舒.受益归宿视角下的基本公共支出均等化研究[D].北京:中央财经大学,2016.

40%的补助收益,农村家庭的补助收益更多由中间三类住户获得,没有向贫困阶层倾斜。李齐云等(2010)[①]使用1997—2006年省级面板数据检验了财政分权和转移支付对公共卫生服务均等化的作用,结果发现财政分权加剧了地区间人均预算卫生经费支出的差距,还加剧了每万人拥有医院、卫生院床位数的差距;虽然财政转移支付有利于缩小可及性公共卫生服务产出的地区间差距,但并没有缩小人均卫生经费支出的地区间差距。

(三) 社会保障和就业财政支出与中等收入群体

在财政统计数据中,社会保障和就业补助财政支出被放在一大项即"社会保障和就业支出"内来统计[②]。从理论上看,社会保障财政支出和就业补助财政支出对中等收入群体的影响既相互独立又相互联系。两者作用的相互独立体现在医疗、养老等社会保障财政支出对促进中等收入群体发展上的作用,主要体现在减轻居民医疗和养老负担、缓解收入分配不平等以及为中低收入者向上流动提供保障;就业财政支出对促进中等收入群体发展的作用主要体现在扩大中等收入就业、促进统一劳动力市场等方面;两者作用的相互联系体现在社会保障中社会保险与就业直接挂钩,理论上都会对就业产生影响。

尽管目前直接关于社会保障支出结构对中等收入群体影响的分析较少,但不少国内外学者围绕社会保障支出对作为中等收入群体发展的重要因素之一的收入分配结构的影响进行了研究。王聪(2017)[③]利用回归分析得出,社会保障支出占比与中等收入群体比重的相关系数约为-0.206,两者负相关反映了我国社会保障支出结构存在很大不合理性,妨碍了我国城

[①] 李齐云,刘小勇.财政分权、转移支付与地区公共卫生服务均等化实证研究[J].山东大学学报(哲学社会科学版),2010(05):34—46.

[②] 2003年我国在一般公共预算支出中设立"社会保障补助支出——就业补助"科目,具体包括"再就业培训补贴""职业介绍补贴""社会保险补贴""公益性岗位补贴""小额担保贷款贴息""小额贷款担保基金""对农民工的就业服务支出""特定政策补助"和"劳动力市场建设"等,就业支出政策覆盖人群的范围逐步从下岗失业人员扩大到城镇新增劳动力和农村转移劳动力然后扩大到全体失业人员。

[③] 王聪.扩大我国城镇中等收入群体比重的财政政策研究[D].沈阳:辽宁大学,2017.

镇中等收入群体比重的扩大。大多研究集中在社会保障财政支出对收入分配调节的作用方面。Kristjansson A. S.（2011）[1]对16个OECD成员国进行居民收入基尼系数的研究，结果发现政府的再分配政策使这些国家基尼系数平均下降了0.193，其中，政府社会保障的转移性支出对降低基尼系数的贡献率达到80.83%，远高于居民个税和社会保障缴费的影响。Jesuit和Mahler（2004）[2]对1980—2000年13个发达国家财政再分配对比研究后发现，社会保障调节收入分配差距的作用要大于税收的作用。Ervik（1998）[3]研究发现，瑞典社会保障对调节收入分配差距的贡献率在80%以上，税收的贡献率只有10%。美国社会保障对老年群体的反贫困效果十分明显，老年贫困率仅为9%，但如果没有社会保障就高达47%，社会保障对降低基尼系数的贡献率在40%以上。Hocquet（2016）[4]研究发现，欧洲国家经过社会保障调节后收入差距平均缩小30%左右。刘乐山（2006）[5]研究发现，日本经过社会保障调节后的基尼系数比调节前低0.02—0.07。王延中等（2016）[6]研究发现，部分OECD国家通过税收与主要是社会保障的转移支付调节后基尼系数平均下降了0.2左右。Milanovic（1999）[7]研究表明，部分发展中国家的社会保障财政支出在缩小收入差距方面作用明显，在巴西、墨西哥等一些拉美国家，政府转移性支出的收入再分配效应较强，可解释居民家庭收入分配改善的75.2%。中国家庭收入调查项目（CHIP）2013

---

[1] Kristjansson A. S. Income Redistribution in Iceland: Development and European Comparisons [J]. European Journal of Social Security, 2011(4): 392-423.
[2] Jesuit D, Mahler V. State Redistribution in Comparative Perspective: A Cross-National Analysis of the Developed Countrie [R]. Luxembourg Income Study Working Paper, 2004.
[3] Ervik R. The Redistributive Aim of Social Policy: A Comparative Analysis of Taxes, Tax Expenditure Transfers and Direct Transfers in Eight Countries [Z]. LIS Working Paper, 1998(184).
[4] Jean-Yves Hocquet. Relations between Employment and Social Security Policies in Europe: Social Protection and Employment' Partnership or Rivalry [R]. Report of EU-China Social Protection Reform Project, 2016.
[5] 刘乐山. 基于财政视角的中国收入分配差距调节研究[D]. 西安：西北大学，2006.
[6] 王延中，等. 中国社会保障收入再分配效应研究——以社会保险为例[J]. 经济研究，2016(2)：4—15.
[7] Milanovic B. Do More Unequal Countries Redistribute More? Does the Median Voter Hypothesis Hold? [Z]. World bank policy research working paper, 1999(2264).

年住户调查结果显示[①],不包括社会保障支出时城乡收入比为2.4,加入社会保障支出后城乡收入比扩大到2.8。任忠富(2016)[②]使用基尼系数法、泰尔指数法等,分析社会保障财政支出对居民收入分配差距的影响,发现社会保障财政支出对居民收入分配存在"逆向"调节效应,扩大了收入分配差距;社会保障统筹层次低限制了社会保障的收入分配调节功能;社会保障资金缺口的日益扩大,限制了社会保障调节收入分配的潜力;社会保障财政支出纵向不平衡,导致地区间"逆向分配"。

尽管现有的直接关于就业补助财政支出对中等收入群体影响的研究较少,但一些研究考察了就业财政支出对关系到中等收入群体发展的就业率、就业结构、劳动力市场发展等因素的影响。张长浩(2014)[③]研究发现,社会保障和就业支出影响就业与失业这一观点可以获得相关经验证据的支持,随着社会保障和就业支出的增加,就业率显著提高。李娜、袁志刚(2015)[④]运用2007—2013年省级面板数据对社会保障和就业支出对就业的影响进行实证研究,结果表明社会保障和就业支出对提高就业率起到了显著作用。张术茂(2014)[⑤]研究发现,长期看财政支出总额变化对就业总量变化的效应不明显,但在短期有正向影响,长期中财政支出总额增加对第一产业的就业有明显抑制效应,对第二产业的就业有明显促进效应,对第三产业就业有较弱的抑制效应。杨晓妹、王有兴(2016)[⑥]通过实证研究发现,实施积极就业政策后就业财政支出增长迅速,但积极就业支出调节各收入阶层就业差异效果并不理想,需要提高财政资金使用效率。喻良涛(2010)[⑦]认

---

① CHIP课题组.中国家庭收入调查项目(CHIP)第五轮全国范围调查数据(CHIP 2013)[R].北京:中国收入分配研究院,2016.
② 任忠富.我国财政社会保障支出对居民收入分配的影响效应研究[D].大连:东北财经大学,2016.
③ 张长浩.社会保障和就业支出对就业与失业影响的研究[D].昆明:云南师范大学,2014.
④ 李娜,袁志刚.财政社会保障和就业支出的就业效应实证研究——基于面板数据工具变量法的分析[J].经济研究导刊,2015(22):153—154,160.
⑤ 张术茂.中国财政支出政策就业效应研究[D].沈阳:辽宁大学,2014.
⑥ 杨晓妹,王有兴.公共就业支出结构与不同收入群体就业差异调节效应分析[J].西安财经学院学报,2016,29(03):5—10.
⑦ 喻良涛.积极劳动力市场政策与就业支出绩效评析[J].财政研究,2010(02):52—55.

为,就业财政支出对积极就业政策的实施至关重要,就业财政支出是吸引和整合社会资源以扩大积极就业的杠杆。此外,贾晔(2012)[①]对我国财政支出政策的就业效应进行了解析,对就业量与政府投资性支出(包括财政基本建设支出、企业挖潜改造资金、地质勘探费、科技三项费以及增拨企业流动资金支出)、消费性支出(包括工业交通部门事业费、流通部门事业费、文体广播事业费、教育事业费、科学事业费、卫生经费、其他部门的事业费、行政事业单位离退休经费、国防支出、行政管理费、外交外事支出、武装警察部队支出、公检法司支出以及城市维护费)和转移性支出(包括抚恤和社会福利救济费、社会保障补助支出以及政策性补贴支出)之间的关系进行最小二乘法检验,发现财政支出中占比最大的投资性支出的就业弹性达到历史最低水平,投资性支出创造就业的效应却越来越低,转移性支出的就业弹性波动的幅度最大,消费性支出的就业弹性在2006年后呈现上升趋势,在2007年时达到0.99的峰值。

三、文献述评

国内外关于影响中等收入群体(中产阶级、中产阶层、中间阶级、中间阶层)发展的因素尤其是教育、医疗卫生、社会保障和就业等基本公共财政支出因素的研究,为本研究奠定了重要基础。许多学者对中等收入群体的主要影响因素以及教育、医疗卫生、社会保障和就业等公共服务财政支出对中等收入群体发展的影响进行了研究。一些文献对公共服务财政支出与影响中等收入群体发展的经济增长因素、收入分配因素、产业结构因素、城市化因素、教育因素等之间的关系进行了研究分析。许多关于扩大中等收入群体的研究都建议,要在扩大公共服务财政支出的同时优化公共服务财政支出结构、提高公共服务财政支出效率。国内外关于中等收入群体概念和内涵的界定、扩大中等收入群体的主要影响因素、公共服务财政支出与扩大中等收入群体之间的关系等研究,对推动我国扩大中等收入群体的理论研究、

---

① 贾晔.促进就业的财政支出政策研究[D].济南:山东财经大学,2012.

政策决策与政策实践提供了丰富的参考借鉴,也为本研究奠定了重要基础,成为研究公共服务财政支出影响中等收入群体发展的研究起点。其中,关于教育财政支出对促进经济增长和缓解收入分配不平等的文献,为进一步研究公共教育财政支出影响中等收入群体发展的路径和机理奠定了基础;关于医疗卫生财政支出对缓解"因病致贫""因病返贫"破解"看病难、看病贵",减轻中低收入居民家庭负担从而提高家庭实际可支配收入以及促进医疗卫生公共服务均等化的文献,为进一步研究医疗卫生财政支出影响中等收入群体发展的路径和机理奠定了基础;关于社会保障财政支出在减轻居民医疗和养老负担、缓解收入分配不平等以及为中低收入者向上流动提供保障方面的研究文献,以及就业补助财政支出在失业保障、促进就业、维护劳动力市场供求平衡方面的研究文献,为进一步研究社会保障和就业财政支出影响中等收入群体发展的路径和机理奠定了基础。

同时,通过对以往文献的梳理研究,笔者发现需要进一步探索的领域。

一是关于公共服务财政支出如何影响中等收入群体发展的路径和机理缺少专门研究。一些研究发现公共服务财政支出及其背后的体制制度因素对中等收入群体的壮大发展有重要影响。然而,关于扩大中等收入群体的影响因素研究仍多聚焦于经济增长和收入分配,对公共服务财政支出对这一群体发展的影响的研究大多是间接的研究,缺少对中等收入群体和基本公共服务支出两者间关系的专门的、系统的研究,对公共服务财政支出影响中等收入群体发展的路径和机理仍然缺少深入的分析。

二是关于公共服务财政支出影响中等收入群体比重变化缺少量化研究和计量分析。目前关于中等收入群体的量化研究仍主要集中于对中等收入群体的规模和比重的测算和趋势预测,关于扩大中等收入群体的影响因素的量化分析和实证分析较少,主要集中在经济增长、收入分配等宏观因素的分析上,鲜见对公共服务财政支出变化与中等收入群体比重变化两者之间关系的定量研究,公共财政支出政策有效性的科学检验也由此受到限制,在两者间关系的定量研究方面还有很大的探索空间。

三是关于如何通过公共服务财政支出的调整优化促进中等收入群体发

展缺少系统的建议。尽管许多关于中等收入群体的研究都建议要增加教育、医疗、社会保障等财政支出，同时提升财政支出效率，但总的来看，由于对中等收入群体与公共服务财政支出两者间关系缺乏专门、系统的研究，从而关于促进中等收入群体发展的公共服务财政支出建议和相关的制度改革和创新建议也相对零散，有待进一步深入具体的研究和分析。

为此，在文献梳理和研究的基础上，本书旨在研究探讨公共服务财政支出与中等收入群体发展两者间的关系，研究公共服务财政支出影响中等收入群体的路径和机理，找出当前限制和阻碍公共服务财政支出促进中等收入群体发展的突出问题及背后的体制性制度因素，从而有针对性地提出促进中等收入群体发展的公共服务财政支出建议和相关制度改革和创新建议。

第三节 理论基础

本书的理论基础包括中等收入群体理论、公共财政理论、收入分配理论，以及阿马蒂亚·森"可行能力"理论。

一、中等收入群体理论

在国际上，中等收入群体与中产阶级、中产阶层、中间阶级、中间阶层这些词语常被混用，都被称为 Middle Class。目前，国际国内尚未有关于中等收入群体的统一界定和划分标准。基于历史发展脉络总结国际上关于中产阶层的界定，大致可分为三类：一是以亚里士多德为代表的古典观点，主要以财产为标准划分中产阶层；二是以马克思等为代表的近代观点，主要从社会关系或政治角度划分中产阶层；三是以韦伯等为代表的现代观点，主要从社会分层的角度和综合性因素划分中产阶层（苏海南，2015）[1]。马克思关于社会分层的主要标准是人们对生产资料的占有关系，将社会阶级分为资产

---

[1] 苏海南.当代中国中产阶层的兴起[M].杭州：浙江大学出版社，2015.

阶级(剥削阶级)和无产阶级(被剥削阶级)[1]。韦伯采用了包括财富(经济角度)、权力(政治角度)和声望(社会角度)等多维标准在内的多元分层法,被称为"多元分层理论"[2]。吉尔伯特和卡尔(1992)[3]提出了既包括职业、收入、财产、社会化、交往、权力和流动等客观因素在内,也包括个人声望、阶级意识这样主观因素在内的界定方法。从我国国内的研究看,主要分为两类:一种主要以收入来界定。常兴华(2003)[4],狄煌(2003)[5],杨宜勇(2004)[6],顾纪瑞(2005)[7],吴青荣(2014)[8]等学者的研究都是以收入作为划分中等收入群体的主要指标。另一种,陆学艺(2002),苏海南(2015),沈晖(2008),李培林、张翼(2008),李春玲(2011)等学者则从收入、财富、职业、教育程度、社会地位等更广的维度来界定中等收入群体。越来越多研究倾向于用多维标准来界定中等收入群体(中产阶层、中产阶级),但在测算上大多数研究以收入指标为主。

许多学者对这一群体的产生、形成、发展、成因及其带来的结果和影响做了大量的研究。从经济发展角度,迟福林(2016),宋健(2015)等学者的研究表明这一群体的发展对促进消费升级、产业升级、经济增长和经济转型有关键作用。从社会发展角度,沈瑞英(2008),史为磊(2014),李培林、张翼(2008),陆学艺(2002),李春玲(2011)等学者的研究表明这一群体对社会和谐稳定有重要作用。

许多研究围绕影响中等收入群体发展的因素进行了分析。研究表明,中等收入群体的形成、稳定和发展是经济增长、产业结构、消费结构、人力资本、对外开放、经济体制、收入分配制度、财政金融政策等诸多因素共同作用

---

[1] 李金.马克思的阶级理论与韦伯的社会分层理论[J].社会学研究,1993(02):23—30.
[2] 同上。
[3] 吉尔伯特,卡尔.美国阶级结构[M].北京:中国社会科学出版社,1992:19.
[4] 常兴华.界定中等收入者[N].国际金融报,2003-12-30.
[5] 狄煌.合理界定中等收入者[N].经济参考报,2003-02-18(2).
[6] 杨宜勇.对瑞典和德国中产阶级的考察[J].开放导报,2004(6):87—90.
[7] 顾纪瑞.界定中等收入群体的概念、方法和标准之比较[J].现代经济探讨,2005(10):10—16.
[8] 吴青荣.中国梦视阈下中等收入群体扩容之路[J].云南财经大学学报,2014,30(06):16—22.

的结果;在不同的国家、不同的发展阶段和不同的体制下,同一因素的影响程度可能有所不同;有些影响因素间存在因果关系,有些影响因素还存在重叠。从宏观因素看,纪宏、刘扬(2013),李伟、王少国(2014),龙莹(2015),张少良(2017)等学者的研究认为影响扩大中等收入群体的主要因素是经济增长;杨宜勇(2007),庄健、张永光(2007),Sergio Olivieri(2007),Solimano(2008),姜迪武(2011),Borraz(2011),纪宏、刘扬(2013),李伟、王少国(2014),代灵敏(2014),刘璐(2015)等学者的研究认为影响中等收入群体扩大的主要因素是收入分配。此外,周晓虹(2005)认为工业化是影响中等收入群体发展的重要因素;王开玉(2006),李曼(2015)认为城市化是影响中等收入群体发展的重要因素;吴青荣(2017)认为对外开放是影响中等收入群体发展的重要因素;姜迪武(2011),李雨潼(2015)认为制度是影响中等收入群体的重要因素;吴青荣(2017),余增威(2017)认为产业是影响中等收入群体发展的重要因素。从微观因素看,纪玉山等(2005),徐祖辉、谭远发(2014),陈新年(2012),吴青荣(2016),程名望(2016)等学者研究认为人力资本是扩大中等收入群体的重要因素;徐佳舒、段志民(2017)研究认为职业是成为中等收入者的重要因素;王哲慧、龙莹(2015),严斌剑、周应恒、于晓华(2014)等学者研究认为教育水平是影响扩大中等收入群体的重要因素。娄峥嵘(2008),蔡昉(2013),莫连光等(2014),Schuknecht 和 Tanzi(2006),Heipertz 和 Ward-Warmedinger(2008),安东尼奥·阿弗索、卢德格尔·舒克内希特、维托·坦齐等(2013),Afonso、Schuknecht 和 Tanzi(2010),杨晓妹(2014)等学者研究发现公共服务财政支出对中等收入群体发展有直接和间接的影响。从单项的公共服务财政支出对中等收入群体的影响的研究看,Herbertsson(2003),齐海鹏(2004),石刚、韦利媛(2008),徐谦(2007),李芳蹊(2015),冯云(2014),孙涛(2015),韩静舒(2016),茹长芸(2013),刘国余(2014)等学者研究发现教育财政支出对中等收入群体的发展有重要影响;齐海鹏(2004),曾雁冰(2011),杨亮(2012),宋志华(2010),汪辉平等(2016)诸位学者发现医疗卫生财政支出对中等收入群体的发展有重要影响;杨晓妹、王有兴(2016),韩静舒(2016),卢燊(2017),吴仁广(2017),

Ervik(1998)、Milanovic(1999)、Jesuit 和 Maher(2004)、贾晔(2012)、张术茂(2014)、张长浩(2014)、李娜、袁志刚(2015)、任忠富(2016)、Hocquet(2016)、王聪(2017)等学者研究认为社会保障和就业财政支出对于扩大中等收入群体的重要因素包括经济增长、收入分配、城市化、城乡协调发展、产业结构、就业结构、居民可支配收入等有影响。这些关于中等收入群体的理论研究,为笔者进一步研究财政支出结构对扩大中等收入群体的影响和传导机理奠定了重要基础。

二、公共财政理论

西方自16世纪古典政治经济学产生形成后逐步发展出现代财政理论。威廉·配第(1623—1687)在其《赋税论》中提出旨在振兴工商业的财税改革意见,并在《赋税论》和《政治算术》中提出赋税四原则,即公平、确定、简便、节省[①]。亚当·斯密(1723—1790)在其代表作《国民财富的性质和原因的研究》中阐述了其关于国家职能及财政作用的观点,主张政府扮演"守夜人"的角色。西方传统财政学理论将财政职能归结为筹集资金、分配资金、调节、监督(何振一,2005)[②]。英国经济学家霍布森(1858—1940)提出,财政应以增加社会公共福利为目标[③]。以瓦格纳(1835—1917)为代表的社会政策学派主张政府应充分利用财政分配工具来调节收入分配差距和不平等,强调了财政的收入分配职能[④]。凯恩斯(1883—1946)1936年在《就业、利息和货币通论》中阐述财政政策在资源配置、收入分配、经济稳定中的重要性,大大扩展财政的职能范围。[⑤] 新凯恩斯主义认为由于价格黏性、道德风险等市场失灵的存在,财政政策和货币政策是调节社会总产出的有效手段,在总需求

---

① 贾康.关于财政理论发展源流的概要回顾及我的"公共财政"观[J].经济学动态,2008(04):9—13.
② 何振一.构建与完善财政内控体系的研究[J].财政监督,2005(08):8—9.
③ 朱富强.收入分配与经济萧条:霍布森的人本思想[J].嘉应学院学报,2009,27(04):61—65.
④ 郝晓薇.基于新公共管理运动的瓦格纳定律之审视:实证与启示[D].成都:西南交通大学,2011.
⑤ 任泽平,潘文聊.结构式乘数及其对凯恩斯主义宏观经济理论的发展[J].数量经济技术经济研究,2009,26(08):83—95.

和总供给均衡框架下讨论税收和财政支出政策的乘数效应,大多数基于凯恩斯主义的研究认为政府支出的增长会对产出、消费、就业等产生显著的挤入效应。[①] 马斯格雷夫(1910—2007)1959年在《财政学原理:公共经济学研究》中提出财政三大职能为资源配置、收入分配和经济稳定,强调从对市场机制进行指导、修正、补充的角度来界定公共财政活动的范围。[②] 新古典经济学把财政政策作为内生变量,政府支出增加带来的税负上升减少了居民可支配收入,最终使得财政支出对居民消费产生挤出效应。巴罗(1990)在内生增长框架中将公共支出纳入生产函数讨论最优税收。[③] Ambler和Paquet(1996)在"真实经济周期理论"(Real Business Cycle,RBC)模型中将政府支出作为内生变量,分析了财政支出对宏观经济的影响。[④] 此外,20世纪80年代以来,以阿特金森、斯蒂格利茨、布坎南为代表的经济学家将财政职能问题的探讨推向深入,使现代公共财政理论受到公共选择理论、宏观经济学、福利经济学的深刻影响。詹姆斯·布坎南(1919—2013)创建公共选择理论,对政府与市场关系做出理论分析,主张政府对搭便车等长期市场失灵进行干预。[⑤] 斯蒂格利茨与阿特金森从效率与公平的角度研究了公共产品的最优供应问题。[⑥]

总体看,西方财政理论的发展以"市场失灵"为出发点,在界定政府与市场的边界中界定财政的职能范围。公共产品供给等领域存在的"市场失灵"理论,为财政发挥公共产品供给职能提供理论依据。西方财政理论研究对我国公共财政的理论研究和政策实践产生了积极作用,为本书研究公共服务财政支出问题提供了重要的理论基础。

我国的财政理论是在吸收借鉴国外成果和实践中形成和不断发展的。

[①] 张世晴,王辉,甄学民. 新老凯恩斯主义宏观经济政策的比较[J]. 南开经济研究,1999(02):32—37.
[②] 葛夕良,沈腊梅. 马斯格雷夫的现代市场财政观——《财政理论与实践》译介[J]. 经济资料译丛,2002(01):105—110.
[③] 文建东,欧阳伟如. 罗伯特·巴罗对宏观经济学的贡献[J]. 经济学动态,2017(04):151—160.
[④] 赵娟. 中国经济波动研究:基于总量和产业层面[D]. 武汉:华中科技大学,2011.
[⑤] 张健. 布坎南与公共选择理论[J]. 经济科学,1991(02):70—75.
[⑥] 甘行琼. 西方财政理论的发展趋势[J]. 财贸经济,1999(09):38—42.

张愚山 1983 年翻译出版了美国经济学家埃克斯坦所著的《公共财政》,将"公共财政"概念引入中国(刘尚希,2009)。[①] 但时至今日,学术界关于"公共财政"的概念尚未形成统一认识。党的十四大提出建立社会主义市场经济体制以来,国内学者开始关注和研究公共财政理论在我国经济转轨实践中的运用,对公共财政的职能、定位、体制、制度、机制以及绩效评估等都进行了大量研究。1998 年,我国首次提出构建公共财政模式的改革方向,2003 年后我国公共财政建设有了飞跃性的发展,进入以建立公共财政框架为取向的全面创新时期(贾康,2007)[②]。贾康(2005)[③]认为,财政是以社会权力中心为主体的,在国家存续期间的社会则是以国家为主体的,"以政控财、以财行政"的分配关系。现代国家的财政是为了实现国家职能和满足社会公共需要,通过各级政府预算收支对一部分社会产品进行集中性分配。公共财政的基本特征重在"公共性",主要有四个基本特征:一是以满足社会公共需要作为主要的目标和工作重心;二是以提供公共产品和公共服务作为满足公共需要的基本方式;三是以公民权利平等和政治权利制衡前提下规范的公共选择作为决策机制;四是以现代意义的具有公开性、透明度、完整性、事前确定、严格执行、追求绩效和可问责的预算作为基本管理制度。高培勇(2007)[④]认为"公共财政"是为满足社会公共需要而进行的政府收支活动或财政运行机制。冯俏彬(2005)[⑤]总结公共财政的两个基本特征,一是以满足全体社会成员的公共需求为主,在财政支出上体现为公共支出的比重占绝大部分;二是公共参与。高培勇(2007)[⑥]认为公共财政制度的最基本的特征包括公共性即以满足社会公共需求为界定财政职能的口径,非营利性

---

① 刘尚希."公共财政"概念的由来[J].经济研究参考,2009(70):16.
② 贾康.公共财政的几个基本问题[J].人民论坛,2007(24):12—13.
③ 贾康.关于公共财政的若干思考[J].中国社会科学院研究生院学报,2005(06):27—32,143.
④ 高培勇.中国公共财政建设指标体系:定位、思路及框架构建[J].经济理论与经济管理,2007(08):40—46.
⑤ 冯俏彬.国家分配论、公共财政论与民主财政论——我国公共财政理论的回顾与发展[J].财政研究,2005(04):8—11.
⑥ 高培勇.中国公共财政建设指标体系:定位、思路及框架构建[J].经济理论与经济管理,2007(08):40—46.

即以公共利益最大化为安排财政收支的出发点和归宿,规范性即依法开展财政收支活动。何振一(2008)[①]认为,不同社会制度下公共财政职能的特点不同,我国公共财政的一个重要职能是促进全体人民走向共同富裕。王家永(2008)[②]认为,公共财政的公共性根本体现在以实现公共服务均等化为前提和基础。魏立萍、刘晔(2008)[③]提出,民生财政是我国特别发展阶段和特殊国情背景下的公共财政职能,其精髓在于按公共化要求优化财政支出结构,按均等化要求完善转移支付制度,按规范化要求健全民主决策监督机制。陈元春(2004)[④]提出,公共财政的总目标是公共利益最大化,直接目标是促进经济稳定增长、社会稳定发展、财富公平分配。随着人们对基础教育、公共医疗、社会保障等基本公共服务的需求日益上升,一些学者主张财政支出向民生领域倾斜,由此产生了有我国特色的民生财政理论,这一理论主张把财政支出向基础性、普惠性、兜底性的民生领域倾斜。高涓(2015)[⑤]认为,民生改善职能是当前我国财政的主要职能,我国财政职能应当由经济职能向民生职能转变,民生财政支出效率应以民生公共产品的供给效率为评价标准。同时,关于公共支出效率和效益的理论研究亦为本书研究财政支出结构优化提供了重要的视角和工具。有许多学者观察到财政支出效率问题是我国公共财政建设面临的主要问题。吴俊培(2003)[⑥]认为,财政支出效率的核心是政府资源配置的效率问题,但必须考虑经济学意义上的效率、公平和稳定之间的关系。郭长林(2007)[⑦]认为,看宏观财政支出的效率,就是要看当财政支出发生后收入分配的状况是否得到改善、经济是否稳步增长和经济波动是否减少了。

总体而言,我国公共财政理论是随社会主义市场经济体制的建立完善

[①] 何振一.社会主义财政学创新中的几个理论认识问题[J].财贸经济,2008(04):54—60.
[②] 王家永.实现基本公共服务均等化:财政责任与对策[J].财政研究,2008(08):64—66.
[③] 魏立萍,刘晔.民生财政:公共财政的实践深化[J].财政研究,2008(12):7—10.
[④] 陈元春.公共财政的本质、目的及其基本框架[J].财政研究,2004(10):45—47.
[⑤] 高涓.地方民生财政支出效率评价的实证研究[D].苏州:苏州大学,2015.
[⑥] 吴俊培.财政支出效益评价问题研究[J].财政研究,2003(01):15—17.
[⑦] 郭长林.财政支出效率管理:理论分析[J].合作经济与科技,2007(08):83—84.

而逐步发展的,公共财政理论和观点是在深化改革开放的探索中不断形成和丰富的,为本书研究公共服务财政支出对中等收入群体发展的影响提供了理论基础和支撑。无论强调财政的"公共性"包括财政支出的公共性导向,还是强调在理顺政府与市场关系的基础上明确政府财政职能,还是由此衍生而来的以公共利益最大化为目标提升财政支出效率,都对本书研究公共服务财政支出与中等收入群体发展两者间的关系提供了原则和准绳。

三、收入分配理论

西方经济学中关于收入分配的理论可以追溯到亚当·斯密开创的古典经济学的分配理论。亚当·斯密(1723—1790)1776年在《国富论》中提出工资、利润和地租是一切可交换价值的源泉,劳动是财富的源泉。[1] 大卫·李嘉图(1772—1823)研究了价值的源泉,以及工资、利润和地租三种收入的决定因素和三者的关系,提出分配应按照边际原则和剩余原则进行,劳动者工资收入是其创造的剩余价值的其中一部分,工资水平的高低取决于劳动者家庭必需的生活资料的价值。[2] 萨伊(1767—1832)1803年提出"三要素论"即劳动、资本和土地都是价值源泉。[3] 马歇尔(1842—1924)1890年提出均衡价格理论框架下的分配理论,即劳动在供求均衡时的价格决定了劳动报酬,劳动的边际生产力决定劳动的需求价格,劳动的边际生产力是工人边际增加的产出。[4] 新古典经济学派认为,市场价格机制达到最优资源配置时,收入分配将趋于合理,也就是说供给和需求的力量会调节收入分配。[5] 福利经济学代表人物庇古(1877—1959)1920年提出了收入均等化理论,认为缩小收入分配差距,可以实现社会福利最大化。[6] 维弗雷多·帕累

---

[1] 杨敏.经济转型与政府调适[D].武汉:华中师范大学,2009.
[2] 齐丹.劳动价值论从亚当·斯密、大卫·李嘉图到卡尔·马克思的发展[D].吉林:吉林大学,2016.
[3] 钟祥财.萨伊经济思想再议[J].贵州社会科学,2010(04):101—109.
[4] 马强,孙剑平.西方收入分配的主要思想理论述评[J].现代管理科学,2011(01):24—26,91.
[5] 邹东红.古典、新古典收入分配理论比较[J].价格月刊,2008(11):84—86.
[6] 陈宝英.庇古"收入均等化"理论对我国收入分配制度改革的启示[J].河南教育学院学报(哲学社会科学版),2010,29(03):96—98.

托(1848—1923)在庇古的理论基础上分析了效率与福利的关系,提出帕累托改进理论和帕累托最优理论,发现大部分财富是集中在少数人手里。[①] 在帕累托定律的基础上,奥地利经济学家洛伦茨(1876—1959)提出了分析收入分配格局的"洛伦茨曲线",即一个国家或地区从最贫到最富的累计人口的百分比对应的累计收入百分比点共同组成的曲线。[②] 在洛伦茨曲线模型基础上,意大利经济学家基尼1922年提出用于判断收入分配公平程度的指标基尼系数,基尼系数成为迄今最重要的考察收入分配不平等的指标。[③] 自20世纪50年代开始,西方收入分配理论研究重点从国民收入分配转向收入分配不平等的研究。20世纪70年代后,又转向宏观体系的收入分配理论研究。凯恩斯(1936)在《就业、利息和货币通论》中提出资本主义生产过剩危机的根本原因在于有效需求不足,为此政府干预收入分配可以促进有效需求的释放,解决收入分配不公需要增加富人的赋税和消灭食利阶层。[④] 萨缪尔森(1948)[⑤]分析了税收对缩小收入分配差距的重要影响。在凯恩斯的基础上新剑桥派发展的收入分配理论引进阶级分析法,分析各阶级的收入在国民收入中的比重和作用。库兹涅茨(1954)提出了经济增长与收入差距之间的倒U型曲线规律,即收入分配差距随着经济增长先扩大再缩小。[⑥] 发展经济学代表人物刘易斯(1954)提出"二元经济论",即发展中国家存在传统农业部门和现代工业部门两个部门,工业部门劳动者收入高于农业部门劳动者收入,如果劳动力可以在两个部门间自由流动,收入水平低的农业部门劳动力就会向收入水平较高的工业部门转移。[⑦] 以古斯塔夫·

[①] 姚洋.作为一种分配正义原则的帕累托改进[J].学术月刊,2016,48(10):44—54.
[②] 张世伟,万相昱.基于洛伦茨曲线的收入分配评价方法[J].江西社会科学,2008(02):70—76.
[③] 刘国余.收入分配福利评价的文献综述[J].现代经济信息,2013(18):13—14.
[④] 任泽平,潘文聊.结构式乘数及其对凯恩斯主义宏观经济理论的发展[J].数量经济技术经济研究,2009,26(08):83—95.
[⑤] 萨缪尔森.经济学(18)[M].萧琛,译.北京:人民邮电出版社,2008:405—427.
[⑥] 张世伟,吕世斌,赵亮.库兹涅茨倒U型假说:基于基尼系数的分析途径[J].经济评论,2007(04):40—45.
[⑦] 张志强,高丹桂.刘易斯二元经济理论再解构[J].中国石油大学学报(社会科学版),2008,24(06):22—26.

卡塞尔等为代表的瑞典学派收入分配理论的核心是通过国家干预实现收入的均等化,主张用收入再分配缩小贫富差距,主张完善税收体系和利用累进税以及转移性支付来降低过高收入和提高过低收入,同时政府通过提供社会保障和社会福利使收入和消费水平通过再分配趋于均等化。[1] 阿马蒂亚·森(1997)[2]提出,社会福利水平应该取决于平均收入水平和收入分配的均等程度,衡量社会福利水平的指数应该把收入水平和收入分配结合起来。

我国的收入分配理论主要是在马克思收入分配理论基础上吸收西方经济学收入分配理论形成和发展起来的。马克思(1818—1883)在吸收批判古典经济学派收入分配理论的同时创立劳动价值论和剩余价值理论,形成了按劳分配和按需分配的收入分配理论。马克思指出了资本主义分配方式必然导致收入分配不平等,这使资产阶级和无产阶级的矛盾不断被激化,从而出现周期性经济危机。[3] 尹恒、龚六堂、邹恒甫(2005)[4]运用内生生产函数和效用函数论证了在一定程度上收入分配和经济增长之间确实存在库兹涅茨倒U型曲线关系。许多学者对我国经济增长进程中不断扩大的收入分配差距进行了研究和考察,对如何破解收入分配不平等,主要的观点包括:蔡昉(2013)和周天勇(2010)认为,关键要调整国民收入分配格局,提高劳动者收入;李实(2017)和杨宜勇(2007)认为要打破城乡二元结构,缩小城乡差距;于良春、张俊双(2013),杨兰品等(2015)认为要深化垄断行业改革,缩小不合理的行业差距;王小鲁(2007),白晨、顾昕(2016)认为要调整政府支出结构,加大对低收入群体的保障。李实、赵人伟(1999)认为,收入分配不平等的背后是权利不平等和机会不平等,实现权利和机会的平等涉及财政体制、教育体制、医疗卫生体制、社会保障体制等多方面的改革。[5]

---

[1] 徐丙奎.西方社会保障三大理论流派述评[J].华东理工大学学报(社会科学版),2006(03):24—31.
[2] 阿马蒂亚·森.以自由看待发展[M].任赜,于真,译.北京:中国人民大学出版社,2002:20—40.
[3] 李金.马克思的阶级理论与韦伯的社会分层理论[J].社会学研究,1993(02):23—30.
[4] 尹恒,龚六堂,邹恒甫.收入分配不平等与经济增长:回到库兹涅茨假说[J].经济研究,2005(04):17—22.
[5] 李实,赵人伟.中国居民收入分配再研究[J].经济研究,1999(4):3—17.

收入分配包括初次分配和再分配。初次分配主要是在市场经济运行中各生产要素的所有者遵循按要素分配原则通过市场竞争所形成的基本的分配格局和基本的分配关系;再分配是指在初次分配的基础上政府对要素收入进行再调节的过程;政府是再分配的主体,主要手段是税收、提供社会保障和社会福利、财政转移支付(李太森,2010)[①]。学术界围绕收入分配不平等原因及其对经济社会发展的综合影响,以及如何有效缩小收入分配差距、破解收入分配不平等等问题展开了持续深入的研究,为本书研究中等收入群体形成和发展的主要因素提供了理论基础。

四、阿马蒂亚·森"可行能力"理论

在阿马蒂亚·森"可行能力"平等理论框架下,人力资本和社会保障理论为本书研究公共服务财政支出和公共服务财政支出的均等化对中等收入群体发展的影响提供了重要的理论工具。

(一)"可行能力"和"可行能力平等"理论

在研究和考察公共服务财政支出影响中等收入群体发展的路径和机理时,发展经济学代表人物阿马蒂亚·森提出的"可行能力"平等理论是一座重要的桥梁。阿马蒂亚·森(2002)在20世纪80—90年代,构建了评估个人福利或福祉的可行能力方法框架,用功能性活动和可行能力衡量个人福利。阿马蒂亚·森在其代表作《以自由看待发展》中指出:"一个人的可行能力指的是此人有可能实现的、各种可能的功能性活动的组合。可行能力因此是一种自由,是实现各种可能的功能性活动组合的实质自由。"[②]可行能力是各种可能的功能性活动的组合。"功能性活动"重新定义了福利内涵,反映了人们认为值得去做的事情及达到的状态。阿马蒂亚·森的可行能力方法为发展经济学提供了面向经济发展实践的沟通与互动的平台,改变了发

---

① 李太森.构建和完善中国特色的具体分配制度体系[J].学习论坛,2010,26(01):10—14.
② 阿马蒂亚·森.以自由看待发展[M].任赜,于真,译.北京:中国人民大学出版社,2002.:44—62.

展经济学的议题,把发展经济学的研究从"经济导向"扭转为"可行能力导向"(胡道玖,2014)[①]。联合国经常使用的用来评价各国发展水平的人类发展指数就是这一思想的具体应用(李实,1999)[②]。

在可行能力理论基础上,阿马蒂亚·森提出了可行能力平等理论,即从收入和财富中获得的可行能力的不平等比收入和财富本身的不平等影响更大,为此避免和防止可行能力不平等,对实现福利平等具有重要作用。"可行能力平等"理论建立起可行能力与自由之间的内在关系,可行能力平等实际上是一种选择自由的平等。"可行能力平等"理论比收入平等、资源平等、功利主义的效用平等等平等理论更接近社会正义的内核,为扩大中等收入群体的研究提供了新的视角。针对不同群体,政府需制定对应的政策以消除可行能力不平等并改善福利水平。对于中低收入群体,政策不仅要关注增加其收入、减少收入不平等,还要关注提高其可行能力、减少可行能力不平等以提高其福利水平。

(二) 人力资本理论

阿马蒂亚·森认为,贫困人口的低收入是导致他们获取收入能力丧失的一个重要因素,但并不是全部因素,疾病、人力资本不足、社会保障系统的软弱无力等都是造成人们收入能力丧失的不可忽视的因素(李实,1999)。[③] 阿马蒂亚·森对功能性活动种类和内容并没有明确和统一的界定。例如,健康通常被作为重要的功能性活动,阿马蒂亚·森把健康作为有价值的功能性活动。作为人力资本理论的重要奠基人,舒尔茨认为人力资本形成的途径包括健康投入、教育、干中学、迁徙。[④] 现代人力资本理论表明知识、技能和健康等能力的提高是促进经济增长的重要因素。国内学者对

[①] 胡道玖.可行能力:阿马蒂亚·森的发展经济学方法及价值关怀[J].福建论坛(人文社会科学版),2014(04):74—80.
[②] 李实.阿马蒂亚·森与他的主要经济学贡献[J].改革,1999(01):101—109.
[③] 同上.
[④] 江涛.舒尔茨人力资本理论的核心思想及其启示[J].扬州大学学报(人文社会科学版),2008,12(06):84—87.

人力资本的内涵和特征、变化趋势、重要作用、形成的影响因素以及强化的途径和方法等进行了研究。张迎春、张琦(2006)[①]从不同层次人力资本收入的差异性入手,分析不合理的人力资本结构对我国中等收入者比重扩大的影响,认为增加人力资本投资和优化人力资本结构,是扩大中等收入者比重的重要路径。李波(2012)[②]通过实证分析研究探讨人力资本对我国社会阶层收入差距影响的作用机理、途径和方式,认为人力资本在社会分层中有关键作用。吴青荣(2017)[③]认为,人力资本是扩大中等收入群体的内在驱动力。他建立了人力资本存量、人力资本分布结构、人力资本投资结构和中等收入群体比重的计量经济模型,进行实证研究得出,在长期内人力资本存量每提高1%,中等收入群体的比重将提高0.993个百分点;人力资本存量变化是中等收入群体比重变化的格兰杰(Granger)原因,但中等收入群体比重变化不是人力资本存量变化的格兰杰原因;人力资本的分布结构决定中等收入群体的分布结构,人力资本的基尼系数每下降1%,中等收入群体的比重就上升3.24%;人力资本的城乡差异对中等收入群体比重的城乡差异有正向影响,人力资本存量变化对中等收入群体比重变化的影响东部地区最高,中部地区次之,最后是西部地区。此外,陈云、李慧芸(2015)[④]运用多项定序logistic回归模型对居民收入主观感知的影响因素进行测度,结果显示人力资本因素能够提升居民的收入主观感知状况。齐海鹏(2004)[⑤]研究认为,由于接受初等教育的机会不均等、再加上城乡分立的医疗保障和公共卫生体系,客观造成不同人群的人力资本积累能力差距,导致进入市场的机会

[①] 张迎春,张琦.优化人力资本结构与扩大中等收入者比重[J].大连海事大学学报(社会科学版),2006(01):65—68.
[②] 李波.基于人力资本的社会阶层收入差距研究[D].北京:北京交通大学,2012.
[③] 吴青荣.产业结构变迁、人力资本、R&D强度对中等收入群体影响的动态测度——基于协整和状态空间模型的实证[J].经济问题探索,2017(09):25—29,93.
[④] 陈云,李慧芸.居民收入主观感知状况及其影响因素测度研究——基于北京市居民微观调查数据分析[J].统计与信息论坛,2015,30(01):106—112.
[⑤] 齐海鹏.调节居民收入分配差距的财税视角分析[J].现代财经-天津财经学院学报,2004(11):18—21.

不均等,劳动力的回报率也不同。石刚、韦利媛(2008)[1]建议,加大教育投入,逐步普及高中教育,进一步发展高等教育,建立和完善人力资本培养机制。纪玉山等(2005)[2]认为,发展教育可以加强人力资本投资,提升低收入者素质,增强低收入者增收能力。陈新年(2005)[3]认为,加大教育的投入力度,完善人力资本培育的合理制度,可以加快城乡人力资本积累。程名望等(2016)[4]利用2003—2010年全国农村固定观察点微观面板数据研究人力资本积累对农户收入增长的影响发现,健康、基础教育、技能培训和工作经验所体现出的人力资本对农户收入增长有显著作用,总贡献率为38.57%,其中健康和基础教育是影响农户收入的核心人力资本变量。徐祖辉、谭远发(2014)[5]利用1978—2012年的时间序列数据建立VAR模型,分析了我国健康人力资本、教育人力资本与经济增长之间的关系,结果发现健康人力资本在促进经济增长中发挥着基础性作用,对教育人力资本和经济增长的促进作用都很显著。中等收入群体收入增加与健康水平提升之间存在着相互促进的关系。

这些研究在本书具体研究教育财政支出、医疗卫生财政支出对中等收入群体发展的影响时提供了重要的理论依据和支撑。

(三) 社会保障理论

社会保障的理论研究最早可以追溯到中世纪,最初的社会保障主要功能是贫困救济。现代社会保障理论在发展中逐步产生了"补缺型社会保障"模式和"普惠型社会保障"模式等。国内研究社会保障理论最初是为了适应

---

[1] 石刚,韦利媛.我国中等收入者比重研究评析[J].经济学动态,2008(11):77—80.
[2] 纪玉山,代栓平,何翠翠.中等收入者比重的扩大及"橄榄型"财富结构的达致[J].社会科学研究,2005(02):35—40.
[3] 陈新年.中等收入者论[M].北京:中国计划出版社,2005:148.
[4] 程名望,盖庆恩,Jin Yanhong,史清华.人力资本积累与农户收入增长[J].经济研究,2016,51(01):168—181,192.
[5] 徐祖辉,谭远发.健康人力资本、教育人力资本与经济增长[J].贵州财经大学学报,2014(06):21—28.

建立社会主义市场经济体制建设的需要,但随着经济社会发展和对社会保障认识的转变,社会保障作为民生基本保障,自身的主体性日益突出。

国内学者对我国社会保障制度在调节收入分配、促进社会公平正义、维护社会稳定、促进经济增长等方面的功能和作用,社会保障制度建设的需求和趋势、社会保障制度建设面临的主要问题以及解决问题的办法等进行了大量研究。Hub-bard、Skinner 和 Zeldes(1995),李实、赵人伟(1999),藏旭恒、刘大可(1999),刘文斌(2000),孙凤等(2001),朱国林等(2002),藏旭恒、裴春霞(2004),马强(2004),王小鲁(2007),迟福林(2012),刘明(2017)等国内外学者研究认为,社会保障影响居民消费倾向进而影响消费需求释放,对扩大内需有重要作用。加强社会保障体系建设,能降低人们应对子女教育、医疗开支、住房开支和失业等预防性储蓄动机,提高居民消费倾向,释放消费需求和扩大内需。Milanovic(1999),苏海南(2015),Kristjansson(2011),姜迪武(2011),宋晓梧(2013),蔡荫、岳希明(2016)等国内外学者研究认为,社会保障是一种收入分配制度,并通过定量分析论证了社会保障支出可以防止两极分化。郑功成(2016)[①]认为,社会保障是一种重要的收入再分配手段,在初次、再分配及第三次分配都可以发挥作用。Jesuit 与 Mahler(2004)[②]对拉美国家 15 个经济体的实证研究结果表明,社会保障制度对这些国家的基尼系数下降的平均贡献率在 15% 左右。

国内学者对我国社会保障的城乡居民收入分配效应也进行了许多研究,但对社会保障的影响存在不同结论。齐海鹏(2004),杨翠迎(2004),张车伟(2005),葛延风(2007),唐钧(2010),孟续铎(2010)等学者研究认为,我国社会保障体系仍不健全,社会保障制度的"碎片化"、城乡二元结构等导致社会保障在收入分配上存在"逆向调节"效应,即社会保障扩大而不是缩小了居民收入差距。学界普遍认为社会保障具有调节收入分配结构、促进社会公平正义的功能,被认为是社会安全网和稳定器。王小鲁、樊纲(2005),

---

① 郑功成.中国社会保障:"十二五"回顾与"十三五"展望[J].社会政策研究,2016(01):77—97.
② Jesuit D, Mahler V. State Redistribution in Comparative Perspective: A Cross-National Analysis of the Developed Countries [R]. Luxembourg Income Study Working Paper, 2004.

葛振纲、韩淑珍(2012),杨玲玲(2013),尹蔚民(2018)等学者研究认为,社会保障发挥着"兜底线"的作用,是反贫困的重要支撑。白重恩(2012),郑秉文(2014),郑功成(2016),韩秉志(2017)等学者研究认为,社会保障制度是化解各种社会风险的重要制度手段。从这个角度看,有效的社会保障可以提升中低收入者应对风险的能力,有利于巩固和稳定中等收入群体的发展。这些研究和发现为本书研究社会保障财政支出对破解"中产焦虑"、促进中等收入群体稳定发展的作用提供了重要的理论基础。

第三章 公共服务财政支出影响中等收入群体发展的路径与机理：理论分析

在第二章文献梳理和研究的基础上，利用理论工具构建公共服务财政支出与中等收入群体发展两者间关系的分析框架，在此基础上以中国经济转型为特殊背景推理演绎公共服务财政支出影响中等收入群体的路径和机理。

第一节 公共服务财政支出与经济增长

研究表明，经济增长是中等收入群体扩大和发展的重要因素。从理论上看，公共服务财政支出既对决定经济增长的总供给与总需求均衡水平有影响，也对决定长期经济增长的劳动和资本的投入组合和技术进步有影响。

一、公共服务财政支出对总供给和总需求的影响

短期经济增长由总供给和总需求共同决定。根据总需求和总供给均衡[1]理论，假设其他条件不变的情况下，公共服务财政支出对经济增长的影

---

[1] 总需求由消费需求、投资需求、政府支出和出口需求构成，指在每一个价格水平下经济社会对产品和劳务的需求总量。总需求曲线是产品市场和货币市场同时达到均衡时价格水平与国民收入两者间关系的曲线。在其他条件不变的情况下，价格下降时，国民收入水平就会上升；价格上升时，国民收入水平就会下降。一方面，价格上升导致货币市场上实际货币供给下降，从而使总需求曲线向左移动，利率上升，国民收入水平下降；另一方面，利率上升导致投资需求下降，价格上升导致居民实际收入水平下降，产品市场需求下降，同时出口产品相对价格上升导致出口需求下降，最终减少总需求。总供给曲线是每一个价格水平时全部厂商愿意供给的产品总量，即经济社会基本资源用于生产时可能有的产量，总供给主要由要素投入的数量和要素投入组合效率决定。当总供给与总需求一致时达到均衡的价格水平和均衡的产出水平。

响取决于公共服务财政支出对私人投资是"挤入效应"还是"挤出效应",具体包括以下四种情形。

假设其他条件不变,在公共服务财政支出速度变化的情况下,公共服务财政支出私人投资的互补性变化——互补性上升时,意味着公共服务财政支出对私人投资的挤入效应上升;公共服务财政支出对私人投资的互补性下降时,意味着公共服务财政支出对私人投资的挤出效应上升,将对经济增长产生不同的影响。

(一)第一种情况

公共服务财政支出与私人投资互补性↑＋公共服务财政支出速度↑→公共服务财政支出对私人投资的"挤入效应"↑→总需求增长速度↑、国民收入增长速度↑,即在公共服务财政支出与私人投资具有高度互补性时,加快公共服务财政支出的增长速度,会导致私人投资的"挤入效应",总需求增长和国民收入增长速度都会由此加快。在这种情况下,公共服务财政支出对经济增长产生的是正效应。

(二)第二种情况

公共服务财政支出与私人投资互补性↓＋公共服务财政支出增长速度↑→公共服务财政支出对私人投资的"挤出效应"↑→总需求增长速度↓或≤0、国民收入增长速度↓或≤0,即在公共服务财政支出与私人投资互补性减弱时,加快公共服务财政支出的增长速度,会导致私人投资的"挤出效应",总需求增长和国民收入增长速度都会由此下降甚至下降到0以下。在这样的情况下,公共服务财政支出对经济增长的效应是负向的。

(三)第三种情况

公共服务财政支出与私人投资互补性↑＋公共服务财政支出速度↓→公共服务财政支出对私人投资的"挤入效应"↓→总需求增长↓、国民收入

↓,即在公共服务财政支出与私人投资互补性增强的情况下降低公共服务财政支出增长,私人投资的"挤入效应"会不断弱化,总需求和国民收入增长也由此放缓。在这种情况下,公共服务财政支出对经济增长的效应是负向的。

(四) 第四种情况

公共服务财政支出与私人投资互补性↓＋公共服务财政支出增长速度↓→公共服务财政支出对私人投资的"挤出效应"↓→总需求增长速度↑、国民收入增长速度↑,即在公共服务财政支出与私人投资互补性减弱时降低公共服务财政支出增长速度,会减少私人投资的"挤出效应",从而总需求增长和国民收入增长速度都会由此增加。在这种情况下,公共服务财政支出对经济增长的效应是正向的。

理论上,从总需求曲线的变化看,公共服务财政支出效果取决于 IS 和 LM 曲线[①]的斜率。

在 LM 曲线不变的情况下,IS 曲线越陡峭,私人投资的挤入效应越大或挤出效应越小,公共服务财政支出对总需求增长的积极影响越大。

在 IS 曲线不变的情况下,LM 曲线越平缓,公共服务财政支出对私人投资的挤出效应越小或挤入效应越大,对总需求增长的积极影响越大。

当存在流动性偏好陷阱,LM 曲线为水平线的极端情况出现时,公共服务财政支出对私人投资的挤出效应为零。

当出现 LM 曲线为垂直线的古典主义极端情况时,公共服务财政支出增加将导致私人投资的对等减少,这时的挤出效应是完全的。

二、公共服务财政支出对长期经济增长的影响

长期增长主要取决于劳动、资本的投入组合及技术进步。20 世纪 60

---

① 注:IS－LM 模型决定总需求曲线的位置与斜率。IS 曲线是产品市场均衡时收入与利率的组合点的轨迹;LM 曲线是货币市场均衡时收入与利率的组合点的轨迹。

年代以来流行的新古典经济增长理论构建了以劳动投入量、资本投入量为自变量的柯布-道格拉斯生产函数。20世纪90年代初出现的内生增长理论认为，劳动投入中包含着因教育、培训、在职学习等形成的人力资本，资本积累中包含着因研发和创新带来的技术进步，形成了罗默模型、卢卡斯模型和格鲁斯曼—赫普曼模型等内生增长模型。

在其他条件不变的情况下，假设从公共服务财政支出（投入）到基本公共服务供给（产出）的转化率（投入产出比）为1。根据长期增长理论模型，公共服务财政支出对长期增长的影响可以简化为四种基本情形，前两种情形是对劳动和资本要素投入组合效率的影响，后两种情形是对技术进步的影响。

（一）对劳动和资本要素投入组合效率的影响

第一种情况：教育、医疗等公共服务财政支出↑→教育、医疗公共服务供给水平↑→人力资本↑→劳动与资本投入组合效率↑→经济增长率↑，即教育、医疗卫生财政支出增加导致教育医疗水平提升，促进人力资本增长，提高劳动和资本投入组合的效率，从而促进经济增长。

第二种情况：教育、医疗等公共服务财政支出↓→教育、医疗公共服务供给水平↓→人力资本↓→劳动与资本投入组合效率↓→经济增长率↓，即教育、医疗卫生财政支出减少导致教育医疗水平下降，导致人力资本弱化，劳动和资本投入组合效率降低，从而阻碍经济增长。

（二）对技术进步的影响

第一种情况：教育、医疗等公共服务财政支出↑→教育、医疗公共服务供给水平↑→人力资本↑→技术进步率↑→经济增长率↑，即教育、医疗卫生财政支出增加导致教育医疗水平提升，促进人力资本增长，促进技术进步，从而促进经济增长。

第二种情况：教育、医疗等公共服务财政支出↓→教育、医疗公共服务供给水平↓→人力资本↓→技术进步率↓→经济增长率↓，即教育、医疗卫生财政支出减少导致教育医疗水平下降,导致人力资本弱化,阻碍技术进步,从而阻碍经济增长。

第二节 公共服务财政支出与收入分配

收入分配是影响中等收入群体发展的重要因素,从许多学者的理论和实证研究看,收入分配差距与中等收入群体规模/比重扩大之间存在负相关的关系。公共服务财政支出对收入分配结构的影响包括了对初次分配和再分配的影响。

一、公共服务财政支出对初次分配的影响

在其他条件不变的情况下,假设:

第一,公共服务财政支出与私人投资、私人消费完全互补。

第二,从公共服务财政支出(投入)到基本公共服务供给(产出)的转化率(投入产出比)为1。

根据收入分配理论,公共服务财政支出对初次分配格局的影响存在两种基本情况。

(一)第一种情况

公共服务财政支出↑+经济建设支出/行政管理支出不变或↑→政府财政支出占GDP的比重↑→政府财政收入占GDP的比重↑(赤字率不变情况下)→劳动者报酬、企业利润占GDP的比重↓,即增加公共服务财政支出,在经济建设支出和行政管理支出不变或者上升的情形下,会导致政府财政支出占GDP的比重上升,如果保持赤字率不变,财政收入占GDP的比重也相应上升,劳动者报酬、企业利润占GDP的比重就会下降。

(二)第二种情况

公共服务财政支出↑+经济建设支出/行政管理支出↓→政府财政支

出占GDP的比重不变→政府财政收入占GDP的比重不变(赤字率不变情况下)→劳动者报酬、企业利润占GDP的比重不变,即增加公共服务财政支出,在经济建设支出和行政管理支出相应下降的情形下,政府财政支出占GDP的比重不变,如果保持赤字率不变,财政收入占GDP的比重也不变,劳动者报酬、企业利润占GDP的比重也不会因此下降。

二、公共服务财政支出对再分配的影响

同样,在其他条件不变的情况下,假设:

第一,公共服务财政支出与私人投资、私人消费完全互补。

第二,从公共服务财政支出(投入)到基本公共服务供给(产出)的转化率(投入产出比)为1。

根据收入分配理论,公共服务财政支出对再分配格局的影响也存在两种基本情况。

(一) 第一种情况

公共服务财政支出的城乡、地区、群体间差距↓→基本公共服务供给的城乡、地区、群体差距↓→城乡、区域、群体收入差距↓,即公共服务财政支出的城乡、地区、群体间均等化水平上升,会提升基本公共服务均等化水平,通过再分配效应缩小收入分配差距。

(二) 第二种情况

公共服务财政支出的城乡、地区、群体间差距↑→基本公共服务供给的城乡、地区、群体差距↑→城乡、区域、群体收入差距↑,即公共服务财政支出的城乡、地区、群体间均等化水平下降,会降低基本公共服务均等化水平,从而通过再分配效应扩大收入分配差距。

三、公共服务财政支出对社会流动性的影响

中等收入群体发展的扩大和发展,不仅与收入分配差距密切相关,也取

决于社会(收入)流动性。在收入流动固化的极端情况下，中等收入群体的比重很难有所提高。教育被看作是社会流动最关键的因素，是低收入家庭改变命运的重要途径，社会保障和医疗也对社会流动有重要影响。所以，从理论上说，财政支出结构的变化特别是政府对教育、医疗投入结构的变化对中低收入者向上流动会有直接的影响，政府对社会保障的投入还会影响中等收入群体的抗风险能力进而影响这一群体的稳定性。

四、公共服务财政支出与制度因素

在前面的分析中，公共服务财政支出对中等收入群体发展的影响，受到前提假设的约束。前文中提到的前提假设，主要是涉及体制和制度因素。

(一) 公共服务财政支出与私人支出(包括私人投资、私人消费)的互补性假设取决于保障这种互补性的体制和制度安排

公共服务财政支出对私人投资、私人消费的挤出效应最小化或挤入效应最大化，要求公共财政制度在公共服务财政支出预算、财政支出资金的使用、财政支出资金使用效果评估等体制机制上做出相应安排，也要求公共服务体制建设在基本公共服务供给的政府决策、供给体制机制建设、供给评价体系等方面做出相应安排。

(二) 公共服务财政支出投入产出比为1的假设取决于一系列的制度安排

公共服务财政支出的投入产出比为1意味着财政支出效率不存在漏损，这就要求包括财政制度、公共服务体制、教育制度、医疗制度、社会保障制度等一系列的体制和制度的改革和创新。

第三节 公共服务财政支出与可行能力

低收入者转化为中等收入者，收入的提升很重要，但更重要的是持续的收入和财富提升。阿马蒂亚·森"可行能力"理论表明,持续的收入提升依托于可行能力的提升,而教育、医疗、社保等基本公共服务对提升人的可行能力有重要作用。根据阿马蒂亚·森的"可行能力"理论和"可行能力平等"理论,公共服务财政支出既对提升个体的"可行能力"有影响,也对促进个体间的"可行能力平等"有影响。

一、公共服务财政支出对提升个体"可行能力"的影响

根据阿马蒂亚·森的"可行能力"理论,公共服务财政支出对提升个体的"可行能力"的影响可以简化为两种基本情况。

在其他条件不变的情况下,假设:

第一,公共服务财政支出与私人投资、私人消费完全互补。

第二,从公共服务财政支出(投入)到基本公共服务供给(产出)的转化率(投入产出比)为1。

(一)第一种情况

公共服务财政支出↑→教育、医疗公共服务供给水平↑→个体健康水平、教育水平↑→可行能力↑→可能的功能性活动组合↑→福利水平↑,即公共服务财政支出增加导致教育医疗水平提升,促进个体可行能力提升,从而扩大个体实现幸福的自由选择空间,从而福利水平上升。

(二)第二种情况

公共服务财政支出↓→教育、医疗公共服务供给水平↓→个体健康水平、教育水平↓→可行能力↓→可能的功能性活动组合↓→福利水平↓,即公共服务财政支出减少导致教育医疗水平降低,导致个体可行能力降低,从而缩小个体实现幸福的自由选择空间,从而福利水平下降。

二、公共服务财政支出对促进"可行能力"平等的影响

根据阿马蒂亚·森的"可行能力平等"理论,公共服务财政支出对促进

个体间的"可行能力平等"的影响也可以简化为两种基本情况。

在其他条件不变的情况下,假设:

第一,公共服务财政支出与私人投资、私人消费完全互补。

第二,从公共服务财政支出(投入)到基本公共服务供给(产出)的转化率(投入产出比)为1。

(一) 第一种情况

公共服务财政支出均等化水平↑→教育、医疗公共服务供给均等化水平↑→个体间健康水平、教育水平的平等程度↑→可行能力的平等程度↑→个体间可能的功能性活动组合的空间拓展平等程度↑→福利平等程度↑,即公共服务财政支出均等化水平上升使教育、医疗均等化水平提升,促进个体间可行能力平等程度提高,从而个体间实现幸福的自由选择空间拓展的平等程度也上升,从而福利平等程度上升。

(二) 第二种情况

公共服务财政支出均等化水平↓→教育、医疗公共服务供给均等化水平↓→个体间健康水平、教育水平的平等程度↓→可行能力的平等程度↓→个体间可能的功能性活动组合的空间拓展平等程度↓→福利平等程度↓,即公共服务财政支出均等化水平下降使教育、医疗均等化水平降低,促进个体间可行能力平等程度下降,从而个体间实现幸福的自由选择空间拓展的平等程度也下降,从而福利平等程度降低。

第四节 公共服务财政支出对中等收入群体发展的影响:宏观视角的传导路径与机理

在中国产业结构转型升级、消费升级以及城市化转型升级的大背景下,公共服务财政支出对中等收入群体比重的影响可以从宏观层面和微观层面相结合来研究考察。

从宏观角度的经济增长和收入分配结构看,公共服务财政支出变化导致供给结构(主要是产业结构)变化、需求结构(主要是消费结构)变化和收入分配结构变化,进而影响中等收入就业扩大和中低收入者收入提高(如图3.1所示)。

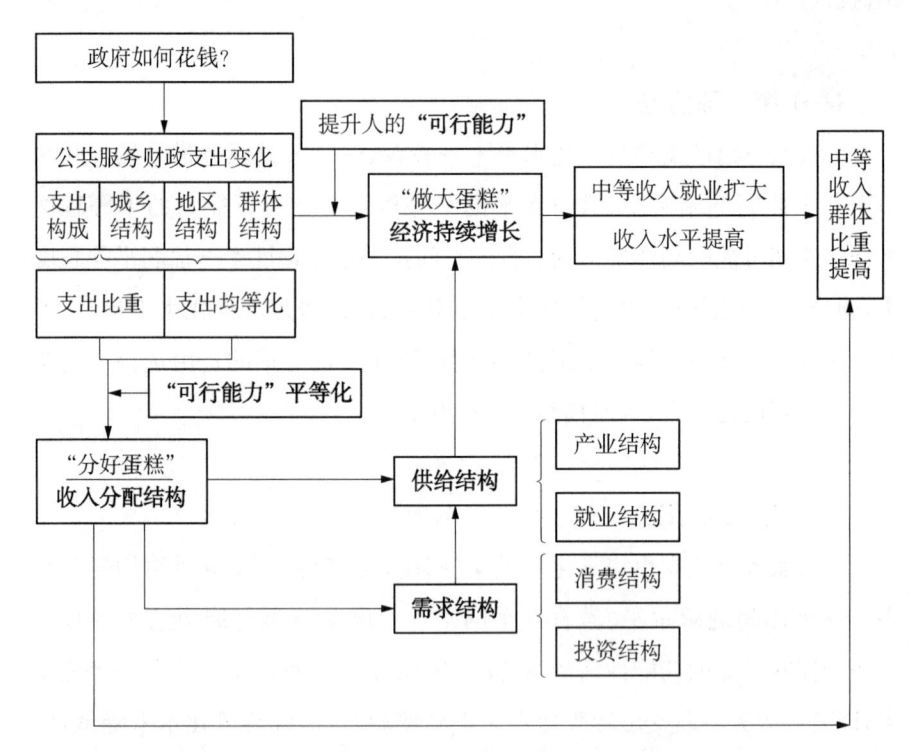

图 3.1 宏观视角下公共服务财政支出影响中等收入群体发展的路径和机理

由图3.1可见,公共服务财政支出对扩大中等收入群体的影响路径和机理可以从"两线"和"三结构"去剖析。"两线"是指经济增长和收入分配,"三结构"是指供给结构、需求结构和收入分配结构。下文将结合前文理论分析具体阐述图3.1中公共服务财政支出影响中等收入群体的"两线""三结构"的路径和机理。[①]

[①] 何冬妮.公共服务财政支出对中等收入群体的影响路径和机理[J].经济体制改革,2019(03):124—126.

一、公共服务财政支出影响中等收入群体的"两线"路径及机理

(一)第一条线：公共服务财政支出——经济增长——中等收入群体发展

这里是指公共服务财政支出变化通过对经济增长即"做大蛋糕"的影响，在这一过程中公共服务财政支出引起扩大中等收入就业和提高居民收入水平这两个直接影响中等收入群体比重的变量的变化。公共服务财政支出的变化，主要是指公共服务财政支出比重变化和支出均等化水平变化(包括公共服务财政支出的项目构成、公共服务财政支出的城乡结构、公共服务财政支出的地区结构、公共服务财政支出的群体结构)。上文对公共服务财政支出影响经济增长的路径和机理进行了分析。在其他条件不变的情况下，公共服务财政支出对私人支出产生的是"挤出效应"还是"挤入效应"，决定了公共服务财政支出对经济增长的影响是正向效应还是负向效应。在公共服务财政支出与私人支出的互补性强的条件下，总需求和总供给在更高的产出点实现均衡，形成更多的就业和收入，这将扩大中等收入群体比重；反之则反。在其他条件不变的情况下，公共服务财政支出导致人的"可行能力"的提升，会引起决定长期增长的人力资本的增加，对劳动生产率和技术进步产生积极影响，进而促进长期增长，形成更多的就业和收入，从而扩大中等收入群体；反之则反。

(二)第二条线：公共服务财政支出——收入分配——中等收入群体发展

这里是指公共服务财政支出变化通过对收入分配结构即"分好蛋糕"的影响，在这一过程中产生对扩大中等收入群体比重的直接影响，以及在这一过程中引起供给结构变化和需求结构变化从而最终对扩大中等收入群体的影响。上文对公共服务财政支出变化包括支出比重和支出均等化的变化影响收入分配结构的路径和机理进行了分析。在其他条件不变的情况下，公

共服务财政支出均等化对促进收入分配平等有正向作用,收入分配趋于平等意味着基尼系数的缩小,与中等收入群体比重呈正向变化。在其他条件不变的情况下,公共服务支出均等化促进"可行能力"的平等化,促进收入分配平等,从而有利于扩大中等收入群体比重。

二、公共服务财政支出影响中等收入群体的"三结构"路径及机理

(一)公共服务财政支出引起收入分配结构变化从而影响中等收入群体的扩大

在我国经济转型的背景下,公共服务财政支出对收入分配结构的影响主要通过初次分配领域"收入转移"和再分配领域"收入转移"来实现。首先,公共服务财政支出变化会引起再分配领域的"收入转移"。在财政支出占 GDP 的比重不变的情况下,提高基本公共服务支出占财政支出的比重,同时减少财政资源配置的城乡差别、地区差别以及在不同收入群体间的差距,有利于在提高居民人均收入水平的同时缩小城乡、地区和贫富差距,从而有利于扩大中等收入群体。这是第一种"收入转移",即通过公共服务财政支出这一再分配手段实现收入由高收入者向中低收入者的转移,这种收入转移给扩大中等收入群体带来的影响是正向的。其次,公共服务财政支出变化会引起初次分配领域的"收入转移"。提高公共服务财政支出的规模和比重,在其他条件不变的情况下,会提高财政支出规模和占 GDP 的比重,财政支出占 GDP 的比重越高,在赤字率保持不变的条件下,意味着财政收入占 GDP 的比重越高,而企业利润和居民收入占比会缩小。第二种"收入转移"效应是居民、企业收入向政府收入的转移,这种转移对扩大中等收入群体的直接影响是反向的。第三,两种"收入转移"效应共同影响中等收入群体发展。如果第一种收入转移带来的"收入创造效应"大于第二种收入转移导致的居民收入减少,那第二种收入转移最终就会产生净的"收入创造效应",对扩大中等收入群体就将产生正效应;如果第一种收入转移带来的"收入创造效应"小于第二种收入转移导致的"收入减少效应",那第二种收入转移

最终就会产生负的"收入创造效应",对扩大中等收入群体就会产生负效应。

(二) 公共服务财政支出引起供给结构变化进而影响中等收入群体的扩大

公共服务财政支出对供给结构的影响主要通过对产业结构和就业结构的影响来实现。从产业结构变迁的规律看,进入工业化后期,服务业是新增就业的主体,现代服务业的工资比一般制造业高,是白领工人的摇篮,是扩大中等收入群体的主要产业部门。在其他条件不变的情况下,增加公共服务财政支出,提升公共服务财政支出的均等化水平,将促进城市化,促进区域和城乡的协调发展,从而为服务业的发展创造需求和空间,为扩大中等收入就业创造重要条件。从我国产业结构和就业结构变化看,服务业已经成为吸纳新增就业和扩大居民收入的主要部门。据国家统计局相关数据显示,目前三大产业的就业人口比重为 26.1∶27.6∶46.3,服务业就业比重在过去 5 年每年增加 1.3 个百分点左右(如图 3.2 所示)。2018 年,城镇非私营单位就业人员平均工资为 82 413 元,其中平均工资排在前 3 位的行业都是现代服务业,分别为信息传输、计算机服务和软件业(147 678 元),金融业(129 837 元),科学研究、技术服务和地质勘查业(123 343 元),教育、卫生、文化、体育、娱乐、租赁商务、交通运输等服务业平均工资均高于城镇单

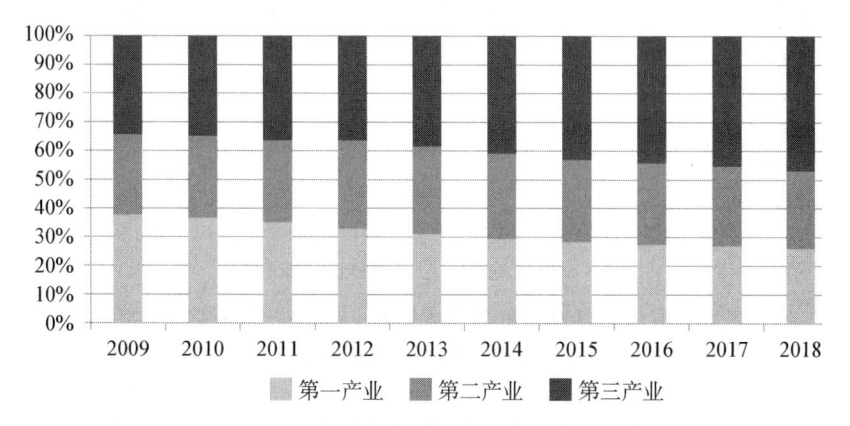

图 3.2 2009—2018 年我国三大产业的就业结构

资料来源:历年中国统计年鉴

位就业人员平均工资。相反,制造业平均工资为72 088元,低于信息、金融、研发等现代服务业。

(三) 公共服务财政支出引起需求结构变化进而影响中等收入群体的扩大

公共服务财政支出对需求结构的影响主要通过对消费结构和投资结构的影响来实现。财政支出结构的变化特别是财政支出中的教育、医疗、社会保障支出与消费结构升级密切相关,消费结构升级进而影响投资结构,从而影响中等收入就业需求创造。从我国消费结构转型升级的趋势看,随着城乡居民恩格尔系数的不断下降(如图3.3所示),我国存在明显的消费升级趋势。城乡居民消费结构升级引致大量投资需求,特别是服务型消费需求引致服务业投资需求会带来大量的就业需求。2007—2016年,城镇居民服务型消费需求[①]比重增长1个百分点,服务业比重增长1.7个百分点,服务业就业增长2.17个百分点,为扩大中等收入群体比重创造重要条件。反过来,中等收

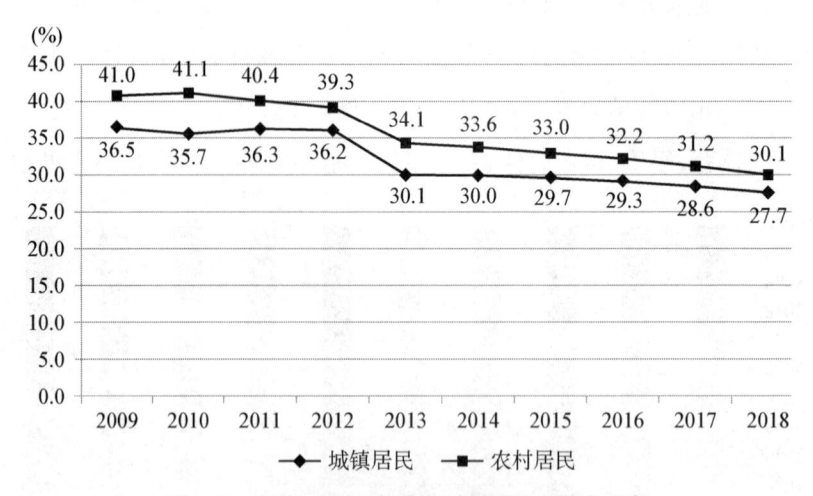

图 3.3 2009—2018 年我国城乡居民恩格尔系数

资料来源:历年中国统计年鉴

[①] 根据《中国住户调查年鉴2016》,2013—2015年,居民现金服务型消费支出包括饮食服务、住房维修及管理、家庭服务、交通通信、教育、文化和娱乐、医疗服务、其他服务。

入群体比重的扩大,又会形成消费结构升级和消费需求释放的重要动力,形成产业结构升级的重要推动力,为中等收入群体的持续扩大创造重要基础,形成消费结构升级——消费需求和投资需求释放——产业升级——中等收入就业创造和收入提升——消费结构升级的良性循环。公共服务财政支出对私人投资产生挤入效应或挤出效应,会对投资结构与消费结构的动态平衡产生实质影响,进而影响劳动力需求结构和中等收入就业需求创造。

第五节 公共服务财政支出对中等收入群体发展的影响:微观视角的传导路径与机理

从微观层面看,公共服务财政支出变化直接或间接地影响着城乡居民收入结构的变化。我国城乡家庭居民收入主要包括工资性收入、经营性收入、财产性收入和转移性收入(如表3.1所示)。其中,公共服务财政支出变化直接影响居民转移性收入及其占比的变化,间接影响着工资性收入、财产性收入和经营性收入及其比重变化。

表3.1 城乡居民收入构成

居民收入来源	含义	组成
工资性收入	就业人员通过各种途径得到的全部劳动报酬	从事主要职业的工资以及从事第二职业、兼职等得到的其他劳动收入
经营性收入	从事经营性的生产经营活动产生的收入	销售货物、提供劳务以及让渡资产使用权等日常活动中所产生的收入
财产性收入	通过资本、技术和管理等要素参与社会生产所产生的收入。包括出让财产使用权所获得的利息、租金、专利收入;财产营运所获得的红利收入、财产增值收益等	通过交易、出租动产(如银行存款、有价证券等)和不动产(如房屋、车辆、收藏品等)财产权或进行财产营运所获得的利息、股息、红利、租金、专利收入、财产增值收益、出让纯收益等
转移性收入	国家、单位、社会团体对住户各种经常性转移支付和住户之间的经常性收入转移	包括养老金或退休金、社会救济和补助、惠农补贴、政策性生活补贴、经常性捐赠和赔偿、报销医疗费、住户之间的赡养收入以及本住户非常住成员寄回带回的收入等

资料来源:《中国住户调查年鉴2016》。

一、公共服务财政支出影响居民工资性收入的路径和机理

工资性收入是我国居民收入的主体,2018年全国居民人均可支配收入中工资收入占比为56.08%(如图3.4所示)。提高居民收入特别是中低收入者的收入,提高工资性收入的重要性仍然排在首位。工资性收入的提高长期取决于劳动生产率,短期取决于劳动力市场的供求均衡水平。在我国经济转型的背景下,公共服务财政支出对工资性收入的影响路径主要包括提高人力资本和扩大中等收入群体就业两个方面。

(一) 通过提高人力资本(劳动生产率)提高居民工资性收入

在以服务业为主导的产业结构升级趋势下,服务业发展对提高我国居民整体的工资性收入水平至关重要,教育、医疗财政支出变化对服务业人力资本形成和强化产生影响,进而对服务业劳动生产率产生影响,从而中长期由劳动生产率决定的工资收入也因此发生变化。社会保障财政支出变化直接影响劳动力价格,从而影响劳动力市场的供求动态平衡,对扩大服务业就业产生影响。

(二) 通过扩大中等收入就业提高居民工资性收入

在我国居民消费升级的趋势下,教育、医疗、卫生等公共服务财政支出对促进消费升级和消费释放的作用会影响产业结构和就业结构升级进程,

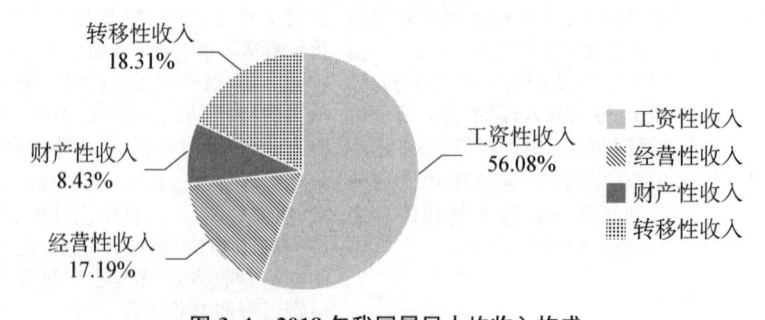

图 3.4 2018年我国居民人均收入构成

资料来源:《中国统计年鉴2019》

进而影响居民工资性收入。

二、公共服务财政支出影响居民转移性收入的路径及机理

国家统计局界定的居民转移性收入是指国家、单位、社会团体对居民家庭的各种转移支付和居民家庭间的收入转移。城镇居民家庭转移性收入，是指政府对个人收入转移的养老金或离退休金、失业救济金、赔偿等；单位对个人收入转移的辞退金、保险索赔、住房公积金等；家庭间的赠送和赡养等。农村居民家庭转移性收入包括在外人口寄回和带回、农村以外亲友赠送的收入、调查补贴、保险赔款、救济金、救灾款、退休金、抚恤金、五保户的供给、奖励收入、土地征用补偿收入和其他转移性收入。从界定看，公共服务财政支出中的社会保障财政支出对居民转移性收入有直接影响，具体表现在以下两个方面。

（一）政府社会保障支出规模和比重的变化直接影响居民转移性收入的变化

在居民收入构成中，转移性收入与政府财政支出最直接相关。基本养老金或离退休金以及各种政府直接的转移性支出是居民转移性收入的主要构成，因此转移性收入一定程度上反映着社会保障的水平。

从近年来居民收入结构变化的趋势看，一个明显的特征是：转移性收入占居民收入的比重不断提升。从全国来看，我国居民转移性收入的比重由2013年的16.6%上升为2018年的18.31%，其他收入中除了财产性收入，比重都有所下降。这样的趋势反映了以政府养老金等转移性支出为主要构成的转移性收入占比在居民收入构成中的重要性上升。

（二）政府社会保障支出直接影响城乡居民、不同地区居民和不同群体间的转移性收入差距

2009—2018年，城镇居民转移性收入的比重由23.94%下降到17.8%，而农村居民转移性收入的比重由6.79%上升到19.98%（如图3.5所示），

72 / 公共服务财政支出与中等收入群体发展

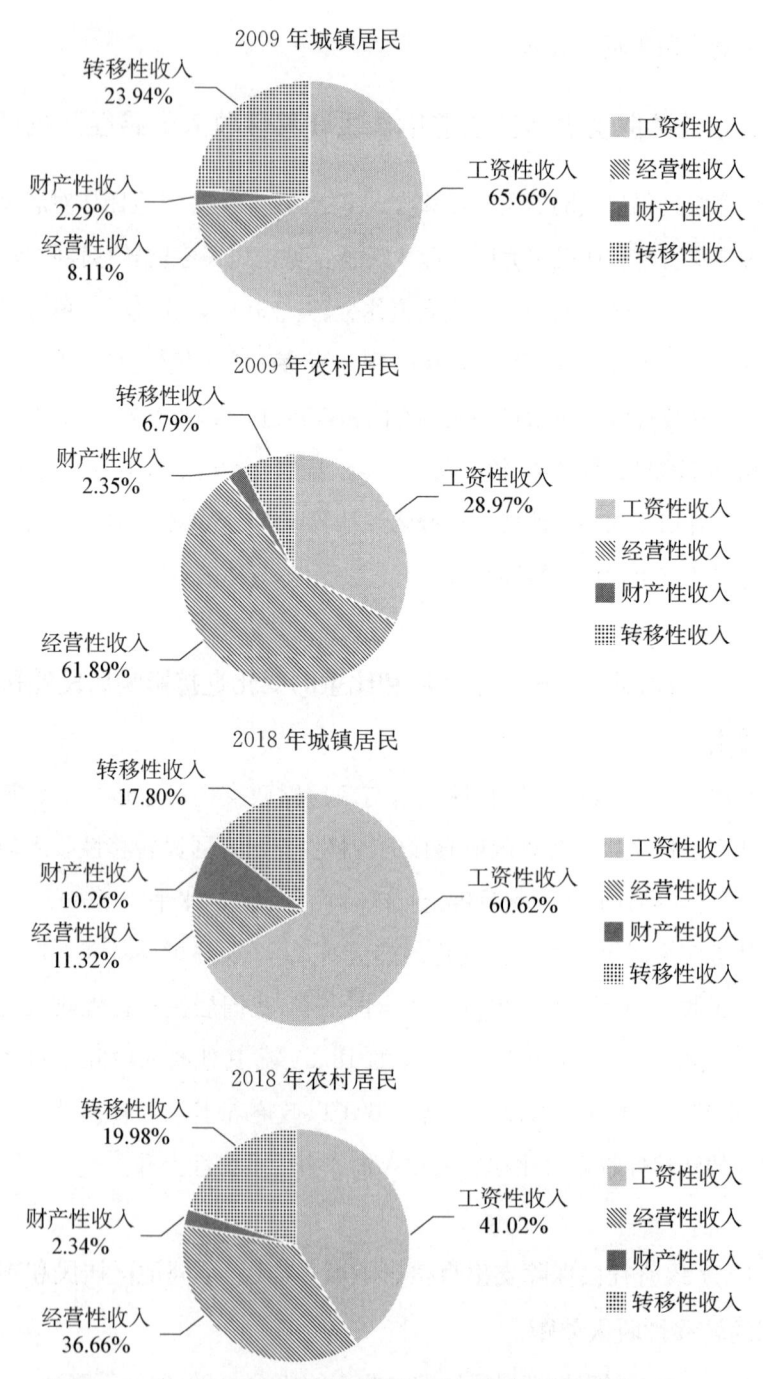

2009 年城镇居民
- 工资性收入 65.66%
- 经营性收入 8.11%
- 财产性收入 2.29%
- 转移性收入 23.94%

2009 年农村居民
- 工资性收入 28.97%
- 经营性收入 61.89%
- 财产性收入 2.35%
- 转移性收入 6.79%

2018 年城镇居民
- 工资性收入 60.62%
- 经营性收入 11.32%
- 财产性收入 10.26%
- 转移性收入 17.80%

2018 年农村居民
- 工资性收入 41.02%
- 经营性收入 36.66%
- 财产性收入 2.34%
- 转移性收入 19.98%

图 3.5 2009 年与 2018 年城镇居民和农村居民可支配收入构成

资料来源：历年中国统计年鉴

农村居民转移性收入比重的提升要快于城镇居民。

三、公共服务财政支出影响居民财产性收入的路径及机理

财产性收入占我国城乡居民可支配收入的比重始终较小,2018年财产性收入占比为8.43%,农村居民可支配收入中财产性收入的比重这20年来基本停滞甚至微弱下降。公共服务财政支出变化看起来对居民财产性收入没有直接影响,但间接影响却是多方面的。公共服务财政支出对居民财产性收入的影响路径主要包括:

一是政府住房保障支出影响房屋出售和租赁市场的均衡价格,进而影响居民财产性收入的提升。

二是社会保障支出比重的变化影响城乡居民预防性储蓄动机,进而影响居民利用财产进行投资的意愿。

三是公共服务财政支出的城乡差距影响城乡财产性收入差距,城乡财政资源配置结构影响城乡居民代际之间的财产性收入差距变化。

四、公共服务财政支出影响居民经营性收入的路径及机理

经营性收入在我国居民收入构成中的份额和影响较大,2018年经营性收入占比为17.19%,尤其是农村居民家庭的经营纯收入占农村居民纯收入的比重还超过1/3。提升农村居民经营性收入对使更多农村居民进入中等收入群体行列有重要作用。公共服务财政支出对城乡居民经营性收入的影响路径主要有两条:

一是公共服务财政支出影响小微企业创立和发展进而影响居民经营性收入。这直接关系到城乡居民经营性收入的提升,例如在教育、培训、医疗卫生以及就业补助等公共服务财政支出中,针对小微企业的税收支出直接影响小微企业收入进而影响居民经营性收入。

二是社会保障支出变化引起企业生产经营成本变化,进而引起创业者经营性收入的变化。

第四章 中国公共服务财政支出变化趋势及其"扩中"作用考察

本章从我国近十年公共服务财政支出变化和政策调整入手,利用统计数据和时间序列数据分析公共服务财政支出规模、比重、结构变化及其对扩大中等收入群体的影响。

第一节 公共服务财政支出总体趋势

近年来,随着公共财政支出占 GDP 比重的不断提升,公共财政支出结构性变化的一个基本趋势是:财政支出的重点逐步由经济建设转向民生保障和公共服务,公共服务财政支出的比重不断提升。

一、公共财政支出占 GDP 的比重逐步提升

2008—2017 年,随着财政总支出的规模及其占 GDP 的比重的快速上升,公共服务财政支出[①]、经济建设性支出[②]、行政管理支出[③]占 GDP 的比重都有所上升。教育、医疗、社会保障、住房保障等公共服务财政支出占 GDP 的比重由 5% 上升到 7%,经济建设性支出占 GDP 的比重由 5% 增加到 7%,行政管理支出占 GDP 的比重由 4% 增加到 5%(如表 4.1 所示)。

[①] 公共服务财政支出包括教育支出、社会保障和就业支出、医疗卫生支出、住房保障支出。
[②] 经济建设性支出包括科学技术支出、农林水支出、交通运输支出、资源勘探信息等支出、商业服务业等支出、金融支出、国土海洋气象支出、城乡社区服务支出、债务付息支出、债务发行费用支出。
[③] 行政管理支出包括一般公共服务支出、其他各项下的管理事务类支出。

表 4.1　　2008—2017 年按功能划分的财政支出情况及其所占比重

项目	2017	2016	2015	2014	2013
国家财政支出(亿元)	203 085.49	187 755.21	175 877.77	151 785.56	140 212.10
公共服务财政支出(亿元)	72 468.44	66 723.70	60 523.80	52 200.19	49 252.75
经济建设性支出(亿元)	54 498.26	51 652.47	50 601.65	42 701.24	41 927.80
行政管理支出(亿元)	43 272.87	39 383.78	35 009.30	31 101.15	24 920.70
其他支出(亿元)	32 845.92	29 995.26	29 743.02	25 814.97	24 110.85
GDP(亿元)	827 121.7	743 585.50	689 052.10	643 974.00	595 244.40
占国家财政支出比重					
公共服务财政支出	36%	36%	34%	34%	35%
经济建设性支出	27%	27%	29%	28%	30%
行政管理支出	21%	21%	20%	21%	18%
其他支出	16%	16%	17%	17%	17%
占 GDP 比重					
公共服务财政支出	9%	9%	9%	8%	8%
经济建设性支出	7%	7%	7%	7%	7%
行政管理支出	5%	5%	5%	5%	4%
其他支出	4%	4%	4%	4%	4%

项目	2012	2011	2010	2009	2008
国家财政支出(亿元)	125 952.97	109 247.79	89 874.16	76 299.93	62 592.66
公共服务财政支出(亿元)	45 552.35	37 856.93	28 861.70	22 764.38	18 571.54
经济建设性支出(亿元)	37 431.19	33 144.54	27 120.77	20 787.18	16 349.33
行政管理支出(亿元)	21 779.58	18 608.33	15 324.54	14 271.87	14 002.06
其他支出(亿元)	21 189.85	19 638.00	18 567.15	18 476.50	13 669.73
GDP(亿元)	540 367.40	489 300.60	413 030.30	349 081.40	319 515.50
占国家财政支出比重					
公共服务财政支出	36%	35%	32%	30%	30%
经济建设性支出	30%	30%	30%	27%	26%
行政管理支出	17%	17%	17%	19%	22%
其他支出	17%	18%	21%	24%	22%
占 GDP 比重					
公共服务财政支出	8%	8%	7%	7%	6%
经济建设性支出	7%	7%	7%	6%	5%
行政管理支出	4%	4%	4%	4%	4%
其他支出	4%	4%	4%	5%	4%

资料来源：历年中国财政年鉴

二、公共服务财政支出占公共财政支出的比重逐步提高

2008—2017年,教育、医疗卫生、社会保障和就业、住房保障等公共服务财政支出在一般公共财政预算支出中的比重由30%上升到36%,超过经济建设性支出比重(27%)、行政管理支出比重(21%)和其他支出比重(16%)(如图4.1所示)。

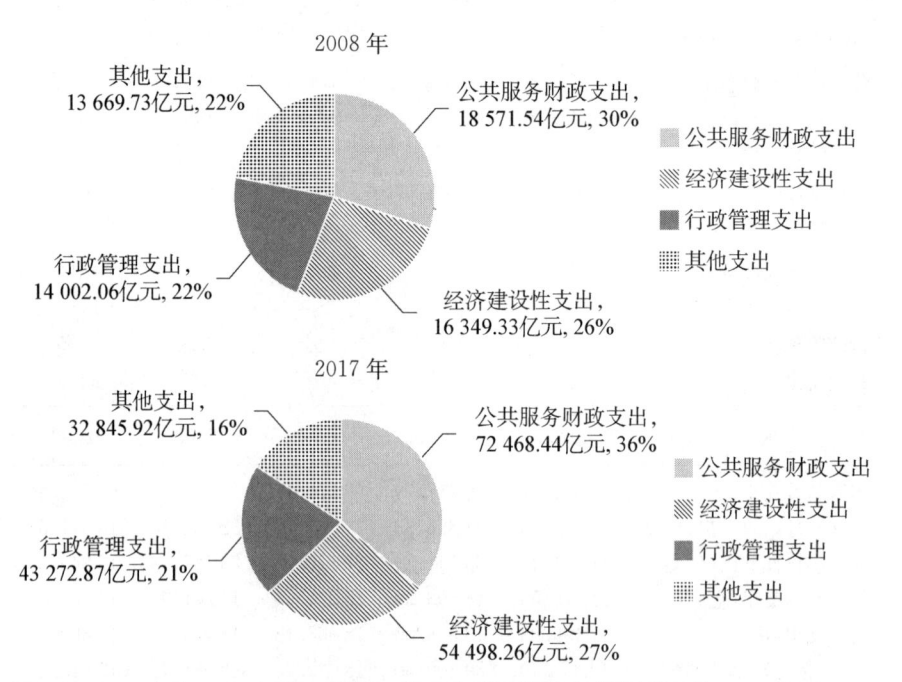

图4.1 2008年和2017年财政支出(一般公共财政预算支出)及其结构

资料来源:历年中国财政年鉴

第二节 医疗卫生财政支出及其"扩中"作用考察

改革开放40多年来,在公共财政的支持下,我国已经建立起覆盖城乡的公共医疗卫生体系。近十年,医疗卫生财政支出快速增长,是公共服务支出中增长最快的领域,对推动覆盖城乡的公共医疗卫生服务体系建设起到

了积极作用,对提升国民健康水平和劳动力素质起到了积极作用,为中低收入者提供了基本医疗保障和公共卫生服务,"看病难、看病贵"的问题得到缓解。

一、医疗卫生财政支出比重明显上升

进入21世纪以来,特别是2003年SARS危机过后,在公共财政的支持下,我国医疗卫生体制改革不断推进。2006年10月,中央政治局第三十五次集团学习会对深化医药卫生体制改革作出要求,强调坚持公共医疗卫生的公益性质。2009年2月,党中央、国务院审议和原则通过《关于深化医药卫生体制改革的意见》和《关于医药卫生体制改革近期重点实施方案(2009—2011年)》。过去十年,医疗卫生体制改革不断取得进展,同时覆盖城乡居民的基本医疗保障制度基本建立起来。2003年我国开始实施新型农村合作医疗制度和农村医疗救助制度;2005年推进城市医疗救助制度试点;2007年启动城镇居民基本医疗保险试点;2016年1月12日国务院印发《关于整合城乡居民基本医疗保险制度的意见》,要求推进城镇居民医保和新农合制度的整合,逐步在全国范围内建立起统一的城乡居民医保制度。

十年来,以解决"看病难、看病贵"问题为重点,我国财政在加快医药卫生体制改革、医疗保障、公立医院改革、公共医疗卫生服务机构建设、药品和医疗服务价格体系建设等方面不断加大投入力度。2008—2017年,我国医疗财政支出由2 757.04亿元左右增加到14 450.63亿元,增长了5.24倍,占国家财政支出的比重由4.4%上升到7.1%,占GDP的比重由0.9%上升到1.7%(如图4.2和表4.2所示)。

二、形成以医疗保障支出为主体的医疗卫生财政支出结构

2007年初全国卫生工作会议提出建设公共医疗卫生体制的四大基本制度,即基本卫生保健制度、医疗保障体系、基本药物制度和公立医院管理制度。2007年10月,党的十七大报告提出建设"覆盖城乡居民的公共卫生服务体系、医疗服务体系、医疗保障体系、药品供应保障体系",为医疗卫生

图 4.2　2008—2017 年医疗卫生财政支出占国家财政支出和占 GDP 比重变化

资料来源：根据国家统计局数据库数据整理所得

表 4.2　　　　　　　2008—2017 年医疗卫生财政支出规模及其比重变化

年份	医疗卫生财政支出(亿元)	国家财政支出(亿元)	GDP(亿元)	医疗卫生财政支出/国家财政支出	医疗卫生财政支出/GDP
2008	2 757.04	62 592.66	319 515.5	4.4%	0.9%
2009	3 994.19	76 299.93	349 081.4	5.2%	1.1%
2010	4 804.18	89 874.16	413 030.3	5.3%	1.2%
2011	6 429.51	109 247.79	489 300.6	5.9%	1.3%
2012	7 245.11	125 952.97	540 367.4	5.8%	1.3%
2013	8 279.90	140 212.10	595 244.4	5.9%	1.4%
2014	10 176.80	151 785.56	643 974.0	6.7%	1.6%
2015	11 953.18	175 877.77	689 052.1	6.8%	1.7%
2016	13 158.80	187 755.21	743 585.5	7.0%	1.8%
2017	14 450.63	203 085.49	827 121.7	7.1%	1.7%

注：医疗卫生财政支出是指全国一般公共财政预算支出中"医疗卫生与计划生育支出"的实际决算额

资料来源：历年中国财政年鉴

体制改革和公共医疗卫生体系建设明确了方向和重点。

十年来，随着政府医疗卫生支出占财政支出的比重及占 GDP 的比重不断上升，形成以医疗保障支出为主体的医疗卫生财政支出结构。2017 年财政对基本医疗保险基金的补助达到 5 024.08 亿元，占医疗卫生财政支出的比重为 39.0%；其次是公立医院支出，比重为 17.0%；公共卫生比重为 14.6%，排在第三位；基层医疗卫生机构(10.3%)排在第四位，剩下的是医疗卫生与计划生育管理事务、中医药、计划生育事务、食品和药品监督管理事务、医疗救助、其他医疗卫生与计划生育支出比重合计为 19.1%（如图 4.3 所示）。

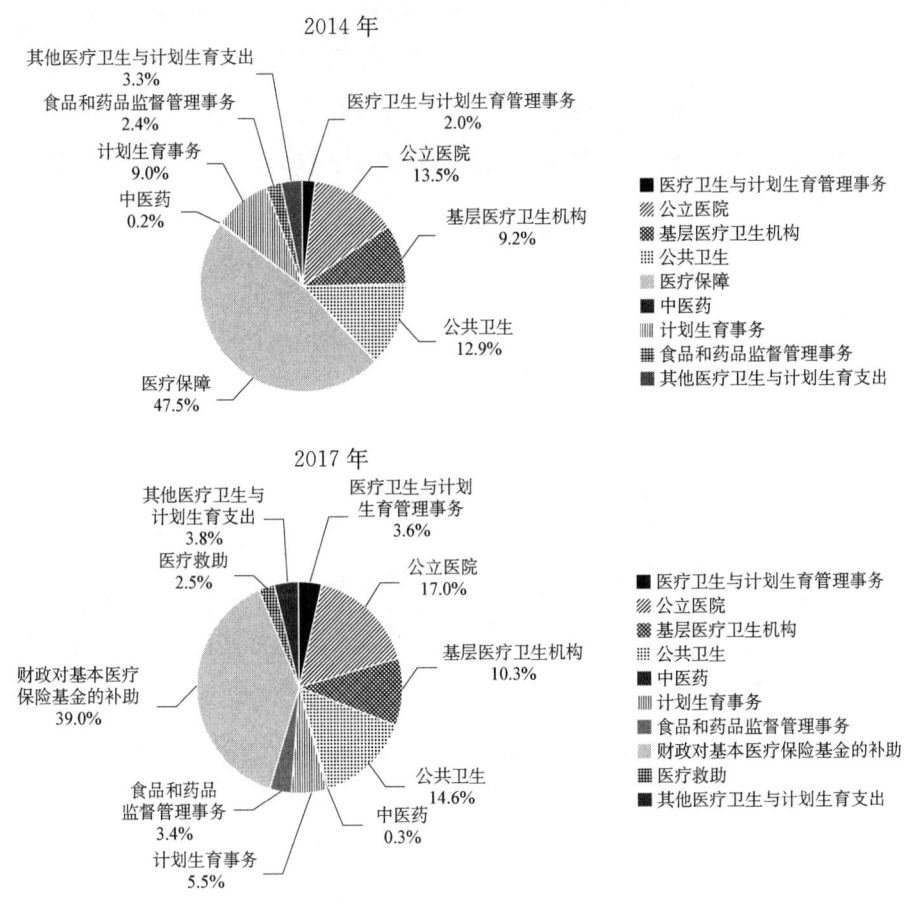

图 4.3 2014 年和 2017 年医疗卫生财政支出中各项支出的比重
资料来源：历年中国财政年鉴

医疗保障财政支出的快速增加，为建设覆盖城乡居民的医疗保障体系提供财力保障。1998 年全国没有医疗保障的人口比例为 76%。到 2016 年，在公共财政的支持下，覆盖城乡居民的基本医疗保险制度框架已基本建立，全国城乡居民基本医疗保险参保人数达到 12.7 亿人，覆盖人数占总人

三、人均医疗卫生财政支出地区间差距有所缩小

2007—2016年,我国各地区人均医疗卫生财政支出均有较大程度的提升,有19个地区增长超过5倍,增长最快的是广西,10年间增长8.1倍。总体看,发达地区和欠发达地区人均医疗卫生财政支出的差距并不大(如图4.4所示)。2016年人均医疗卫生财政支出最高的发达地区和人均医疗卫生财政支出最低的欠发达地区之间的差距为2.1倍,比2007年的4.7倍差距要明显缩小。

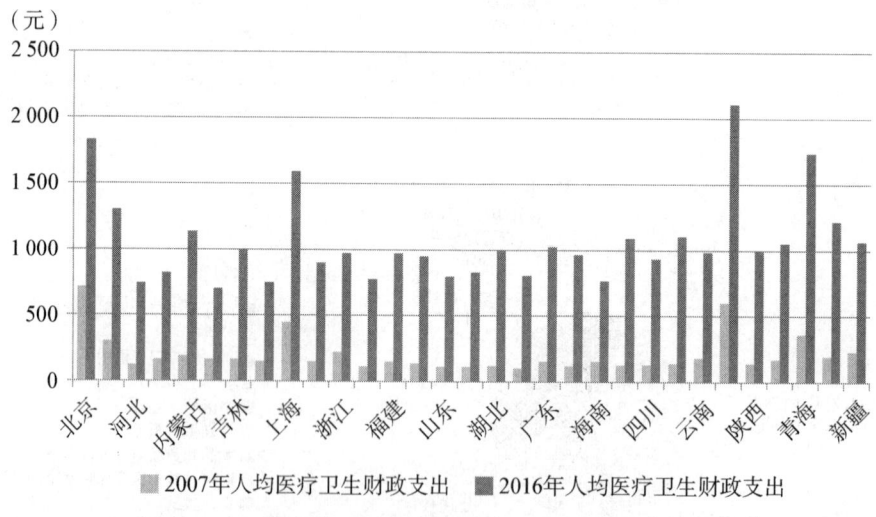

图 4.4　2007年和2016年各地区人均医疗卫生财政支出
资料来源:根据国家统计局统计数据计算所得

四、农村医疗卫生水平明显改善

十年来,农村公共卫生体系初步建立,实现乡(镇)有卫生院,村有卫生室,以县级医院为龙头、乡镇卫生院和村卫生室为基础的农村三级医疗卫生

---

① 资料来源:国务院医改办公室。

服务网络逐步健全。2007—2016年,新农合的人均财政补助水平由40元/人提高到420元/人,增长9.5倍(如图4.5所示)。新农合覆盖率超过95%,实现全覆盖;20种重大疾病实际报销比达到66%,全年受益患者达到80万人[①]。

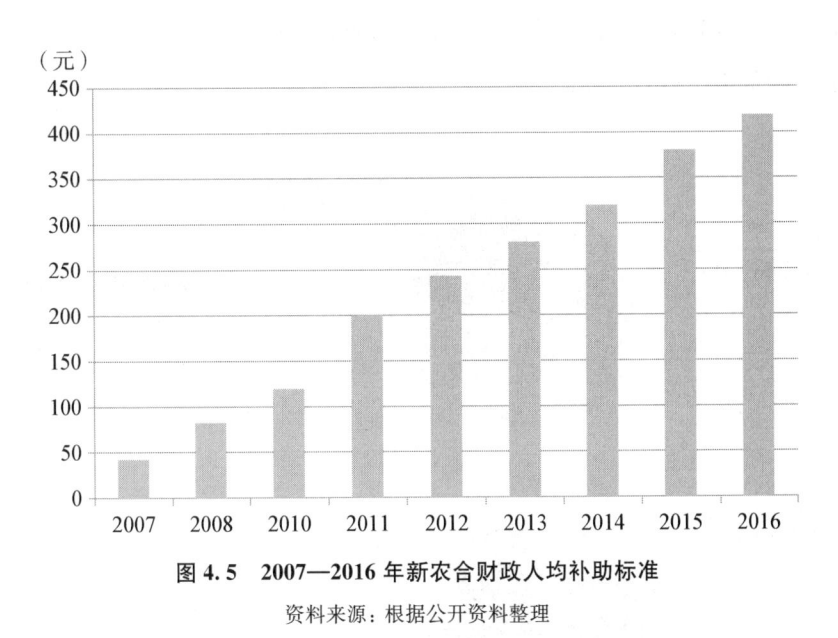

图 4.5 2007—2016年新农合财政人均补助标准

资料来源:根据公开资料整理

五、医疗卫生财政支出在促进中等收入群体发展方面发挥了积极作用

从实际看,医疗卫生财政支出在促进中等收入群体方面发挥了积极作用,主要体现在以下几个方面:

(一)"看病难、看病贵"问题有所缓解

"看病难、看病贵"问题有所缓解,减轻了个人在医疗卫生支出方面的负担。从全社会卫生支出结构的变化看,随着政府医疗卫生财政支出的增长,

---

① 中国新农合十年实现全覆盖 参合率达到95%以上[N].中国新闻网,2012-09-17.

个人现金卫生支出比重下降(如图 4.6 所示)。2000 年,我国卫生总费用中个人支出比例接近 60%。2007—2016 年,个人现金卫生支出①的比重由 2007 年的 44.1%下降到 28.8%,下降了 15.3 个百分点;政府卫生支出②的比重由 22.3%上升到 30%,上升了 7.7 个百分点;社会卫生支出③比重由 33.6%上升到 41.2%,上升了 7.6 个百分点,反映了我国居民在医疗卫生支出上的负担总体看有所减轻。

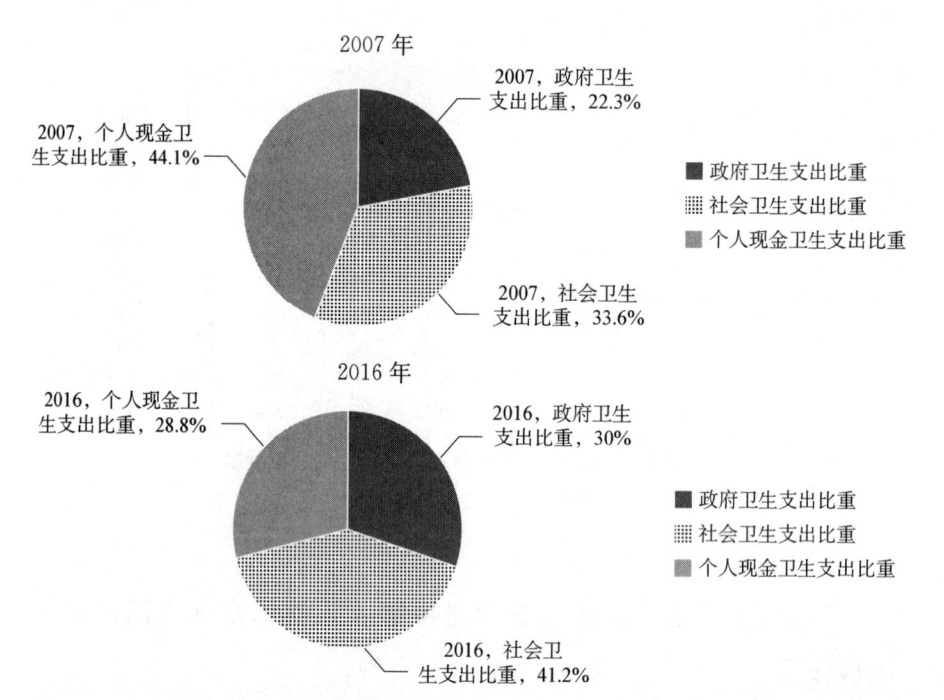

图 4.6　2007 年和 2016 年卫生总支出中政府卫生支出、社会卫生支出、个人现金卫生支出的比重

资料来源:根据国家统计局统计数据计算所得

---

① 个人现金卫生支出指城乡居民在接受各类医疗卫生服务时的现金支付,包括享受各种医疗保险制度的居民就医时自付的费用。可分为城镇居民、农村居民个人现金卫生支出,反映城乡居民医疗卫生费用的负担程度。
② 政府卫生支出指各级政府用于医疗卫生服务、医疗保障补助、卫生和医疗保险行政管理、人口与计划生育事务支出等各项事业的经费。
③ 社会卫生支出指政府支出外的社会各界对卫生事业的资金投入。包括社会医疗保障支出、商业健康保险费、社会办医支出、社会捐赠援助、行政事业性收费收入等。

（二）国民健康水平进一步提高，有利于强化人力资本

作为衡量健康的两个重要指标，婴儿死亡率从2007年的15.3‰左右下降至2016年的7.5‰左右，人均预期寿命从2005年到2015年提高了3.4岁。

（三）对缩小城乡医疗卫生水平产生了一定的积极作用

2008—2016年，我国城乡居民恶性肿瘤死亡率均有所下降，城市每10万人死亡率减少约7人，农村减少了约1人，城市居民患癌死亡率高于农村居民患癌死亡率，但两者间的差距在缩小（如图4.7所示）。

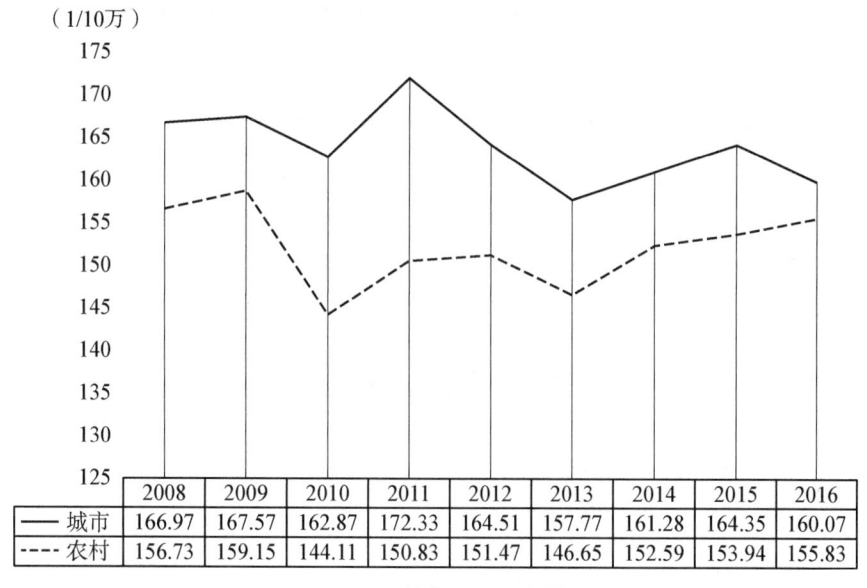

(1/10万)	2008	2009	2010	2011	2012	2013	2014	2015	2016
——城市	166.97	167.57	162.87	172.33	164.51	157.77	161.28	164.35	160.07
----农村	156.73	159.15	144.11	150.83	151.47	146.65	152.59	153.94	155.83

图 4.7　2008—2016年城乡居民恶性肿瘤死亡率对比

资料来源：根据国家统计局统计数据计算所得

第三节　教育财政支出及其"扩中"作用考察

随着科教兴国和人才强国战略的深入实施，我国教育财政支出不断增长，特别是近十年来，教育财政支出在财政支出和GDP中的比重明显提升，

为我国经济快速增长、国民素质普遍提高和人力资本积累提升创造了重要条件,为壮大中等收入群体创造了基础。

一、教育财政支出比重不断上升

2008—2017 年,教育财政支出由 9 010.21 亿元增加到 30 153.18 亿元,增长近 3.35 倍,占国家财政支出的比重保持在 14%—15%,占 GDP 的比重由 2.8% 上升到 3.6%(如图 4.8 和表 4.3 所示)。

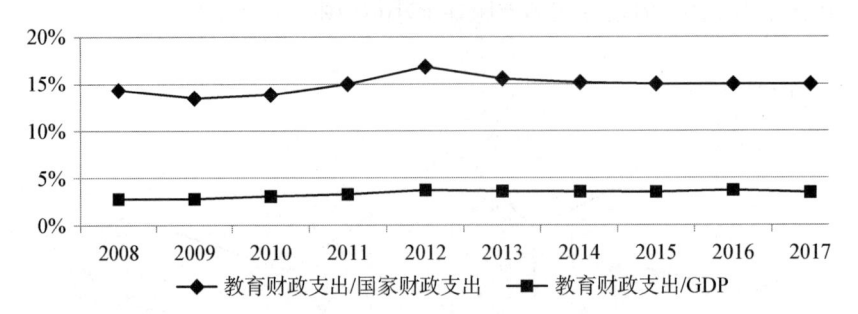

图 4.8　2008—2017 年教育财政支出占国家财政支出比重和占 GDP 比重

资料来源:历年中国财政年鉴

表 4.3　2008—2017 年教育财政支出规模及其比重变化

年份	教育财政支出(亿元)	国家财政支出(亿元)	GDP(亿元)	教育财政支出/国家财政支出	教育财政支出/GDP
2008	9 010.21	62 592.66	319 515.5	14.4%	2.8%
2009	10 437.54	76 299.93	349 081.4	13.7%	3.0%
2010	12 550.02	89 874.16	413 030.3	14.0%	3.0%
2011	16 497.33	109 247.79	489 300.6	15.1%	3.4%
2012	21 242.10	125 952.97	540 367.4	16.9%	3.9%
2013	22 001.76	140 212.1	595 244.4	15.7%	3.7%
2014	23 041.70	151 785.56	643 974	15.2%	3.6%
2015	26 271.88	175 877.77	689 052.1	14.9%	3.8%
2016	28 072.77	187 755.21	743 585.5	15.0%	3.8%
2017	30 153.18	203 085.49	827 121.7	14.8%	3.6%

注:教育财政支出包括普通教育、职业教育、成人教育、广播电视教育、留学教育、特殊教育、进修及培训、教育费附加安排支出、其他教育支出。

资料来源:国家统计局数据库

2008—2017年,财政性教育经费占GDP的比重从3.3%上升到4.2%,2013年起突破3万亿元,2017年达到34 207.75亿元(如图4.9所示)。

图 4.9　2008—2017年财政性教育经费与国家教育财政支出占GDP比重

资料来源:根据国家统计局统计数据整理所得

二、形成以义务教育支出为主体的教育财政支出格局

从教育财政支出结构看,义务教育(普通小学、普通初中)比重为52%,普通高等教育支出占教育财政支出的比重长期保持在20%以上,仅次于义务教育支出。2002—2011年,除了普通高中教育支出占比上升了5个百分点,变化幅度较为明显,学前教育支出占财政支出的比重、义务教育支出的占比、中等职业教育支出的占比、普通高等教育支出的占比变化皆不大(如图4.10所示)。

三、为城乡义务教育均等化提供了较为充足的财力保障

从2007—2011年城乡财政义务教育经费情况看,义务教育财政支出向农村倾斜的特点还是比较明显的。由于无法计算城乡义务教育生均财政经费的差别,以城市每万人义务教育财政经费作为替代指标,从2008年开始,农村每万人普通小学和普通初中财政教育经费多于城市每万人的经费(如表4.4所示)。

2002 年

- 学前教育支出占比 1.2%
- 其他 13.8%
- 普通高等教育支出占比 21.5%
- 中等职业教育支出占比 7.0%
- 普通高中教育支出占比 4.7%
- 义务教育支出合计占比 51.8%

2011 年

- 学前教育支出占比 2.2%
- 其他 7.7%
- 普通高等教育支出占比 21.6%
- 中等职业教育支出占比 6.8%
- 普通高中教育支出占比 9.7%
- 义务教育支出合计占比 52.0%

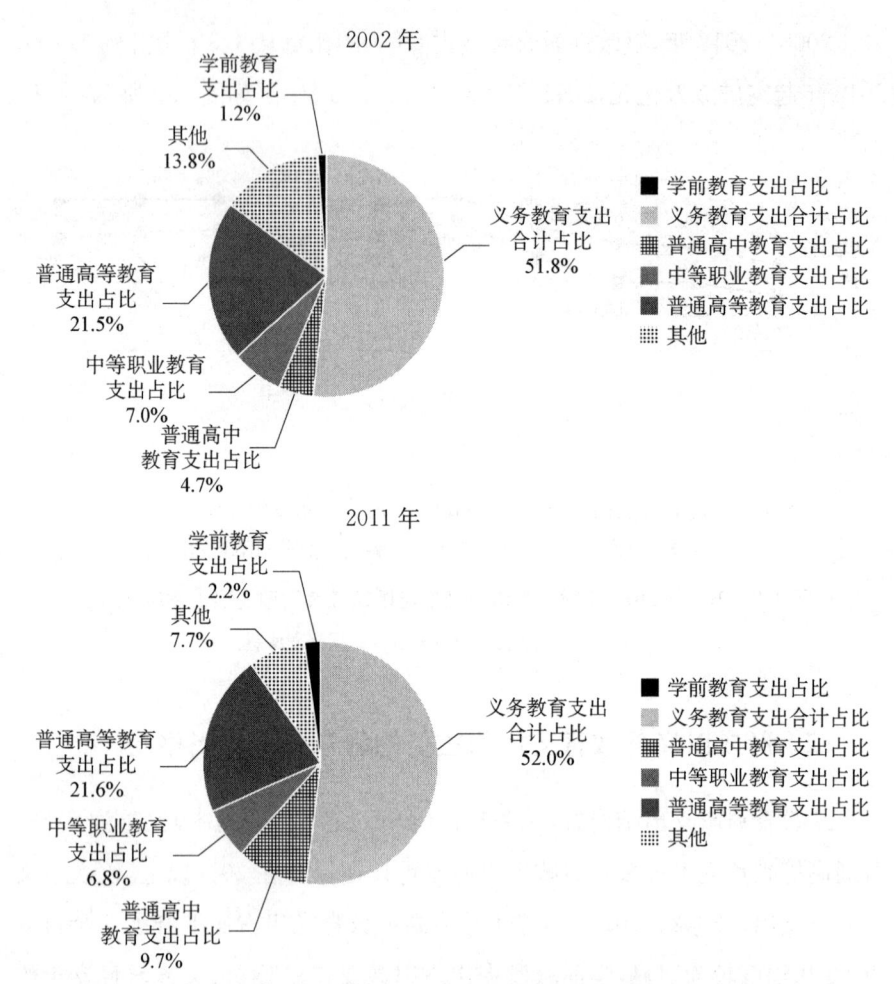

图 4.10　2002 年和 2011 年各类教育支出占教育财政支出的比重

资料来源：根据国家统计局统计数据计算所得

表 4.4　　　　2007—2011 年城乡财政义务教育经费情况

指标	2007 年	2008 年	2009 年	2010 年	2011 年
普通初中					
城市每万人财政教育经费（万元）	156.7	175.2	199.4	225.8	271.9
农村每万人财政教育经费（万元）	154.5	202.9	246.2	283.2	348.5
普通小学					
城市每万人财政教育经费（万元）	175.6	200.7	231.6	264.3	320.6
农村每万人财政教育经费（万元）	263.4	326.5	395.0	464.4	578.4

资料来源：根据国家统计局统计数据整理所得

四、教育财政支出对强化人力资本有明显作用

随着教育财政支出的快速增长,各个阶段教育招生规模都快速增加,不同阶段教育的师生比都有不同程度的改善(如图4.11所示)。

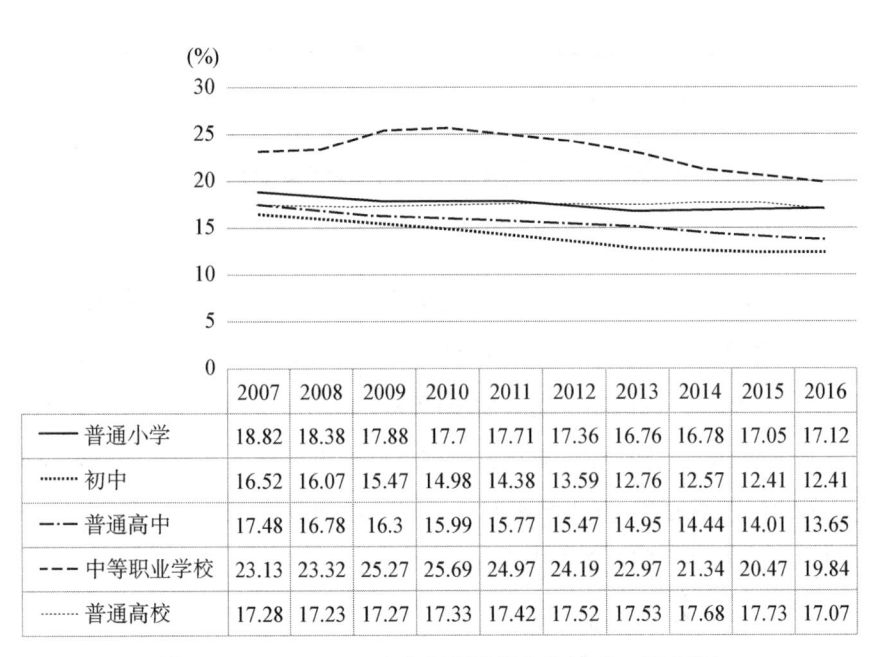

	2007	2008	2009	2010	2011	2012	2013	2014	2015	2016
——普通小学	18.82	18.38	17.88	17.7	17.71	17.36	16.76	16.78	17.05	17.12
……初中	16.52	16.07	15.47	14.98	14.38	13.59	12.76	12.57	12.41	12.41
—·—普通高中	17.48	16.78	16.3	15.99	15.77	15.47	14.95	14.44	14.01	13.65
---中等职业学校	23.13	23.32	25.27	25.69	24.97	24.19	22.97	21.34	20.47	19.84
……普通高校	17.28	17.23	17.27	17.33	17.42	17.52	17.53	17.68	17.73	17.07

图4.11　2007—2016年各级学校师生比(单位:百分比)
资料来源:根据国家统计局统计数据整理所得

义务教育支出规模快速扩张,普遍提高了国民素质,为产业发展提供了数量巨大的、具有基本素质的劳动力。在高等教育财政经费的保障下,我国高校招生和毕业生规模都快速扩张。2009年普通本专科毕业人数为531.1万人,2018年达到753.3万人,增加41.84%;2009年研究生毕业人数37.1万人,2018年为60.4万人,增加62.78%(如图4.12所示)。在教育财政支出的保障下,我国劳动力受教育水平影响大幅提高,劳动年龄人口平均受教育年限达到10年左右,高于世界平均水平;新增劳动力平均受教育年限达到13年左右,高于世界平均水平,接近中等发达国家平均水平。世界银行的一项研究表明,劳动力受教育的时间每增加一年,就

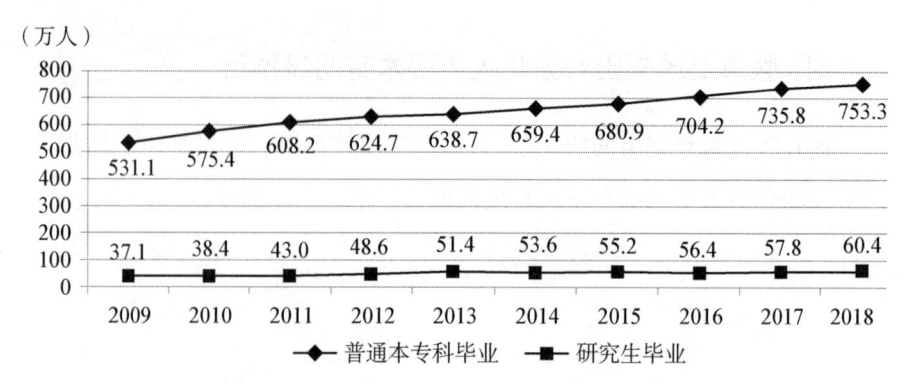

图 4.12　2009—2018 年我国本、专科毕业和研究生毕业人数变化

资料来源：历年中国统计年鉴

能提高劳动生产率 9%。① 与没有受过教育的人相比，一个小学毕业生可以提高劳动生产率 68%，中学毕业生提高 181%，而一个大学毕业生则提高 297%。② 2012 年，我国制造业劳动生产率仅相当于美国的 4.38%、日本的 4.37% 和德国的 5.56%。③ 服务业劳动生产率也存在很大差距。以信息服务业劳动生产率为例，2011 年美国信息服务业的整体劳动生产率是我国的 4.1 倍。分析表明，制造业企业职工受教育年限每提高 1 年，劳动生产率就会上升 17%；如果企业职工全部是高中学历，劳动生产率将提高 24%；如果企业职工全部是大专学历，企业的劳动生产率可以再提高 75%；如果企业职工全部是本科学历，劳动生产率可以再提高 66%。④ 从这个角度看，教育支出强化了人力资本，人力资本强化又对"扩中"具有重要作用。

第四节　社会保障财政支出及其"扩中"作用考察

随着社会保障体系在促进以人为本的发展和经济社会可持续发展中的重要性日益上升，国家财政对社会保障的投入快速增加，特别是近十年社会

---

① 专家学者解读科学人才观：人才投资是效益最大的投资[N]. 中国组织人事报，2012-06-15.
② 同上.
③ 迟福林. 转型升级需要深化教育改革[N]. 经济参考报，2015-06-10.
④ 蔡昉. 再续人口红利需深化教育改革[N]. 经济参考报，2009-09-16.

保障和就业支出规模明显扩大。在公共财政的支持下,我国已基本建立起包括社会保险、社会救助、社会福利、优抚安置等在内的社会保障制度框架,社会保险覆盖率不断提升,为中低收入者向上流动提供了支撑。

一、社会保障财政支出变化趋势

2006年10月,党的第十六届中央委员会第六次全体会议通过《中共中央关于构建社会主义和谐社会若干重大问题的决定》,提出到2020年覆盖城乡居民的社会保障体系基本建立是构建社会主义和谐社会的重要目标之一。党的十七大报告进一步提出"加快建立覆盖城乡居民的社会保障体系",要以社会保险、社会救助、社会福利为基础,以基本养老、基本医疗、最低生活保障制度为重点,以慈善事业、商业保险为补充,加快完善社会保障体系。近10年来,在公共财政的保障下,我国先后建立实施城镇居民基本医疗保险制度、新型农村社会养老保险制度和城镇居民社会养老保险制度,推进企业、机关、事业单位基本养老保险制度并轨改革,全面实施农村最低生活保障制度、城市生活无着流浪乞讨人员救助制度,建立完善灾害救助、临时救助等制度,社会保障体系的框架基本确立,覆盖城乡的基本医疗保险制度和养老保险制度基本建立。2008—2017年,社会保障和就业财政支出由6 804.29亿元增加到24 611.68亿元,增长3.62倍,占国家财政支出的比重由10.9%增加到12.1%,占GDP的比重由2.1%上升到3.0%(如图4.13和表4.5所示)。

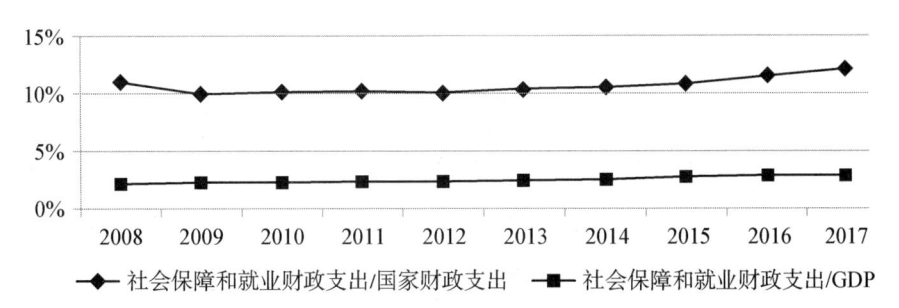

图4.13 2008—2017年社会保障和就业财政支出占国家财政支出和GDP的比重变化

资料来源:历年中国财政年鉴

表 4.5　2008—2017 年社会保障和就业财政支出规模及其比重变化

年份	社会保障和就业财政支出(亿元)	国家财政支出(亿元)	GDP(亿元)	社会保障和就业财政支出/国家财政支出	社会保障和就业财政支出/GDP
2008	6 804.29	62 592.66	319 515.5	10.9%	2.1%
2009	7 606.68	76 299.93	349 081.4	10.0%	2.2%
2010	9 130.62	89 874.16	413 030.3	10.2%	2.2%
2011	11 109.4	109 247.79	489 300.6	10.2%	2.3%
2012	12 585.52	125 952.97	540 367.4	10.0%	2.3%
2013	14 490.54	140 212.1	595 244.4	10.3%	2.4%
2014	15 968.90	151 785.56	643 974	10.5%	2.5%
2015	19 018.69	175 877.77	689 052.1	10.8%	2.8%
2016	21 591.50	187 755.21	743 585.5	11.5%	2.9%
2017	24 611.68	203 085.49	827 121.7	12.1%	3.0%

注：社会保障和就业财政支出包括财政对社会保险基金的补助、补充全国社会保险基金的补助、补充全国社会保障基金、行政事业单位离退休、企业改革补助、就业补助、抚恤、退役安置、社会福利、残疾人事业、自然灾害生活救助、红十字事业、最低生活保障、临时救助、特困人员供养、补充道路交通事故社会救助基金、其他生活救助、其他社会保障和就业支出子项目。

资料来源：根据国家统计局数据库数据整理所得。

二、社会保障支出结构调整趋势

社会保障支出结构调整很大程度上反映了社会保障制度改革的进程。2008 年，行政事业单位离退休人员支出为社会保障与就业财政支出项下的第一大支出子项，占比为 26.7%，其次为财政对社会保险基金的补助支出[①]，比重为 24%。随着城乡居民养老保险、城乡居民医疗保险制度的建立，以及行政事业单位和城镇职工养老金并轨等改革的推进，到 2017 年，财政对社会保险基金的补助比重增加到 30.6%，10 年间上升 3.9 个百分点，成为社保与就业财政支出项目下与行政事业单位离退休人员支出并列的第一大支出子项目；两大子项支出合计占社会保障与就业财政支出的 61.2%（如

---

① 反映一般公共预算补充全国社会保障基金的支出。

图4.14和表4.6所示)。除了财政对社会保险基金补助的比重不断上升，农村最低生活保障的比重也上升较快，由2008年的3.4%上升为5.79%，占比与城市居民最低生活保障支出比重持平。就业补助、城市居民最低生活保障支出、自然灾害生活救助的比重均有所下降。

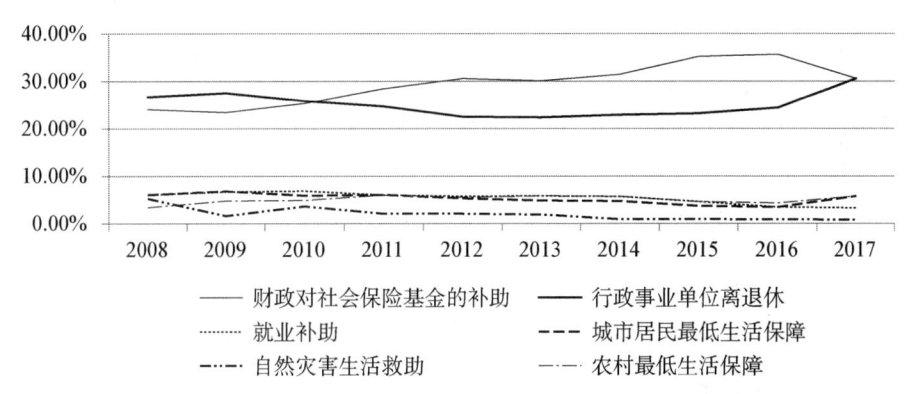

图4.14 2008—2017年社会保障与就业支出各项目占社会保障与就业财政支出的比重

资料来源：历年中国财政年鉴

表4.6 2008—2017年社会保障与就业支出子项目占社会保障与就业财政支出的比重(单位：年，百分比)

年份	财政对社会保险基金的补助	行政事业单位离退休	就业补助	城市居民最低生活保障	自然灾害生活救助	农村最低生活保障
2008	24.01	26.68	6.07	6.07	5.24	3.40
2009	23.37	27.48	6.72	6.82	1.60	4.81
2010	25.30	25.79	6.89	5.91	3.64	4.92
2011	28.42	24.68	6.00	6.10	2.06	6.00
2012	30.56	22.44	5.81	5.31	2.10	5.51
2013	30.10	22.33	5.83	4.85	1.94	5.83
2014	31.43	22.86	5.71	4.76	0.95	5.71
2015	35.19	23.15	4.63	3.70	0.93	4.63
2016	35.65	24.35	3.48	3.48	0.87	4.35
2017	30.58	30.58	3.31	5.79	0.83	5.79

资料来源：历年中国财政年鉴

三、社会保障财政支出的地区间差距有所缩小

从人均社保支出看，2017 年最高的地区西藏（4 624.9 元）是最低地区福建（1 008.8 元）的 4.58 倍。2007 年，最高的地区上海（1 328.6 元）是最低地区贵州（194.9 元）的 6.82 倍，反映了社会保障财政支出的地区间差距有所降低（表 4.7）。

表 4.7　　　　2007 年与 2017 年各地区社会保障支出情况

年份 地区	2007 年 社会保障财政支出/财政支出（百分比）	2007 年 人均社会保障支出（元）	2017 年 社会保障财政支出/财政支出（百分比）	2017 年 人均社会保障支出（元）	2017 年比重比 2007 年
北京	10.9%	1 069.7	11.7%	3 664.2	↑
天津	11.8%	713.6	14.0%	2 951.7	↑
河北	14.6%	317.1	14.7%	1 299.1	↑
山西	17.4%	538.8	17.2%	1 746.7	↓
内蒙古	14.0%	625.9	15.5%	2 784.3	↑
辽宁	22.8%	937.6	27.5%	3 068.3	↑
吉林	17.5%	565.4	14.8%	2 027.2	↓
黑龙江	18.3%	567.6	20.0%	2 450.8	↑
上海	12.6%	1 328.6	14.1%	4 388.0	↑
江苏	8.3%	275.2	9.8%	1 299.5	↑
浙江	6.0%	209.5	10.6%	1 417.3	↑
安徽	16.6%	337.4	13.9%	1 378.9	↓
福建	9.9%	250.8	8.4%	1 008.8	↓
江西	13.9%	288.8	13.0%	1 436.5	↓
山东	11.1%	268.8	12.2%	1 131.3	↑
河南	15.0%	300.5	14.1%	1 213.7	↓
湖北	16.5%	370.6	16.1%	1 850.9	↓
湖南	16.3%	347.7	14.8%	1 483.8	↓
广东	9.0%	293.5	9.5%	1 274.4	↑
广西	11.2%	232.1	13.8%	1 389.3	↑
海南	14.6%	424.7	12.7%	1 977.1	↓

续表

年份 地区	2007年 社会保障财政支出/财政支出（百分比）	2007年 人均社会保障支出（元）	2017年 社会保障财政支出/财政支出（百分比）	2017年 人均社会保障支出（元）	2017年比重比2007年
重庆	18.1%	493.5	16.2%	2 285.5	↓
四川	15.5%	334.8	17.3%	1 808.4	↑
贵州	8.9%	194.9	10.8%	1 393.1	↑
云南	15.0%	377.7	13.1%	1 563.0	↓
西藏	6.3%	598.7	9.3%	4 624.9	↑
陕西	15.1%	428.8	14.9%	1 872.8	↓
甘肃	15.8%	419.4	14.2%	1 782.8	↓
青海	18.1%	927.2	13.7%	3 504.5	↓
宁夏	10.5%	418.0	11.8%	2 380.1	↑
新疆	11.4%	434.0	11.3%	2 151.3	↓

资料来源：根据历年中国统计年鉴计算得出

四、城乡居民人均转移性收入差距缩小，从而有利于形成"扩中"的收入分配格局

从公开的统计数据难以直接分析比较城乡人均财政支出，但由于城乡居民转移性收入主要是由养老金和社会救济等构成，所以可以在一定程度上反映城乡人均财政支出的差距。随着公共财政支出对减贫、农村社会保障、农村基本公共服务投入的增长，2009—2018年，城乡居民人均转移性收入的差距由2009年的11.35倍减少到2018年的2.39倍，近年来呈现加快下降趋势，特别是2013年以来出现明显下降。另外，2009—2018年，城乡居民人均可支配收入差距由3.33倍下降到2.69倍，城乡居民人均转移性收入差距下降的速度远远快于城乡居民人均可支配收入差距（如图4.15和表4.8所示）。随着农村居民人均转移性收入更快上升，城乡居民人均转移性收入差距的缩小对城乡居民收入差距的缩小贡献率也趋于上升（如图4.16所示）。

94 / 公共服务财政支出与中等收入群体发展

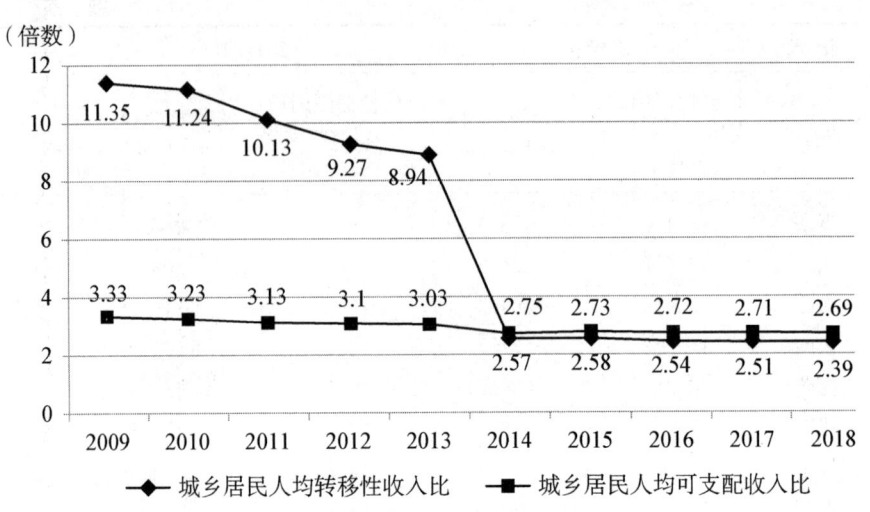

图 4.15 2009—2018 年城乡居民人均可支配收入比和人均转移性收入比（单位：倍数）

资料来源：根据历年中国统计年鉴计算得出

表 4.8 2009—2018 年我国城乡居民人均可支配收入比和人均转移性收入比

指标	人均转移性收入			人均可支配收入		
	城镇居民（元）	农村居民（元）	城乡差距（倍数）	城镇居民（元）	农村居民（元）	城乡差距（倍数）
2009	4 515.5	398.0	11.35	17 174.7	5 153.2	3.33
2010	5 091.9	452.9	11.24	19 109.4	5 919.0	3.23
2011	5 708.6	563.3	10.13	21 809.8	6 977.3	3.13
2012	6 368.1	686.7	9.27	24 564.7	7 916.6	3.10
2013	7 010.3	784.3	8.94	26 955.1	8 895.9	3.03
2014	4 815.9	1 877.2	2.57	28 843.9	10 488.9	2.75
2015	5 339.7	2 066.3	2.58	31 194.8	11 421.7	2.73
2016	5 909.8	2 328.2	2.54	33 616.5	12 363.4	2.72
2017	6 523.6	2 603.2	2.51	36 396.2	13 432.4	2.71
2018	6 988.3	2 920.5	2.39	39 250.8	14 617.0	2.69

资料来源：历年中国统计年鉴

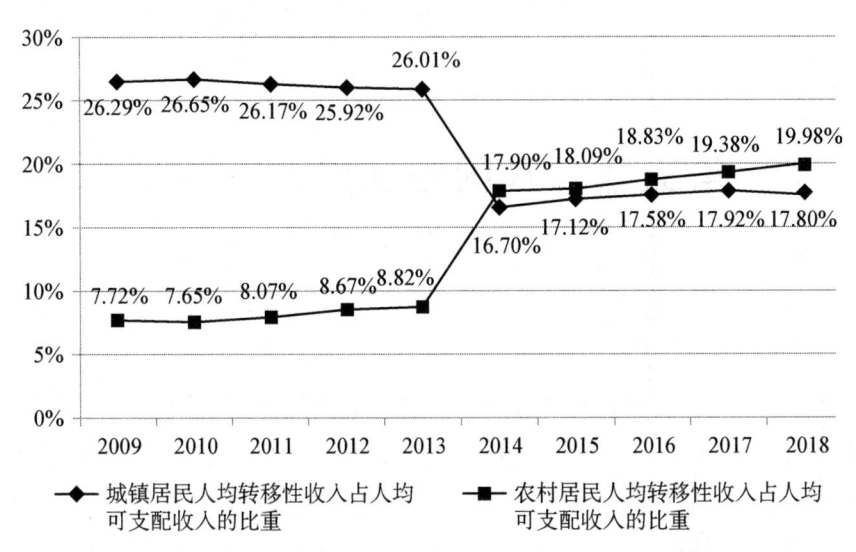

第四章 中国公共服务财政支出变化趋势及其"扩中"作用考察 / 95

图 4.16 2009—2018 年城乡居民人均转移性收入占人均可支配收入的比重

资料来源：历年中国统计年鉴

第五章　我国公共财政"扩中"作用的问卷调查分析

为了验证公共服务财政支出对"扩中"的重要性,本章采用问卷调查的方法,针对影响"扩中"的公共财政因素,对不同的公共财政支出项目在"扩中"上的影响力及其受到的关注度进行调研。问卷分析结果显示:最贴近民生的教育、社会保障和就业、医疗卫生等公共服务支出,是最被关注的影响中等收入群体的公共财政因素。

第一节　调查分析设计

一、调查分析整体方法及设计

为获取直接的第一手资料,本项目对公共财政对扩大中等收入群体作用进行调查研究。调查分析采用问卷调查的方式,问卷发放主要采用网络发放与面对面发放两种。一方面,网络发放主要利用"问卷星"软件编辑问卷,并通过微信、QQ、电子邮件三个渠道。另一方面,也重视面对面发放的方式,本项目组成员也能够更好地利用自身资源,直接调查到对研究课题有一定了解程度的专家级学者。

根据问卷所涉及的不同题型,在对调查结果的分析中采用不同的方法:

单选题与非排序多选题采取描述性统计分析法。该方法针对单选题与非排序多选题的分析方式,既直观地采取描述性统计的方式进行分析,也会根据语意差异量表(Semantic Scale)进行比较。

多选题采取经由 SPSS 统计软件实现的"选项平均综合得分"法。如本问卷第 6、第 7、第 10 题是不必全选的排序题,为反映选项的综合排名情况,利用 SPSS 统计分析软件计算每个选项的"选项平均综合得分",计算公式为:

$$S = \frac{\sum_{i=1}^{n} f_i \times w_i}{\sum_{i=1}^{n} f_i} \qquad 式 5.1$$

其中,S 表示选项平均综合得分,f 表示频数,w 表示权值。权值的赋予方法由选项被排列的位置决定,即假设某个选项有 n 个排序等级,排第 1 位的就记为 n 分,第 2 位记为 $n-1$ 分,……最后 1 位记为 1 分,故权值赋予的公式为:

$$w_i = n + 1 - i \qquad 式 5.2$$

将其代入上式中,则最终有:

$$S = \frac{\sum_{i=1}^{n} f_i \times (n + 1 - i)}{\sum_{i=1}^{n} f_i} \qquad 式 5.3$$

交叉表分析法。交叉表分析是针对两个皆是间断变量关系的探讨,可以通过两个变量交叉构成的单元格次数、横行百分比、纵列百分比与全体百分比进行分析。本研究将对调查结果结合被调查者身份信息采用交叉表分析法,如可对调查结果结合性别、职业、年龄、地区、城乡、收入、学历等角度进行交叉分析。

二、调查问卷设计

调查问卷的设计主要分成两部分,一部分是个人基本信息,另一部分是所要调查的具体问题。调查问卷设计的普遍原则是问题不能太多、篇幅不可过长,若内容繁杂会分散被调查者聚焦问题的精力,因此本调查问卷一共

设计了12个问题。如前述方法,问卷中包含无序多选题、单选题、有序多选题等不同类型题目,具体调查问卷如下:

表 5.1　　　　　　　　　　　本研究的调查问卷

扩大中等收入群体的财政制度与政策选择调查问卷

尊敬的女士/先生,本调查问卷旨在研究如何扩大我国中等收入群体比重,问卷调查采取匿名形式开展,不会泄露您的隐私,希望您用几分钟时间认真作答。谢谢!

1. 您的基本信息
　(1) 性别:(　　)
　　A. 男　　　　　　　B. 女
　(2) 年龄:(　　)
　　A. 18 岁以下　　　B. 18—25 岁　　　C. 26—30 岁　　　D. 31—40 岁
　　E. 41—50 岁　　　F. 51—60 岁　　　G. 61 岁以上
　(3) 职业:(　　)
　　A. 公务员、事业单位、国企领导/管理人员
　　B. 公务员、事业单位人员、国企一般人员
　　C. 企业(非国企)管理人员　　　　　D. 企业(非国企)一般人员
　　E. 务农农民　　　　　　　　　　　F. 进城务工农民
　　G. 学生　　　　　　　　　　　　　H. 个体户、自由职业者
　　I. 退休、下岗、无业人员　　　　　J. 其他_____
　(4) 所在省份:_____;
　(5) 目前生活地属于:(　　)
　　A. 城市　　　　　　B. 县城、镇　　　　C. 乡、村;
　(6) 学历:(　　)
　　A. 九年义务教育及以下　　　　　　B. 高中、中职
　　C. 大学专科、本科　　　　　　　　D. 研究生及以上
　(7) 年收入:(　　)
　　A. 3 万元以下　　　　　　　　　　B. 3 万—5 万元
　　C. 6 万—10 万元　　　　　　　　　D. 11 万—20 万元
　　E. 21 万元以上
2. 您对我国公共财政制度与政策的了解程度如何?(　　)**单选题**。
　　A. 自己就是政府的财税部门　　　　B. 自己是政府的非财税部门
　　C. 自己在高校/科研机构/智库工作,并对此有所了解
　　D. 自己不是以上部门,但是比较了解
　　E. 了解程度一般　　　　　　　　　F. 不了解
　　G. 说不清
3. 您是否认为自己属于中等收入群体或中产阶层(　　)**单选题**。
　　A. 已达到　　　　B. 没达到　　　　C. 超过　　　　D. 说不清
4. 您认为一个人是否属于中等收入者,主要衡量的依据是(　　)**多选题**。
　　A. 个人收入是否比其他人高　　　　B. 个人收入在社会中的比例
　　C. 城镇职工养老保险人均支出　　　D. 获得医疗、教育、保障的多少
　　E. 社会地位　　　F. 以上皆是　　　G. 其他_____

续 表

5. 您认为,要从低收入者变为中等收入者,关键在于( )多选题、按重要性排序、不必全选。
  A. 选择合适的行业及职业　　　B. 提升受教育程度
  C. 打破性别等歧视
  D. 国家加大对教育、医疗、社保等公共服务的财政支出
  E. 创业创新　　　　　　　　　F. 减税降费
  G. 扩大高收入者对中低收入者的转移支付
  H. 其他_____

6. 我国财政一般公共预算收入包括以下13个项目,您认为哪些能对扩大中等收入人群产生作用?( )多选题、按重要性排序、不必全选。
  A. 国内增值税　　B. 国内消费税　　C. 企业所得税　　D. 个人所得税
  E. 进口货物增值税、消费税　　F. 出口退税
  G. 城市维护建设税　　　　　　H. 车辆购置税
  I. 印花税　　　　　　　　　　J. 资源税
  K. 土地和房地产相关税收　　　 L. 环境保护税
  M. 车船税、船舶吨税、烟叶税等其他各项税收
  N. 都一样重要　　　　　　　　O. 都不重要
  P. 说不清

7. 我国财政一般公共预算支出包括以下10个项目,您认为哪些能对扩大中等收入人群产生作用?( )多选题、按重要性排序、不必全选。
  A. 教育支出　　　　　　　　　 B. 科学技术支出
  C. 文化、旅游、体育与传媒支出　D. 社会保障和就业支出
  E. 卫生健康支出　　　　　　　 F. 节能环保支出
  G. 城乡社区支出　　　　　　　 H. 农林水支出
  I. 交通运输支出　　　　　　　 J. 债务付息支出
  K. 都一样重要　　　　　　　　 L. 都不重要
  M. 说不清

8. 结合上述两题,您认为财政收入与财政支出哪个对扩大中等收入人群作用更大?( )单选题。
  A. 财政收入　　B. 财政支出　　C. 一样重要　　D. 都不重要
  E. 说不清

9. 您感觉自己是否获得了足够多的公共财政支出(包括医疗、教育、社保、基础设施等)( )单选题。
  A. 已足够多、较满意　　　　　 B. 稍微不足
  C. 仍需要较多　　　　　　　　 D. 非常需要,几乎没得到
  E. 说不清或自己不需要

10. 对您个人而言,您最需要政府加大哪些方面的公共支出( )多选题、按重要性排序、不必全选。
  A. 基础教育　　B. 职业教育　　C. 基本医疗　　D. 大病保险
  E. 养老保险　　F. 失业保险和救济　G. 基础设施　　H. 低保
  I. 其他_____　J. 已足够,不需要

续表

11. 您感觉我国公共财政支出在各省份、各地区之间(发达地区与欠发达地区)的平衡程度为(　)**单选题**。
　　A. 已经比较公平　　　　　　　　B. 各省份、各地区间有差异但不太大
　　C. 各省份、各地区间差异比较大　　D. 各省份、各地区间差异非常大
　　E. 说不清
12. 您感觉我国公共财政支出在城乡之间的平衡程度为(　)**单选题**。
　　A. 已经比较公平　　　　　　　　B. 城乡间有差异、但不太大
　　C. 城乡差异比较大　　　　　　　D. 城乡差异非常大
　　E. 说不清

衷心感谢您的参与!

注：网络发放版与面对面发放版以及三次调查所用的问卷在排版格式上稍有不同，但内容基本一致。

第二节　调查过程及结果

一、调查过程

问卷调查共计进行了三次，时间分别为2015年6—12月、2017年3—7月、2019年6—11月。如上节所设计，问卷发放主要采用网络发放与面对面发放两种，其中网络发放主要利用"问卷星"软件编辑问卷，并通过微信、QQ、电子邮件三个渠道；面对面发放主要是集中在海南、广西、广东、甘肃四省份。一方面是调查者所属单位的平台在上述四省份拥有较多的财政制度与政策的专家资源，本项目专业性较强，专业人士的意见更具有研究性；另一方面，上述四省份既有发达省份也有欠发达的、西部的省份，代表性较强。

二、初步调查结果及筛选情况

共回收问卷1 332份，针对下述情况进行剔除：

(一) 剔除不符合答题规范的问卷

剔除不符合题型规范的问卷，包括：漏答、单选题以多选回答、排序题

以不排序回答、不填基本信息而直接作答；剔除第 4 题选择"以上皆是"后，仍然选择其余选项的问卷；剔除第 6 题选择"都不重要""都一样重要""说不清"后，其余选项仍然选择作答的问卷；剔除第 7 题选择"都不重要""都一样重要""说不清"后，其余选项仍然选择作答的问卷。

（二）剔除答题随意性问卷

剔除在本课题第 5、6、7、10 四个排序多选题中，均出现按顺序选择的问卷；剔除全部问题都是全选的问卷；剔除全卷所有选择题都只选 1 个选项的问卷，如都选 A。

（三）剔除前后矛盾的问卷

剔除在第 6 题中认为"财政收入"是不重要的（O 选项被选中），第 7 题中认为"财政支出"重要（A—K 选项中有任一被选中），但在第 8 题"财政收入与财政支出哪个更重要"中却认为"财政收入比财政支出更重要"（A 选项被选中）的问卷；剔除在第 6 题中认为"财政收入"是重要的（A—N 选项中有任一被选中），第 7 题中认为"财政支出"不重要（L 选项被选中），但在第 8 题"财政收入与财政支出哪个更重要"中却认为"财政支出比财政收入更重要"（B 选项被选中）的问卷。

三、有效问卷构成

（一）有效问卷构成

共回收问卷 1 332 份，剔除不合格问卷 129 份，有效问卷共计 1 203 份，有效率为 90.32%。从地域构成来看，调查地点是否足够分散是调查分析结果是否科学的重要判断依据，而本调查分析中尽管西藏所回收的调查问卷数量不多，但整个调查分析实现了内地所有省、自治区、直辖市的全覆盖，并且除了开展面对面调查的海南、广西、广东、甘肃四省份外，其余省份所获有效问卷都较为平均，本调查分析的各省份构成情况如图 5.1。

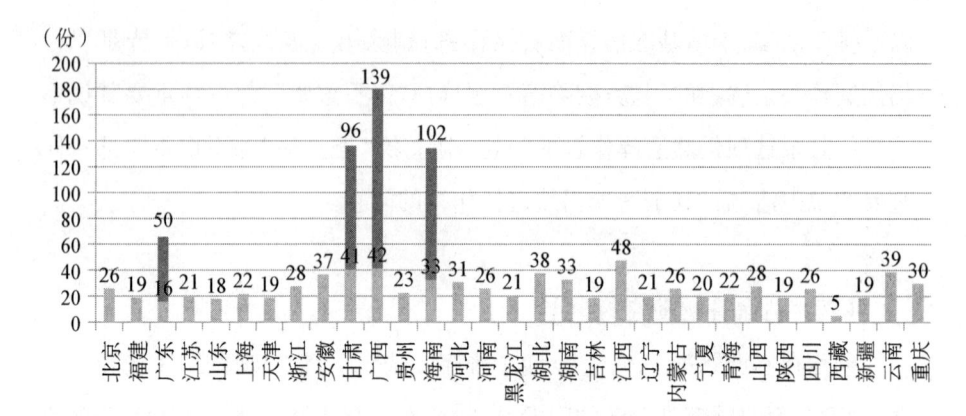

图 5.1 调查问卷的省份构成

资料来源：根据笔者调查结果整理

由图 5.1 可见，问卷调查对象覆盖面广。调查问卷的发放方式以网络形式为主，共计 814 份为网络发放，占比 67.6%，但"面对面"的占比也不低，共回收面对面发放的有效问卷 389 份，占比 32.3%。

（二）被调查者基本信息构成

由表 5.2 可见有效问卷中被调查者基本信息的构成情况。

表 5.2　　　　　　　　被调查者基本信息构成情况

性别构成	男性/女性	男性			女性		
	绝对数	599			604		
	比例	49.7%			50.2%		
年龄构成	年龄段	18岁以下	18—25岁	26—30岁	31—40岁	41—50岁	51—60岁	61岁以上
	绝对数	20	425	239	353	84	46	36
	比例	1.6%	35.3%	19.8%	29.3%	6.9%	3.8%	2.9%
职业构成	职业类型	公务员、事业单位、国企一般人员	公务员、事业单位、国企领导/管理人员	企业（非国企）一般人员	企业（非国企）管理人员	务农农民		
	绝对数	450	95	239	77	20		

续表

职业构成	比例	37.4%	7.8%	19.8%	6.4%	1.6%
	职业类型	进城务工农民	学生	个体户、自由职业者	退休、下岗、无业人员	其他
	绝对数	18	184	39	43	38
	比例	1.4%	15.2%	3.2%	3.5%	3.1%

省份构成	省份	沿海与发达省区市(北京、天津、山东、江苏、上海、浙江、福建、广东)		非发达省区市(除左列之外的省区市)	
	绝对数	219		984	
	比例	18.2%		81.8%	

城乡构成	属地性质	城市	县城、镇	乡、村
	绝对数	813	153	237
	比例	67.5%	12.7%	3%

学历构成	学历	九年义务教育及以下	高中、中职	大学专科、本科	研究生及以上
	绝对数	43	77	741	342
	比例	3.5%	6.4%	61.5%	28.4%

年收入构成	收入段	3万以下	3—5万	6—10万	11—20万	21万以上
	绝对数	370	206	229	246	152
	比例	30.7%	17.1%	19.0%	20.4%	12.6%

资料来源：根据问卷调查结果整理

被调查者的性别构成基本上男女各一半的比例,符合自然性别规律;年龄构成中18—40岁的人占主体,未成年18岁以下的和退休61岁以上的占比非常小;从职业构成看,"公有单位"人员,占比45.2%,这个群体对我国公共财政制度了解度相对较高(职业构成也有不足之处,例如学生比例偏高,占15.2%,原因在于学生人员较易于配合答卷,另外,务农农民、进城务工农民的数量偏少,也影响了后续关于农村状况的调查结果);省份构成则较为合理(图5.1),但受限于课题组成员所在地区,问卷的省份构成中更大的比例是非发达省份,而发达省份较少;城乡构成上,城市的比例较大(67.5%),但由于城市被调查者文化程度较高,更能回答好专业性较强的本次调查,因此比例稍偏高也是合理的;学历构成上,同样考虑到所研究问题专业性较强,发放问卷时倾向于发送给高学历人群,从结果上看90.1%的被调查者具备大学以上学历;从年收入构成看,各收入段较为平均,而3万元以下的比例稍大,所以结果更多会反映出"尚不具备中等收入的人对进入中等收入人群的看法"。总体看,问卷调查对象的所在地比较分散,所获数据较为科学,可以进行下一步的分析。

第三节　问卷调查结果分析

一、对中等收入群体身份认定的分析

本调查研究中涉及中等收入人群认定的主要是第3题和第4题,第3题是从被调查者主观感受来直接地判定自己是否属于中等收入人群,而第4题侧重调查的是判定标准。

(一) 从收入角度对中等收入群体的判定

对于中等收入的判定最直观的依据应当是个人收入,根据被调查者主观感受来直接地判定自己是否属于中等收入人群(第3题),结合被调查者的年收入情况,制成表5.3。

表5.3　各种年收入情况下被调查者对自身是否属于中等收入人群的调查情况

年收入	总人数/占本收入层级的比重	已达到	没达到	超过	说不清
3万元以下	370 100%	0 0%	335 90.5%	0 0%	35 9.4%
3万—5万元	206 100%	2 0.9%	193 93.6%	0 0%	11 5.3%
6万—10万元	229 100%	32 13.9%	191 83.4%	0 0%	6 2.6%

续 表

年收入	总人数/占本收入层级的比重	已达到	没达到	超过	说不清
11万—20万元	246 100%	37 15.0%	172 69.9%	3 1.2%	34 13.8%
21万元以上	152 100%	56 36.8%	69 45.3%	16 10.5%	11 7.2%

资料来源：根据调查问卷分析整理。

由表5.3可见，年收入在3万元以下的，没有任何被调查者认为自己是中等收入人群，年收入5万元以下的也只有0.9%认为自己是中等收入人群，因此年收入达不到5万元的人基本上不属于中等收入人群。同样地，排除只有少数人的选项（年收入在11万—20万元的人中有1.2%认为自己已经超过中等收入），年收入21万元以上的被调查者中有10.5%的认为已经超过中等收入。

(二) 从综合角度对中等收入群体的判定

对于中等收入的判定不能仅仅依据个人收入，应当从多方面、综合的角度进行判定，本问卷的第4题侧重从综合角度来衡量中等收入的判定标准。第4题是非排序多选题，各选项的被选中比例是："个人收入是否比其他人高"占比18.2%、"个人收入在社会中的比例"占比53.2%、"城镇职工养老保险人均支出"占比32.3%、"获得医疗、教育、保障的多少"占比40.5%、"社会地位"占比20.9%、"以上皆是"占比27.7%、"其他标准"占比7.3%。

由调查结果可见，被调查者衡量自身是否是中产阶层并不仅仅以收入水平来判断，而是从综合角度来判断，其中社会福利水平已成为重要的主观判定依据。首先，选项"个人收入是否比其他人高"从另一个角度而言是"绝对收入"的衡量方式，被选中比例仅仅为18.2%，是除了"其他标准"外占比最低的。其次，社会福利水平已成为被调查者判断自身是否属于中产阶层的重要依据，选项"城镇职工养老保险人均支出""获得医疗、教育、保障的多少"被选中比例之和为61.4%。再次,有选项"以上皆是"被选中比例为27.7%,也是比较高的。

二、公共财政"扩中"作用的问卷分析

本部分是从调查结果的角度来分析被调查者是否认为公共财政能对"扩中"产生作用,财政收入与财政支出哪一个作用更大,并且是哪个具体分项产生的作用更大。本问卷调查公共财政"扩中"的作用主要是第6、第7、第8题,第6题是分析财政收入对"扩中"的作用,第7题是分析财政支出对"扩中"的作用,第8题是比较财政收入与财政支出对"扩中"作用的大小。三个题目的调查,是为了在后续分析中找出对"扩中"作用最大的财政项目。

(一)公共财政收入不同项目对"扩中"的作用

公共财政收入各细项对扩中的作用反映在问卷的第6题,第6题是非必要全选的排序题,采取"选项平均综合得分"进行分析。首先在第6题中,选择"都一样重要"、"都不重要"、"说不清"三者的比例分别为5.3%、1.4%、10.8%,但选择上述三项后就不能同时选择其余选项,即选择上述三者无法通过"选项平均综合得分"来分析出财政收入各细项对扩中的作用。故计算第6题选项平均综合得分时,排除上述3项,剩余13项,权值最大为13,最小为1。最终,13个财政一般公共预算收入项目的选项平均综合得分情况如下:"国内增值税"平均综合得分为11.37、"国内消费税"为11.43、"企业所得税"为10.94、"个人所得税"为12.07、"进口货物增值税、消费税"为9.57、"出口退税"为7.83、"城市维护建设税"为8.11、"车辆购置税"为9.24、"印花税"为7.14、"资源税"为6.32、"土地和房地产相关税收"为8.75、"环境保护税"为5.02、"车船税、船舶吨税、烟叶税等其他各项税收"为6.31。由平均综合得分可见,财政一般公共预算收入各分项对"扩中"作用的主观感受差距很大,从问卷结果看被调查者反映发挥作用的项目主要集中在个人所得税、国内消费税、国内增值税、企业所得税四项,其余项目的作用不大。其中,最突出的是个人所得税,在作为对"扩中"作用最大的因素

中,有503个被调查者选择了个人所得税,占比41.8%,而排名第二的国内增值税占比15.6%,两者有接近3倍的差距。

(二) 公共财政支出不同项目对"扩中"的作用

对第7题的分析方法与第6题同理,第7题中选择"都一样重要"、"都不重要"、"说不清"三者的比例分别为5.9%、1.2%、5.8%,选择上述三者无法通过"选项平均综合得分"来分析出财政支出各细项对"扩中"的作用。计算第7题选项平均综合得分时,排除上述3项,剩余10项,权值最大为10,最小为1。最终,10个财政一般公共预算支出项目的选项平均综合得分情况如下:"教育支出"平均综合得分为9.48、"科学技术支出"为7.94、"文化旅游体育与传媒支出"为7.35、"社会保障和就业支出"为8.29、"卫生健康支出"为8.64、"节能环保支出"为5.64、"城乡社区支出"为5.86、"农林水支出"为4.40、"交通运输支出"为5.42、"债务付息支出"为4.63。

由平均综合得分可见,被调查对象认为财政支出中发挥"扩中"作用的主要有三项,作用大小依次是教育支出、卫生健康支出、社会保障和就业支出,三者的平均综合得分都是8.00以上。除上述3项外,科学技术支出和文化、旅游、体育与传媒支出的平均综合得分也达到7.00以上,对"扩中"也存在一定的作用。

(三) 公共财政收入与公共财政支出对"扩中"作用的比较

第8题涉及对财政收入与财政支出"扩中"作用的大小的比较,该题是单选题,可以直观地比较被调查者认为财政收入与财政支出对"扩中"的作用,以及作用孰大孰小。出乎意料的是1 203份有效问卷结果中有115个人,即12.8%的被调查者选择了"说不清",可见普通公众对于我国财政一般公共预算方面的情况并不了解;有1.3%即16个人选择了两者都不重要,这一比率非常低。

对于两者对"扩中"作用的比较,419位被调查者认为两者同样重要,而其占比为34.8%,是各选项中占比最高的。有119位(占比16.5%)的被调查者认为财政收入更重要,有414位(占比34.4%)的被调查者认为财政支出更重要,认为财政支出更重要的是认为财政收入更重要的1.5倍。原因可能在于我国的财政税收以间接税为主,居民的税感不直接,而财政支出中民生支出是居民能有直观感受的。另外,第6题的结果也辅助说明了原因,关于财政收入对扩中作用有10.8%的被调查者选择"说不清",而关于财政支出对扩中作用只有5.8%的被调查者选择"说不清",可见公众对财政支出的感受度高于财政收入的感受度。

(四)调查结论小结

由选项平均综合得分的计算及调查结果的比例,几乎全体被调查者都认可一般公共财政预算会对扩中产生作用,其中大部分被调查者认为财政支出对扩中的作用比财政收入作用更大。财政收入对扩中作用最突出的是个人所得税,财政支出对扩中作用最大的是教育支出、卫生健康支出、社会保障和就业支出。

三、公共财政支出的充分性及需求分析

公共财政支出充分性是一个比较专业的问题,通常只能通过专家访谈的方式探究问题的根源,问卷调查的方式只能是基于个人感知的层面,故对于这个问题本调查研究也是针对个人感知层面,并不通过调查来探究原因。

(一)公共财政支出的充分性

关于公共财政支出的整体充分性的调查主要是问卷的第9题,该题是从个人需求的程度来进行充分性判断的,具体结果见图5.2。

由图可见,除了"说不清或自己不需要"外,被调查者对于公共财政支出充分情况呈现出"梭子形"状态。即两头"已足够多,很满意"以及"非常需要,几乎没得到"的比较少,而中间"稍微不足"、"仍需要较多"占主体,其中"仍需要较多"接近半数,说明我国公共财政支出的整体充分性仍然有较大程度的不足。

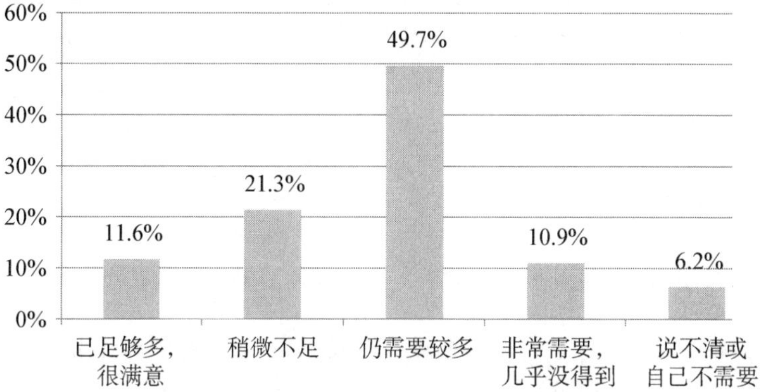
60%
50%
40%
30%
20%
10%
0%
11.6%
21.3%
49.7%
10.9%
6.2%
已足够多，很满意
稍微不足
仍需要较多
非常需要，几乎没得到
说不清或自己不需要

图 5.2　公共财政支出的整体充分性情况

资料来源：根据调查结果计算整理

（二）不同群体对公共财政支出充分性的主观感受差异

在分析公共财政支出整体充分性的基础上，从性别、职业、年龄、地区、城乡、收入、学历六个角度看调查对象对公共财政支出充分性的主观感受。由表 5.4 可见，由于本身样本选择的比例就不完全均衡，所以每一级量表下的结果差异不是太大，故选取“梭子形”的两头：“已足够多，很满意”以及“非常需要，几乎没得到”进行比较分析，以直观地显示出差异。

表 5.4　公共财政支出的充分性情况

分项		已足够多，很满意	非常需要，几乎没得到	比例差值	说　明
性别	男性	57.2%	44.0%	13.2%	无
	女性	42.8%	56.0%	−13.2%	无
职业类型	公有制职业	69.2%	29.3%	39.9%	指：公务员、事业单位、国企领导/管理人员；公务员、事业单位人员、国企一般人员
	非公有制职业	30.8%	70.7%	−39.9%	指：企业（非国企）管理人员；企业（非国企）一般人员；务农农民；进城务工农民；学生；个体户、自由职业者；退休、下岗、无业人员；其他

续 表

分项		已足够多，很满意	非常需要，几乎没得到	比例差值	说　明
年龄	年轻人	42.0%	45.3%	−3.3%	指：30岁以下
	年长人	58.0%	54.7%	3.3%	指：31岁以上
省份	发达省区市	16.4%	26.7%	−10.2%	指：北京、天津、江苏、上海、浙江、山东、广东、福建
	欠发达省区市	83.6%	73.3%	10.2%	指：上述以外的内地其他省区市
城乡	城镇	71.4%	61.3%	10.1%	指：城市、县城、镇
	农村	28.6%	38.7%	−10.1%	指：乡、村
收入水平	高收入	74.3%	74.7%	−0.4%	指：20万元以下
	低收入	25.7%	25.3%	0.4%	指：21万元以上
学历	低学历	8.5%	11.9%	−3.4%	指：大学本科及专科以下（不含）
	高学历	91.5%	88.1%	3.4%	指：大学本科及专科以上（含）

资料来源：根据调查结果计算整理

如前述方法，表 5.4 第 3 列是在被调查者选择选项"已足够多，很满意"的情况下各种分项的选择比例，第 4 列是在被调查者选择选项"非常需要，几乎没得到"的情况下各种分项的选择比例，从第 5 列即两者比例的变化中可以直观地看出哪种类型的被调查者对自己获得公共财政支出的充分性更为不满，即负数绝对值越大越为不满。依次可见不同类别人群对财政支出充分性的主观感受：从性别来看，男性对公共财政支出比女性更能得到满足，女性比男性更缺乏公共财政支出满意度；从职业类型来看，公有制职业远比非公有制职业获得公共财政支出更充分；从年龄来看，年轻人与年长人的充分性差别不大；从省份来看，欠发达省区市反而更为充分，可能在于发达省区市生活成本更高，尽管其获得公共财政支出的绝对数比欠发达省区市更大，但其却更需要提高公共财政支出的获得水平；从城乡来看，城镇比农村获得公共财政支出的充分性稍强；从收入水平来看，高收入与低收入充分性上的差别不大；从学历来看，高学历者更容易认为自身获得公共财政支出的充分性不足。

(三) 对公共财政支出项目的需求

问卷的第 10 题是关于公众对公共财政支出具体需求的问题,第 10 题的 10 个选项并不采用我国财政部对公共财政支出的官方划分标准,而是直接细化具体的需求。该题是非必要全选的排序题,因此同样以 SPSS 软件计算"选项平均综合得分"法进行分析。调查结果中,选项"已足够不需要"在 1 203 份有效问卷中仅有 3 份勾选,占比仅为 0.2% 可忽略不计,可以说全体被调查者都对公共财政支出有所需求。具体各项公共财政支出共计 9 项,故权值最大为 9,最小为 1。选项的"选项平均综合得分"结果计算如下:"基础教育"平均综合得分为 7.67、"职业教育"为 6.77、"基本医疗"为 8.00、"大病保险"为 7.49、"养老保险"为 6.45、"失业保险和救济"为 5.10、"基础设施"为 4.63、"低保"为 3.36、"其他"为 2.17。

由平均综合得分可见,被调查者比较需要的公共财政支出是基本医疗、基础教育、大病保险、职业教育、养老保险。尽管本题对需求的划分没有按照我国财政部的官方标准,但与第 7 题关于财政支出各细项对"扩中"作用的结果是类似的:公众的需求以及对"扩中"作用较大的是医疗、教育、社保方面的财政支出。

(四) 本部分调查结论小结

从被调查者的主观感受看,我国公共财政支出从整体来看仍然有较大的不充分性,半数的被调查者认为仍需要更多的公共财政支出。从不同类别的调查对象看,男性、公有制职业者、欠发达省区市人口、城镇人口比女性、非公有制职业者、发达省区市人口、农村人口感到获得了更充分的公共财政支出。公众的对公共财政支出的需求主要在医疗、教育、社保方面。

四、公共财政对"扩中"的平衡性分析

(一) 地区间平衡性

对于公共财政在各地区之间的平衡性问题同样专业性较强,调查问卷

这一分析方式只能侧重于从被调查者主观认知的角度来看是否平衡，问卷中第 11 题是直接以被调查者主观感受来判断公共财政支出在各省份、地区之间的平衡程度。

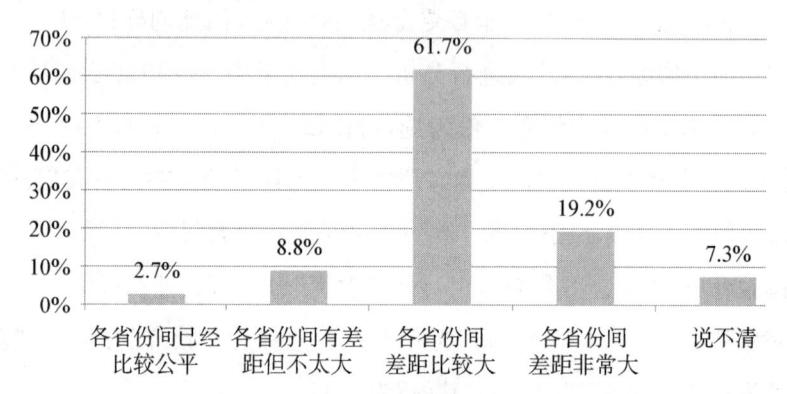

图 5.3 公共财政支出的地区平衡性的调查结果

资料来源：笔者根据调查结果计算整理

数据：各省份间已经比较公平 2.7%；各省份间有差距但不太大 8.8%；各省份间差距比较大 61.7%；各省份间差距非常大 19.2%；说不清 7.3%

由图 5.3 可见，被调查者对公共财政支出的看法通常呈现出"梭子形"，其中超过六成的人认为公共财政支出在各省份之间的差异比较大。然而，仅凭被调查者的主观判断并不全面，应当结合第 9 题在对公共财政支出各种满意程度下，根据被调查的所属省份情况来辅助分析地区差异性。由图 5.2 可见，欠发达省份的被调查者比发达省份感觉所获得的公共财政支出更充分，这似乎不符合常理，原因可能在于发达省份生活成本更高，尽管其获得公共财政支出的绝对数比欠发达省份更大，但其却更需要提高公共财政支出的获得水平。并且，欠发达省份所获得的财政转移支付相比地区的工资收入及物价而言，力度是非常大的，例如在西藏、新疆、宁夏等省级行政区。而公众对于经济不发达地区往往存在"思维定式"，似乎经济落后就觉得在任何领域都是落后的，有可能在不同省份所获得的公共财政支出绝对数是有差距，但是相对于本省收入水平而言，地区的差距并没有那么大。

（二）城乡平衡性

对城乡平衡性的调查分析方法与地区平衡性同理，首先从问卷中第 12

题中以被调查者主观感受来判断公共财政支出在城乡之间的平衡程度,结果如图5.4所示。

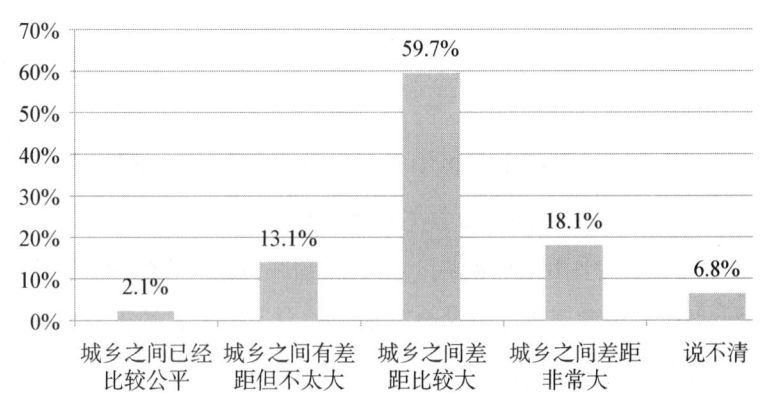

图 5.4　公共财政支出的城乡平衡性的调查结果

资料来源:根据调查结果计算整理

从调查结果来看,除去无法比较出城乡差距(选择"说不清"的)的被调查者,城乡平衡性的整体调查结果与地区平衡性相同,但在差距较大、非常大的程度上看,城乡的平衡程度较地区的平衡程度有所缓和。从第9题的结果,结合被调查者的城乡身份来看,城市、县城与镇、乡与村各级对城乡不均衡的感知并没有呈现出规律性(如表5.5)。

表 5.5　城乡各级被调查者对自身所获公共财政支出的满意度情况

	已足够多, 很满意	稍微不足	仍需要较多	非常需要, 几乎没得到	说不清或 自己不需要
城市	12.3%	21.1%	51.5%	9.1%	5.7%
县城、镇	3.7%	23.2%	47.1%	16.9%	8.8%
乡、村	14.3%	20.6%	45.5%	13.0%	6.3%

资料来源:根据调查结果计算整理

上述无规律情况的原因可能在于农村地区的文化程度不高,对于问题的理解度、把握性不强。另外,在农村地区生活成本较低、可供比较的参照对象数量有限,因此对自身获得的公共财政支出更容易感到满足。

(三)调查结论小结

我国公共财政支出在地区之间与城乡之间仍有较大程度的不平衡,但欠发达省份的被调查者与农村地区被调查者对自身享受到的公共财政支出更容易感到满足,反而越是发达省份和城市地区的被调查者越是感到自身享受到的公共财政支出不充分。

本章是从调查的角度来分析中等收入群体如何界定问题、公共财政对于"扩中"是否有作用问题,并且哪些具体项目的作用更突出,以及我国公共财政在"扩中"过程中面临的问题。上述问题在调查中的结果是:第一,社会福利水平已成为被调查者判断自己是否是中等收入者的重要依据;第二,被调查者普遍认可公共财政对于"扩中"是能起到一定作用的;第三,从被调查者的主观感受看,财政支出对"扩中"的作用比财政收入作用更大,其中被认为作用最突出的是教育支出、卫生健康支出、社会保障和就业支出三项,且公众对公共财政支出的需求也同样集中在医疗、教育、社保方面;第四,我国公共财政支出仍存在较大的不充分、不平衡状况。

本章的调查分析结论与上一章的理论分析结论相一致,即都认为公共财政支出对于"扩中"是有正向作用的。其中,主观感受"扩中"作用最突出的医疗卫生财政支出、教育财政支出、社会保障和就业支出,将在下一章中通过实证分析加以研究验证。

第六章 我国公共服务财政支出"扩中"作用的实证研究

本章将通过利用2001—2016年我国22个省级行政区[①]的中等收入群体比重和公共服务财政支出的面板数据，对公共服务财政支出变化给中等收入群体比重带来的影响进行实证分析。

第一节 中等收入群体比重的测算

一、测算方法说明

中等收入群体的划分标准是其数值测算的最大难题。我国40多年改革开放带来的经济社会的巨大转变，是合理确定中等收入标准的另一个重大难题。从当前文献看，衡量中等收入群体的方法主要有两类：第一类是绝对收入法，比如中国统计局采用家庭年收入9万—45万元作为中等收入群体的标准，又比如世界银行采用每人每天10—100美元的购买力平价（PPP法）标准；第二类是相对收入法，比如采用收入中位数的50%—200%作为标准。从本书的实际需求看，两种方法均不合适。绝对收入法面临的主要问题是人民币的购买力变化差异，尤其是在本书选择不同省份，且时间跨度超过十年作为样本的情况下。同样的工资，十年前与十年后的购买力差异很大，用CPI指数也很难平抑差异。即使在同一年份，北京、上海等一

[①] 31个省、自治区、直辖市中有些省份数据难以完整收集。22个省级行政区具体情况见后文。

线城市与西部不发达地区的农村相比,等额现金的购买力也差异巨大。相对收入法主要强调对收入分配结构的影响。对于我国近年来为推进基本公共服务均等化和减少贫困上的大量财政支出而言,这些支出不仅是在收入分配结构上产生了重要的影响,更重要的是整体提高了社会最低收入群体的生活保障。如果采用相对收入法,容易低估财政支出在这些方面的影响。

本书采用"购买力平价"的方法衡量中等收入群体,即中等收入群体的收入标准以"城镇职工养老保险人均支出"为基准线。原因在于:首先,这一指标既对中等收入有很高的代表性,又可以在很大程度上消除不同地区间购买力差异的影响。城镇职工养老金与工资直接挂钩,两者的变化总体保持同样的趋势。其次,城镇职工养老保险是一种国家通过立法主办,以企业、个人和政府补贴为主要筹资来源的社会养老保险制度。尽管城镇职工养老保险在历史发展中面临碎片化、空账、转轨成本等多种问题,但在相当长的一段历史时期,城镇职工养老保险的参保对象主要是国有企业员工、事业单位员工、大型私营企业员工等。进入 21 世纪以来,相对于其他群体,领取城镇职工养老保险金的群体,工资收入和社会地位相对稳定,这一群体中大多数被看成是中等收入群体或中产者。第三,国家在政策上对养老金十分重视,不仅在资金上每年财政均有预算支持,而且在养老金的水平上,每年都会有所调整。至 2018 年,全国层面的基本养老金已经连续 14 年上调,各省市地方基本养老金也每年相应调整一次以上。这使得养老金支出与真实购买力之间有非常高的相关性。因此,这里实际上是采用了按购买力平价的方法计算的收入标准来测算不同地区的中等收入群体的比重,而购买力平价是以各地养老保险金人均支出为标准的。把养老金人均支出作为"购买力平价"的中间收入标准线,可以在一定程度上消除各地区同等货币收入的不同购买力差异,并且从本章后面得出的 22 个省级行政区中等收入群体收入标准范围的绝对值和各省份情况看,符合常识,比较容易被接受。

二、数据来源和变量的描述性统计

本书收集了 2001—2016 年间 22 个省级行政区的居民可支配收入统计

数据,因为不同省份不同年份的统计方式不同,因此本书并未收集到完整的31个省份16年的491个数据,仅仅是收集到22个省级行政区的247个数据。所有数据均来自省级统计局公布的地方统计年鉴,所有变量的描述性统计如表6.1所示。

表6.1　22个省级行政区居民可支配收入数据的描述性统计(单位:个,元)

地区	有数据的年份数	数据数量	平均数(元)	标准差(元)	极大值(元)	极小值(元)
北京	13	120	23 395	18 780	105 425	2 614
河北	10	62	20 416	12 097	52 787	4 448
山西	3	30	18 233	13 741	54 191	2 719
内蒙古	15	117	17 437	14 574	66 014	85
辽宁	16	104	17 953	14 843	61 905	2 034
上海	12	102	23 074	17 631	93 901	2 761
江苏	16	174	17 089	16 266	84 072	1 558
浙江	8	94	20 608	17 699	86 292	1 864
安徽	16	104	16 087	12 539	61 736	1 943
福建	14	164	13 848	13 377	70 411	1 360
江西	14	160	12 367	10 554	54 342	1 017
河南	11	86	19 178	12 702	58 966	3 593
湖北	8	48	22 753	13 973	61 157	5 002
广东	15	169	16 924	16 061	75 418	1 594
广西	11	128	11 838	11 389	64 993	973
海南	7	58	19 336	14 698	58 793	2 554
重庆	16	169	12 695	10 778	54 409	1 177
四川	16	152	11 343	10 616	56 224	1 050
陕西	7	50	17 239	11 833	52 000	2 400
甘肃	5	58	11 614	10 051	38 563	1 128
青海	5	36	20 448	16 021	69 414	2 751
宁夏	9	63	19 782	13 991	60 229	3 086
共计	247	2 248	16 609	14 529	105 425	85

收入分配数据均为城市居民人均可支配收入的五等份或七等份数据,以及农村居民纯收入或可支配收入的五等份数据。其中,北京地区2015—2016年的收入分配数据是基于全体居民的人均可支配收入五等份数据。浙江统计年鉴2003—2006年的城市收入分配数据是月人均收入,这里将其

乘以 12 以对应其他年人均收入的数据;河南统计年鉴中的农村收入数据为总收入,而不是其他统计年鉴上的可支配收入或者纯收入。尽管全部 22 个省级行政区一共收集到了 247 个年份的数据,但是农村收入分配数据较城市少得多。除北京 2015—2016 年的数据是全体居民外,有数据的年份中城市数据有 247 个,而对应的农村数据有 142 个。

通过中国统计年鉴,笔者找到了完整的 22 个省级行政区在 16 年间所有的城镇居民养老保险支出和离退休人员参加养老保险人数。将两数相除,即得出人均养老保险支出,将其作为中等收入群体的"收入"(按"购买力平价"法)计算标准。公式如下:

$$人均养老保险支出 = \frac{城镇居民养老保险支出}{离退休人员参加养老保险人数} \quad (6.1)$$

根据计算,其对应的 247 个地区-年份的描述性统计如表 6.2 所示。

表 6.2　22 个省级行政区人均养老保险支出数据的描述性统计(单位:个,元)

	数据数量	平均数	标准差(元)	极大值(元)	极小值(元)
人均养老保险支出	247	17 680	7 836	53 718	4 737

此外,还需要城乡居民的人数,以加权平均得到全地区的中等收入群体占比。然而,2001—2004 年,根据统计年鉴,并没有城乡常住居民的统计。只有根据户籍情况的统计。考虑到两种统计方式的差异性,本书以地区 2005—2009 年的平均城市化速率为基准,估计了这 4 年的城乡居民人数。作为绝对收入法计算中等收入群体比重的参考,使用 2001—2016 年各省的 CPI 数据进行平减。

三、中等收入群体比重的计算方法

计算中等收入群体的比重,第一步是计算收入水平与收入等级之间的函数关系,由于收入分配的不均等性,收入等级越高,收入增长的速度就越快。因此,采用指数函数的方式拟合收入水平和收入等级的关系,基本假设方程如下：

$$y = \delta e^{\theta \text{rank}} \quad (1)$$

其中 y 代表收入，rank 代表收入等级，rank $\in (0,1)$，比如说当 rank $= 0.35$ 时，y 即为全样本中，收入排序从低到高第 35% 的人的收入；同样当 rank $= 0.5$ 时，y 即为样本的中位数。δ 代表截距，即最低收入者的理论收入。θ 代表随着收入等级的提高，收入的增长速度。

将(1)式两边取对数可得：

$$\ln(y) = \theta \text{rank} + \ln(\delta) \quad (2)$$

(2)式即为收入水平与收入等级之间的拟合方程。如果将五等分数据取对数带入 $\ln(y)$，根据五等分定义，rank 分别取 $(0.1, 0.3, 0.5, 0.7, 0.9)$。如果将七等分数据取对数带入 $\ln(y)$，根据七等分定义，rank 分别取 $(0.05, 0.15, 0.3, 0.5, 0.7, 0.85, 0.95)$。

对(2)求解拟合方程，根据极大似然法确定 θ^* 和 δ^*。即

$$\widehat{\ln(y)} = \theta^* \widehat{\text{rank}} + \ln(\delta^*) \quad (3)$$

假定中等收入群体的收入范围应当在人均养老保险支出（AP）的 α 倍到 β 倍之间。其中 α 是下限倍数，β 是上限倍数。因此，中等收入群体的上下限边界收入等级应为：

$$\text{rank}_L = \ln\left(\frac{\alpha AP}{\delta^*}\right)\Big/\theta \quad (4)$$

$$\text{rank}_H = \ln\left(\frac{\beta AP}{\delta^*}\right)\Big/\theta \quad (5)$$

其中 rank_L 代表中等收入群体的下界，rank_H 代表中等收入群体的上界。将(5)式减去(4)式即为中等收入群体占比。

作为对比，引入绝对收入法和相对收入法作为中等收入群体测算方法的参照。此时，以绝对收入法而言，如果用购买力平价的 M, N 收入作为中等收入的下限和上限，各年份收入按 CPI 平减。此时，中等收入群体占比的

计算方式为：

$$\text{rank}_H - \text{rank}_L = \ln\left(\frac{N}{\delta^*}\right)\Big/\theta - \ln\left(\frac{M}{\delta^*}\right)\Big/\theta \tag{6}$$

同样，如果用相对中位数 medium 的 P，Q 倍作为中等收入的下限和上限，此时，中等收入群体占比的测算公式为：

$$\text{rank}_H - \text{rank}_L = \ln\left(\frac{\text{medium}^* Q}{\delta^*}\right)\Big/\theta - \ln\left(\frac{\text{medium}^* P}{\delta^*}\right)\Big/\theta \tag{7}$$

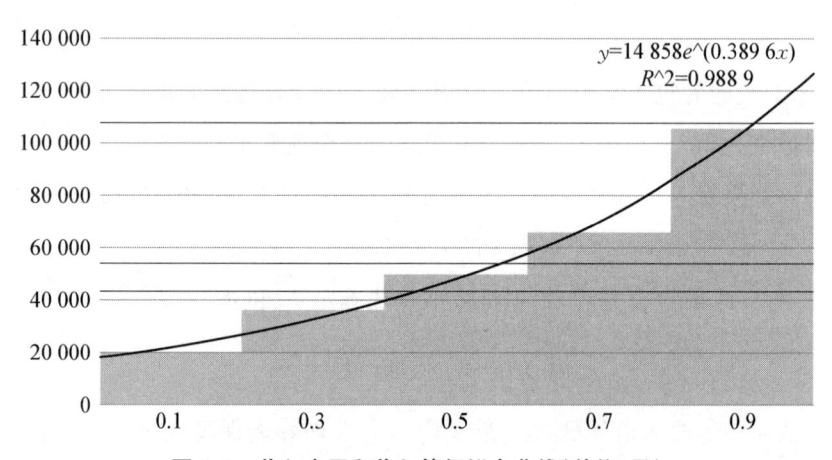

图 6.1 收入水平和收入等级拟合曲线（单位：元）

如图 6.1 所示，X 轴为收入等级 rank，Y 轴为收入水平 y。柱状图显示的是北京市城乡居民 2016 年五等分组的收入情况。其中最低收入组的平均收入为 20 204 元，即显示为 0～0.2 收入等级的居民平均收入为 20 204 元，中低收入组的平均收入为 36 277 元，即 0.2～0.4 收入等级的居民平均收入为 36 277 元，依次类推。将 5 个分组的平均收入（20 204，36 277，49 342，65 555，105 425）代入 y，将 5 个分组的平均收入等级（0.1，0.3，0.5，0.7，0.9）代入 x，采用极大似然法进行回归，可以得出趋势线 $y = 14\,858e^{0.389\,6x}$。其中，$r^2 = 98.9\%$ 代表这种拟合方法是相对较为理想的对收入水平和收入等级拟合的曲线。三条平行于 X 轴的直线分别代表了 2016 年北京市人均养老金支出及其 0.8～2 倍的范围。上下两条平行线与趋势线相

交于 X 轴坐标 0.445 和 0.916 处即 $rank_L$ 和 $rank_H$，故采用 0.8～2 口径的养老保险支出方法计算 2016 年北京市城乡居民中等收入群体占比为 47.1%。

由于(1)式假设的收入和收入等级关系是指数形式的，这个假设对于中间中等收入群体的收入和收入等级的拟合关系比较好，但是在极值部分，靠近最穷和最富的两头，则过于平缓，最穷的人收入是接近于零的，而最富的人收入则能达到平均收入的几千上万倍。在指数关系中，相对于中位数，最富和最穷的人，收入差距仅为处于 25% 和 75% 收入等级的人差距的平方倍。换而言之，如果 75% 收入等级的人收入是 25% 的人的 4 倍，那么最富的人是最穷的人的收入的 16 倍。但现实世界中，这个差距显然更大。基于这个原因，当 α 和 β 取值过于偏大的时候，rank 就会小于 0 或者大于 1。此时，要限定 rank＞1 时，修改为 1，当 rank＜0 时，修改为 0。对于大多数情况而言，由于测算的是中等收入群体，因此是不会触碰边界的。而考虑当处于触碰边界的状态时，最富或最穷的人会被包括在中等收入群体之内，所以估计结果会偏高一点。但实际上，这部分人群的实际数量不会太高，而且很难识别，因此这里没有对这个问题进行调整。

此外，除了直接统计全体居民的收入分配情况外，城乡分别统计的情况要根据城乡人口加权平均，得到地方加权平均后的中等收入群体占比数。然而农村的统计情况并不完整。因此，对于存在农村统计情况的地区，采用加权平均的办法计算中等收入群体占比，对于没有农村统计情况的地区，采用城市中等收入群体占比作为替代变量。因为后面要将中等收入群体与财政支出结构进行面板回归，这两种数据都能反映中等收入群体与财政支出结构的关系。

四、中等收入群体占比测算

根据(4)式和(5)式，对 α 和 β 的数值进行假设，主要有 3 个假设，偏低的假设、中等的假设、偏高的假设。在偏低的假设中，$\alpha=0.6$，$\beta=1.6$；在中等假设中 $\alpha=0.8$，$\beta=2$；在偏高的假设中，$\alpha=1$，$\beta=2.5$。分别对 22 个省级行政区最近一年的数据进行计算，结果如表 6.3 所示。

表 6.3　　基于不同标准假设的中等收入群体比重(购买力平价法)

年份	地区	偏低假设 0.6~1.6倍	中等假设 0.8~2倍	偏高假设 1~2.5倍
2016	北京	50%	47%	44%
2016	河北*	52%	45%	40%
2016	山西	33%	25%	19%
2016	内蒙古	42%	36%	34%
2016	辽宁*	56%	52%	52%
2014	上海*	62%	59%	59%
2016	江苏	48%	42%	39%
2013	浙江	51%	47%	44%
2016	安徽*	49%	45%	45%
2014	福建	45%	37%	33%
2016	江西	51%	43%	38%
2016	河南	50%	40%	34%
2016	湖北*	50%	47%	47%
2016	广东	48%	41%	37%
2013	广西	25%	17%	12%
2016	海南	41%	34%	30%
2015	重庆	51%	42%	38%
2016	四川	33%	25%	20%
2016	陕西	36%	30%	23%
2013	甘肃	25%	22%	17%
2012	青海*	41%	38%	31%
2016	宁夏*	40%	37%	37%
	平均	45%	39%	35%

注：带 * 的省份表示没有农村数据，所以仅用城镇数据作为全省数据，会导致中等收入群体比重高估。

从结果上，尽管改变 α 和 β 对于中等收入群体的整体数据有很大的差异，但是并没有改变省份之间的相对关系，对于之后测算中等收入群体与财政支出结构的关系影响较小。因此，在后文将采用 $\alpha=0.8$，$\beta=2$ 的中等假设来计算中等收入群体占比，以反映财政制度对这一群体的影响。

作为比对，本书给出了基于不同绝对收入标准的中等收入群体测算结果，如表 6.4 所示。

表 6.4　基于不同标准假设的中等收入群体比重(绝对收入法)

年份	地区	偏低假设 2万~5万元	中等假设 4万~10万元	偏高假设 6万~15万元
2016	北京	47%	47%	38%
2016	河北*	56%	27%	2%
2016	山西	32%	14%	2%
2016	内蒙古	37%	22%	9%
2016	辽宁*	52%	34%	11%
2016	上海	50%	53%	39%
2016	江苏	44%	33%	17%
2013	浙江	47%	31%	14%
2016	安徽*	45%	30%	10%
2014	福建	39%	21%	8%
2016	江西	41%	14%	1%
2016	河南	39%	12%	1%
2016	湖北*	47%	30%	10%
2016	广东	45%	30%	15%
2013	广西	22%	9%	0%
2016	海南	35%	17%	6%
2015	重庆	39%	15%	0%
2016	四川	32%	13%	3%
2016	陕西	34%	16%	4%
2013	甘肃	19%	3%	0%
2012	青海*	38%	16%	0%
2016	宁夏*	37%	28%	12%

注：带*的省份表示没有农村数据，所以仅用城镇数据作为全省数据，会导致中等收入群体比重高估。

同样，本书也给出了基于不同相对收入标准的中等收入群体测算结果，如表6.5所示。

表 6.5　基于不同标准假设的中等收入群体比重(相对收入法)

年份	地区	偏低假设 0.5~1.5	中等假设 0.75~2	偏高假设 0.9~2.5
2016	北京	56%	50%	52%
2016	河北*	67%	60%	56%

续　表

年份	地区	偏低假设 0.5~1.5	中等假设 0.75~2	偏高假设 0.9~2.5
2016	山西	55%	49%	52%
2016	内蒙古	47%	42%	44%
2016	辽宁*	62%	56%	56%
2016	上海	64%	57%	56%
2016	江苏	54%	48%	51%
2013	浙江	58%	52%	52%
2016	安徽*	54%	49%	51%
2014	福建	57%	51%	53%
2016	江西	60%	54%	52%
2016	河南	61%	54%	56%
2016	湖北*	56%	50%	52%
2016	广东	59%	53%	54%
2013	广西	57%	51%	53%
2016	海南	50%	44%	46%
2015	重庆	64%	57%	56%
2016	四川	49%	44%	46%
2016	陕西	51%	46%	48%
2013	甘肃	54%	48%	49%
2012	青海*	46%	41%	43%
2016	宁夏*	45%	40%	42%

注：带*的省份表示没有农村数据，所以仅用城镇数据作为全省数据，会导致中等收入群体比重高估。

可以发现，由于对中等收入群体的测算方法和口径不同，中等收入群体的规模差异巨大。然而当从时间序列上进行比较时，就可以非常明显地看出三种测算方法的差异。用全国 2002—2016 年数据在三种测算方法（中等口径）上的结果进行比较可得图 6.2。

可见，绝对收入标准受到经济发展的影响很大，过于突出经济增长的影响，而难以反映收入分配的结果；相对收入标准突出了收入分配的结果，但忽视经济增长的影响；而养老金标准则相对较好地兼顾了经济增长和收入分配。

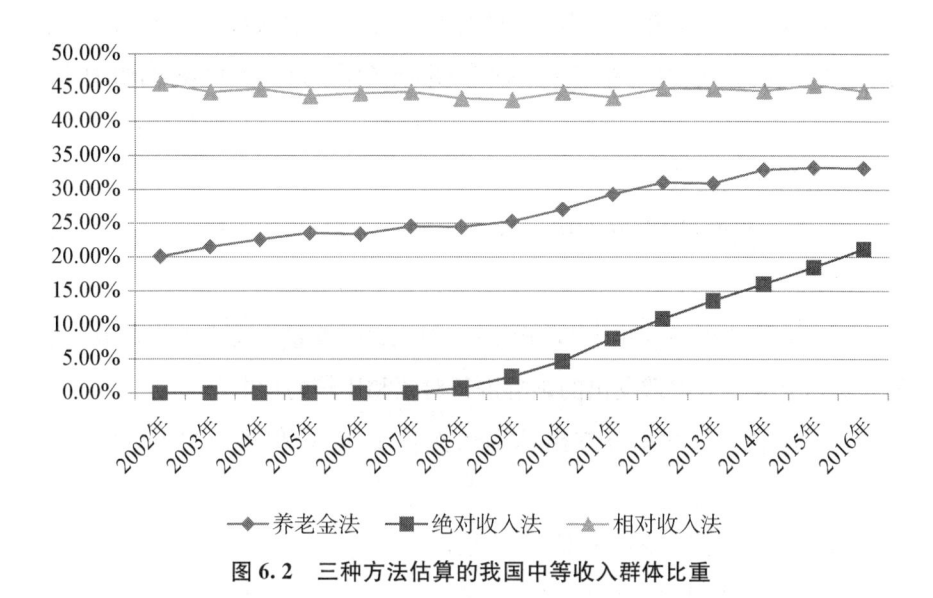

图 6.2 三种方法估算的我国中等收入群体比重

第二节 中等收入群体比重与公共服务财政支出的面板数据分析

根据中等收入群体比重的测算结果,分析公共服务财政支出,教育财政支出、医疗卫生财政支出、社会保障和就业财政支出变化对中等收入群体比重的影响。住房支出也是本书研究的重要支出结构,然而由于分地区住房保障支出的统计数据较少,仅有 2011—2016 年的数据,难以给出稳定的计量结果,所以本节并未给出住房保障财政支出的计量分析。

一、面板模型设定与变量描述性统计

本书主要是计算公共服务财政支出对扩大中等收入群体的影响,因此被解释变量是中等收入群体,解释变量是公共服务财政支出。采用双向固定效应的面板数据模型,基本计量模型如下:

$$MIC_{it} = \hat{a} + \hat{b}X_{it} + \mu_i + \sigma_t + \varepsilon_{it} \tag{6.2}$$

其中 MIC_{it} 代表第 i 省第 t 年的加权平均中等收入群体占比，μ_i 为不可观测的地区效应，目的在于控制省份的固定效应，σ_t 为不可观测的时间效应，是一个不随省份变化而变化的变量，它解释了所有没有被包括在回归模型中与时间有关的效应。

X_{it} 是一组变量，将分别用于计算中等收入群体与财政支出结构的关系，包括：

FPGit，代表财政支出占 GDP 比重，引入这一变量主要出于将财政支出的影响与公共服务财政支出的影响进行对照和比较的考虑；

TPGit，代表公共服务支出（教育、医疗卫生、社保支出之和）占 GDP 比重；

EPGit，代表教育支出占 GDP 比重；

HPGit，代表卫生经费占 GDP 比重；

PPPGit，代表社会保障和就业支出占 GDP 比重。

分析的对象是分别在 22 个省份 2001—2016 年间的共计 247 个数据。除了加权平均的中等收入群体占比 MIC 是由前文测算而来，其余数据均来自中国统计年鉴。地方财政住房保障支出由于在 2011 年以前没有数据，所以没有计入公共服务支出。其中，由于统计口径变化的原因，教育支出在 2006 年及以前使用教育事业费数据；医疗卫生支出在 2006 年以前使用卫生经费数据；社会保障和就业支出在 2006 年及以前使用社会保障补助支出＋抚恤和社会福利救济费数据。此外，公共服务支出比重、教育支出比重、医疗卫生支出比重、社会保障和就业支出比重之所以采取的是占 GDP 比重而不是占财政总支出的比重，主要原因是后者回归分析的拟合度不好，所以最后采用占 GDP 的比重作为替代性指标。在其他条件不变的情况下，这一替代指标同样能反映公共服务财政支出比重、教育财政支出比重、医疗卫生财政支出比重、社会保障和就业财政支出占 GDP 的比重变化对中等收入群体比重变化的影响。

各变量的描述性统计如表 6.6 所示。

表 6.6　　　　　　　　　　变量的描述性统计

变量	样本量	均值	标准差	最大值	最小值
MIC	247	0.296	0.100	0.105	0.553
FPG	247	0.190	0.082	0.077	0.612
TPG	247	0.066	0.032	0.022	0.230
EPG	247	0.030	0.012	0.014	0.091
HPG	247	0.012	0.007	0.003	0.032
PPPG	247	0.024	0.016	0.003	0.140

为避免伪回归,确保回归结果的有效性,需要检验各面板数据序列的平稳性。检验数据平稳性最常用的办法是单位根检验。

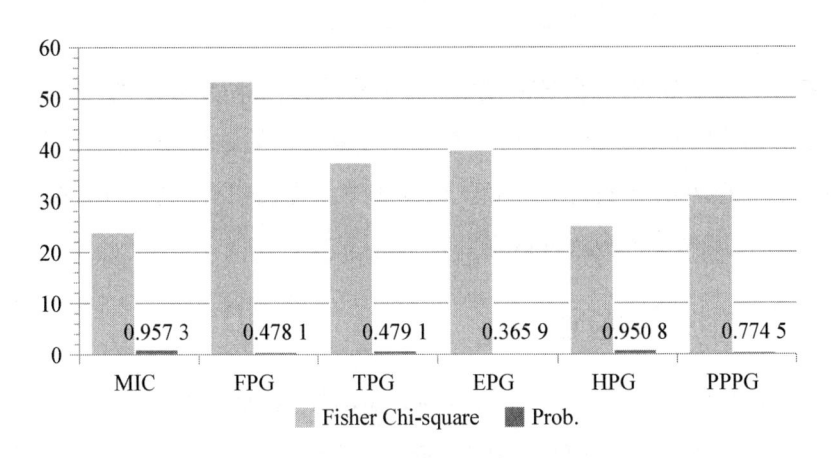

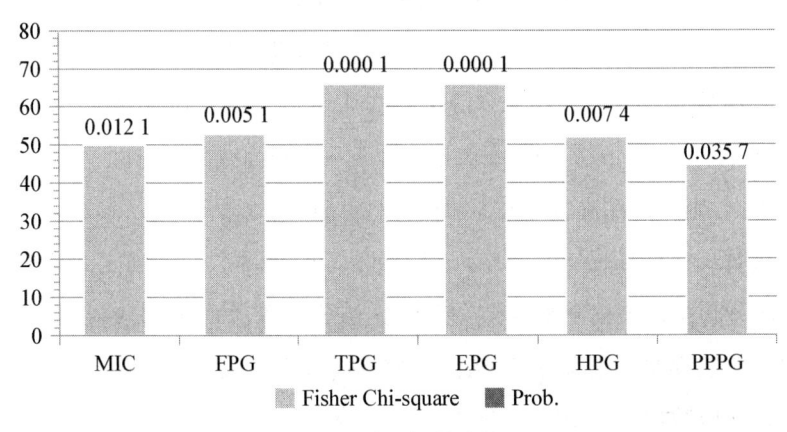

图 6.3　单位根检验结果

图 6.3 显示了测算出不同变量及其一阶差分后的单位根（ADF）检验结果，具体如表 6.7 所示。

表 6.7 单位根检验结果

数据	原序列 Fisher Chi-square	Prob.	一阶差分序列 Fisher Chi-square	Prob.
MIC	24.394 7	0.957 3	50.107 6	0.012 1
FPG	53.623 7	0.478 1	53.605 3	0.005 1
TPG	37.789 7	0.479 1	66.716 6	0.000 1
EPG	40.371 5	0.365 9	66.741 9	0.000 1
HPG	24.830 3	0.950 8	52.093 6	0.007 4
PPPG	31.204 1	0.774 5	45.359 4	0.035 7

由上表可知，六个数据序列均为非平稳数据，一阶差分序列在 5% 显著水平上都可以被认为是平稳的。基于单位根检验的结果，发现变量之间是同阶单整的，可以进行协整检验。因此本书将在回归分析后采用 EG 两步法，对回归的结果进行协整检验。

二、面板识别检验

面板数据模型的选择通常有三种形式：第一种是混合估计模型（Pooled Regression Model）。如果从时间上看不同个体之间不存在显著性差异，从截面上看不同截面之间也不存在显著性差异，就可以直接把面板数据混合在一起用普通最小二乘法（OLS）来估计参数。第二种是固定效应模型（Fixed Effects Regression Model）。对于不同截面或不同时间序列，模型的截距不同，则可以用在模型中添加虚拟变量的方法估计回归参数。第三种是随机效应模型（Random Effects Regression Model）。若固定效应模型中的截距项包括了截面随机误差项和时间随机误差项的平均效应，且这两个随机误差项都服从正态分布，则固定效应模型就变成了随机效应模型。

在面板数据模型形式的选择上，通常采用 F 检验决定是选用混合估计模型还是固定效应模型，再用 Hausman 检验确定是建立随机效应模型还是固定效应模型。

表 6.8　F 检验和 Hausman 检验结果

模型	Cross-section F	Prob.	Period F	Prob.	Cross-section random	Prob.	Period random	Prob.
(1)	80.375 227	0	3.150 964	0.000 1	56.396 048	0	31.236 38	0
(2)	84.084 606	0	4.465 621	0	56.786 943	0	46.811 53	0
(3)	72.667 988	0	4.446 971	0	42.810 286	0	48.085 5	0
(4)	99.850 566	0	4.487 414	0	34.394 578	0	54.319 8	0
(5)	54.035 609	0	3.284 736	0.000 1	42.569 624	0	25.958 84	0

如表 6.8 所示,所有模型均拒绝了 F 检验和 Hausman 检验,从而支持了采用双向固定效应模型对面板数据进行估计。

第三节　回归结果和协整检验

表 6.9　回归结果

模型	(1)	(2)	(3)	(4)	(5)
FPG	0.284 (2.32)**				
TPG		0.918 (2.75)***			
EPG			1.451 (2.087)**		
HPG				4.535 (4.258)***	
PPPG					0.344 (0.674)
C	0.242 (10.37)***	0.235 (10.67)***	0.252 (11.97)***	0.242 (18.73)***	0.288 (23.50)***
observation	247	247	247	247	247
R-squared	0.922	0.923	0.922	0.926	0.920
ADF on resid	96.809	91.790	91.927	92.326	92.832
Prob.	0	0	0	0	0

ð 括号内表示标准差,*,**,*** 分别表示在 10%,5%,1% 的统计水平上显著。

通过对模型残差的单位根检验表明,所有模型残差均拒绝了单位根假设,说明变量之间存在着长期稳定的均衡关系,回归残差是平稳的。

一、财政支出与中等收入群体比重的关系

如前文所提出的,财政支出可以按功能划分为公共服务财政支出、经济建设性支出和行政管理支出三大类。分析财政支出占 GDP 的比重与中等收入群体比重间的关系,主要目的在于把财政支出总体变化对中等收入群体比重的影响与公共服务财政支出的影响进行对照和比较。

根据回归结果,财政支出占 GDP 比重与中等收入群体比重的关系是正相关的,符合预期,t 检验结果表明,财政支出占 GDP 比重对中等收入群体的影响是显著的。具体的回归结果如下:

中等收入群体占比＝0.284* 财政支出占 GDP 比重＋0.242

     (0.122)**   (0.023)***

$R2$＝0.922;括号内表示标准差,*,**,*** 分别表示在 10%,5%,1%的统计水平上显著。

根据计量回归结果,每当财政支出占 GDP 比重上升 1%,中等收入群体占比就会提高 0.284%。并且在统计结果上表现出了较高的显著性,这表明我国财政支出对于中等收入群体的扩张是具有显著正效应的。

二、公共服务财政支出与中等收入群体比重的关系

根据回归结果,教育、医疗卫生、社保三项公共服务财政支出之和占 GDP 比重与中等收入群体比重的关系是正相关的,符合预期,t 检验结果表明,财政支出占 GDP 比重对中等收入群体的影响是显著的。具体的回归结果如下:

中等收入群体占比＝0.918* 教育、医疗卫生、社保三项支出之和占 GDP 比重＋0.235

    (0.334)**   (0.022)***

$R2$＝0.923;括号内表示标准差,*,**,*** 分别表示在 10%,

5%,1%的统计水平上显著。

根据计量回归结果,公共服务(教育、医疗卫生、社会保障)财政支出占GDP比重上升1%,中等收入群体占比就会提高0.918%。并且在统计结果上表现出了较高的显著性,这表明我国公共服务财政支出对于扩大中等收入群体比重是具有显著正效应的,并且,与财政支出占GDP比重的影响(0.284%)相比,公共服务财政支出占GDP的比重对中等收入群体比重的影响(0.918%)更大。

三、教育财政支出与中等收入群体比重的关系

根据回归结果,教育财政支出占GDP比重与中等收入群体的关系是正相关的,符合预期,t检验结果表明,教育财政支出占GDP比重对中等收入群体的影响是显著的。具体的回归结果如下:

中等收入群体占比=1.451*教育财政支出占GDP比重+0.252
　　　　　　　　　　　　(0.696)**　　　　　(0.021)***

R^2=0.922;括号内表示标准差,*,**,***分别表示在10%,5%,1%的统计水平上显著。

根据计量回归结果,教育财政支出占GDP比重上升1%,中等收入群体占比就会提高1.451%。并且在统计结果上表现出了较高的显著性,这表明我国教育财政支出对于中等收入群体的扩张是具有显著正效应的。

四、医疗卫生财政支出与中等收入群体比重的关系

根据回归结果,医疗卫生支出占GDP比重与中等收入群体的关系是正相关的,符合预期,t检验结果表明,医疗卫生财政支出占GDP比重对中等收入群体的影响是显著的。具体的回归结果如下:

中等收入群体占比=4.535*医疗卫生财政支出占GDP比重+0.242
　　　　　　　　　(1.065)**　　　　　　　　　(0.013)***

R^2=0.926;括号内表示标准差,*,**,***分别表示在10%,5%,1%的统计水平上显著。

根据计量回归结果,医疗卫生财政支出占 GDP 比重上升 1%,中等收入群体占比就会提高 4.535%。并且在统计结果上表现出了较高的显著性,这表明我国医疗卫生财政支出对于中等收入群体的扩张是具有显著正效应的。

五、社会保障和就业财政支出与中等收入群体比重的关系

根据回归结果,社会保障和就业财政支出占 GDP 比重与中等收入群体的关系是正相关的,符合预期。然而 t 检验结果表明,社会保障和就业财政支出占 GDP 比重对中等收入群体的影响并不显著。具体的回归结果如下:

中等收入群体占比 $= 0.344^*$ 社会保障和就业财政支出占 GDP 比重 $+0.288$

$$(0.511)^{**} \qquad\qquad (0.012)^{***}$$

$R2=0.926$;括号内表示标准差,$*$,$**$,$***$ 分别表示在 10%,5%,1% 的统计水平上显著。

根据计量回归结果,每当社会保障和就业财政支出占 GDP 比重上升 1%,中等收入群体占比就会提高 0.344%。然而在统计结果上,这个效应并不显著。

第四节　回归结果分析

根据计量结果,公共服务财政支出比重的提高对于中等收入群体具有显著的拉动作用。其中,教育、医疗、社会保障三项支出比重的提高对中等收入群体的拉动作用更为显著。

从影响程度看,提高单位经费占 GDP 比重对中等收入群体扩张的效应依次为:医疗卫生财政支出＞教育财政支出＞公共服务财政支出＞社会保障和就业财政支出＞财政支出。这表明,当前对提高中等收入最有效的财税政策应当是提高医疗卫生财政支出,其次是提高教育财政支出。

在扩大中等收入群体上医疗卫生财政支出的作用较教育财政支出更为明显,原因可能主要在于:第一,相对于教育财政支出,医疗卫生财政支出的作用发挥更快,尤其是在中等收入群体标准偏低的假设下,医疗卫生财政支出对于防止"因病返贫"、支撑低收入者向上流动的作用更加明显,在通过提升健康水平提升人力资本上的作用显现的更快;第二,尽管这些年教育财政支出快速增长,但由于基数大于医疗财政支出,医疗财政支出增长的速度更快,从而在扩大中等收入群体的作用上更明显一些;第三,由于教育支出发挥作用的时滞性更长,存在教育支出的作用被低估的可能性。显然,医疗和教育的公共财政支出是提高中等收入群体的一种十分有效的刺激手段。

社会保障和就业财政支出的显著性不明显,很大可能是由于两个因素的影响,第一是中等收入群体占比的测算中用了养老金作为中等收入群体的衡量标准,这意味着提高社会保障财政支出就等于提高养老金,就等于提高中等收入群体的衡量标准,这在无形中就抵消、低估了社会保障财政支出对于中等收入群体的拉动作用。因此,社保支出的 0.344 系数不是单纯的对中等收入群体的拉动系数,而是减去社保财政支出对中等收入群体整体标准上升效应之后,剩余的拉动系数。因此,当前的拉动系数是低估的。第二个原因是社会保障财政支出的数据有缺陷,2006 年的口径调整对教育财政支出、医疗财政支出有着较为明显的对应数据,而社会保障和就业财政支出在 2006 年以前并不好找到合适的对应数据,仅是采用了社会保障补助支出+抚恤和社会福利救济费的办法计算,显然两个数据可能存在趋势变化的不一致性,这就降低了显著性。

第七章 我国公共服务财政支出发挥"扩中"作用面临的问题及其制度分析

上一章运用量化分析方法，利用22个省级行政区的数据论证了公共服务财政支出对扩大中等收入群体有明显的影响。本章考察公共服务财政支出发挥"扩中"作用所面临的问题和挑战，在此基础上找出阻碍和限制公共服务财政支出发挥"扩中"作用的制度与政策因素。

第一节 我国公共服务财政支出发挥"扩中"作用面临的矛盾问题

在我国经济转型升级的背景下，推动产业结构升级、消费结构升级和缩小收入分配差距是公共服务财政支出发挥"扩中"作用的主要路径。然而，从实际情况看，一方面公共服务财政支出仍然不适应产业结构升级、消费结构升级的需求，从而抑制了扩大中等收入群体的经济增长效应；另一方面公共服务财政支出不均等加剧了收入分配不平等，从而抑制了扩大中等收入群体的收入分配效应。

一、公共服务财政支出与产业结构升级的需求不相适应的矛盾

（一）促进人力资本和"可行能力"发展的公共服务财政支出比重偏低，不利于产业结构升级

科技研发、金融、教育、文化等现代服务业的主要投入是人力资本，特别是制造业转型升级对人力资本的依赖度不断加大。教育财政支出和医疗卫

生财政支出直接影响人力资本的形成和强化。与发达国家和中等收入国家的平均水平相比,我国在医疗、教育和社会保障等方面的财政支出比例仍然偏低。虽然目前我国有35%左右的财政收入投入社会保障、教育和医疗支出,但仍低于其他中等收入国家52%的平均水平。[1] 具体看,一是医疗卫生支出比重仍然较低,OECD国家的卫生总费用占GDP比重均在10%以上;卫生费用主要由政府承担,其中政府支出比重最高的是卢森堡,政府支出占卫生总费用的93%,大部分国家政府支出比重在70%以上,少于70%的有6个国家,最少的美国为45%。[2] 近十年来,我国卫生总费用占GDP的比重由4.28%上升到6.23%,但政府支出占卫生总费用的比重不到1/3,财政筹资水平仍然相对较低。二是教育财政支出的比重也还有提高的空间。我国15岁及以上人口平均受教育年限为9.3年,与美国13.3年、日本11.6年、德国12.2年、俄罗斯11.7年的水平相比,差距较大。[3] 与其他实施义务教育政策的国家相比,我国义务教育的年限并不高,发达国家教育财政支出占GDP的比重一般在5%—6%,2008年OECD国家平均达到5.2%,德国、日本、韩国和我国台湾地区财政性教育经费占GDP的比重分别达到了4.6%、3.5%、4.8%和4.2%,巴西、俄罗斯和南非也达到5.4%。从进一步提升我国劳动力教育水平看,我国教育财政支出的比重还需要进一步提高。

(二) 教育财政支出结构调整与产业结构升级的需求变化不相适应

教育是形成人力资本最主要的途径,也是促进社会流动的重要因素,对扩大中等收入群体有重要影响。当产业转型升级创造出中等收入岗位的就业需求时,中等收入就业需求能否转化为现实的中等收入就业率就取决于教育结构决定的劳动者技能结构能否快速适应需求变化。这些年我国教育

---

[1] 2014年卫生和计划生育事业发展统计公报[EB/OL].中国政府网,2015-11-05.
[2] 国家卫生和计划生育委员会.中国卫生和计划生育统计年鉴2016[M].北京:中国协和医科大学出版社,2016.
[3] 医护比低于国家最低标准,广东仍需注册护士18万[EB/OL].华夏经纬网,2014-05-12.

财政投入快速增长,近10年与财政支出几乎保持同步增长,基础教育、中学教育、职业教育、高等教育的财政投入都有不同程度的增长。但在产业结构转型升级的背景下,劳动力供给结构和需求结构的矛盾仍然十分突出,反映出教育财政支出结构不适应产业转型升级趋势和需求的矛盾。我国每年有700多万高校毕业生需要就业,但调查发现高校毕业生工作与专业相关度为66%[①],反映了教育结构与产业转型升级趋势不相适应。到2025年我国要实现由制造业大国向制造业强国的跨越,需要大量高级技术工人,但目前我国产业工人中的高级技工占比仅为5%左右,作为制造业强国的德国和日本的比重则分别是50%和40%。[②] 这些都反映了教育结构与产业结构升级的趋势和需求不相适应的矛盾。

(三) 社会保障财政支出比重偏低不利于扩大中等收入就业

社保支出占财政支出的比重仍然较低。我国社会保障中的社会救助、社会福利和优抚安置所需资金,基本是国家财政拨付的;社会保险资金,主要通过企业和个人缴费筹集,缺口由国家财政补助。根据国家统计局数据,2016年,我国财政社会保障和就业支出占一般公共预算支出的比重为11.5%,占GDP的比重为2.9%。如表7.1所示,无论是从社保支出占总财政支出比重还是从社保财政支出占GDP比重看,与发达国家甚至一些发展中国家相比,我国都属于较低水平,OECD国家平均社会公共支出占GDP比重为21.9%。2017年,我国社会保障支出占财政总支出的比重约为13.63%,远低于发达国家30%—50%的比例,也低于一些中等收入国家20%的比例。[③] 在当前影响服务业就业的问题上反映比较强烈的是,由于企业社会保障缴费率较高,服务业行业大多是劳动密集型或人力资本密集型,这导致服务业企业的综合人力成本和负担比制造业企业高,不利于服务业发展,从而不利于扩大中等收入就业。

---

① 2016年社会服务发展统计公报[EB/OL].民政部网站,2017-08-03.
② 陈慧.浅议中国事业单位管理体制改革[J].经济师,2011(7):14—16.
③ 胡其图.我国事业单位改革面临的阻力与对策[J].呼伦贝尔学院学报,2009,17(3):33—35.

表7.1　　　　　　　　社保支出占比的国际比较

国家	社保支出/GDP(百分比)	国家	社保支出/财政支出(百分比)
匈牙利	24.0	德国	46.2
波兰	17.8	瑞典	41.4
捷克	12.4	英国	39.5
土耳其	11.9	法国	38.6
俄罗斯	10.4	意大利	38.4
墨西哥	7.6	日本	34.0
伊朗	7.4	中国	23.1
智利	6.1		
中国	4.9		
印度	3.9		

资料来源：OECD数据库。

二、公共服务财政支出与消费结构升级的需求不相适应的矛盾

（一）居民预防性储蓄倾向仍然较高

在人口老龄化的趋势下，日益增大的医疗、养老、子女教育、住房开支等成为中等收入群体的主要负担。中国社会科学院社会学研究所2015年对全国抽样调查数据显示，约四成(39.4%)的中产声称"生活负担很重压力很大"，约六成(62.9%)的中产认为"社会保障水平太低，起不到保障作用"；超过3/4的中产感到子女教育支出负担重，45.5%认为"比较有负担"，31.8%认为"非常有负担"；约1/3的中产感受到医疗支出负担重，25.9%认为"比较有负担"，7.6%认为"非常有负担"；有58.8%的中产目前选择"尽量多储蓄"以保障在退休后能过上较高质量的生活。[1] 医疗、养老、子女教育支出的不确定性，导致居民预防性储蓄动机较强，从而居民家庭储蓄率较高。

（二）社会保障支出比重偏低不利于消费升级和消费释放

社会保障支出对促进消费升级和消费释放具有重要作用。从全球26

---

[1] 张辉.建设现代化经济体系的突破路径[N].经济参考报,2018-07-04.

个主要国家的数据分析看,包括社会保障在内的政府公共服务支出占政府总支出的比重每提高1个百分点,居民消费占GDP比重将增加0.2个百分点。① 居民消费与社会保障支出存在长期稳定关系,消费的社保弹性约为0.22,意味着社会保障支出每增加1元,会带来0.22元新增消费支出。② 西欧、北欧国家财政支出中50%用于社会保障和社会福利支出,美国国家财政支出约有30%用于社会保障事业。当前我国财政用于社会保障支出的比重不足15%。初步测算,我国城镇职工养老金替代率每降低1个百分点,居民消费率将降低0.53个百分点,储蓄率将提高0.997个百分点(如表7.2所示)。贡森、张文魁、陈昌盛(2010)测算,如果把基本保障支出占GDP比重从2008年的5.4%提高到2015年的9.3%,每年可释放内需潜力1.6万亿元人民币。③

表7.2　　1992—2013年城镇居民储蓄率、消费率和职工养老金替代率

年份	总储蓄率(百分比)	城镇居民储蓄率(百分比)	城镇居民消费率(百分比)	城镇职工养老金替代率(百分比)
1992	40.3	17.5	26.0	70.6
1993	41.7	18.1	25.9	75.9
1994	42.7	18.4	25.8	70.1
1995	41.6	17.4	27.0	68.8
1996	40.3	19.0	27.0	70.5
1997	40.8	18.9	27.4	76.4
1998	40.0	20.2	28.6	74.1
1999	38.6	21.1	30.0	77.3
2000	37.6	20.4	31.1	71.2
2001	38.5	22.6	30.9	63.2
2002	40.2	21.7	30.5	63.4
2003	43.1	23.1	30.3	57.6

---

① 88.1%2011届高职毕业生为家庭第一代大学生[EB/OL].新华网,2013-01-17.
② 付卫东.跨越"中等收入陷阱"关键期我国职业教育发展战略研究[J].职教论坛,2015(6):11—15.
③ 张原.职业教育助推经济转型升级[N].中国社会科学报,2013-08-13.

续 表

年份	总储蓄率（百分比）	城镇居民储蓄率（百分比）	城镇居民消费率（百分比）	城镇职工养老金替代率（百分比）
2004	45.7	23.8	29.5	53.3
2005	46.5	24.3	28.3	50.4
2006	48.2	26.0	27.3	50.3
2007	50.9	27.5	27.1	48.3
2008	51.9	28.8	26.6	47.7
2009	50.6	28.6	27.1	46.8
2010	51.8	29.5	27.0	45.1
2011	50.6	30.5	27.5	44.0
2012	50.5	32.1	28.0	43.9
2013	50.2	41.6	42.2	47.9

资料来源：国家统计局官方网站和《中国统计年鉴2016》。由国家统计局和人民银行调查统计司编制的资金流量表测算得出。

注：城镇居民消费率＝城镇居民消费支出/国内生产总值。城镇居民储蓄率＝(城镇居民人均可支配收入－城镇居民家庭人均现金消费支出)/城镇居民人均可支配收入。替代率采用了近似的计算方法，城镇职工养老金替代率＝年平均养老金/城镇单位在岗职工平均工资。

（三）公共资源配置不均衡导致收入分配差距拉大进而抑制消费需求释放

许多实证研究表明，中低收入者边际消费倾向高于高收入者，收入分配差距过大会导致平均消费率下降。公共资源在城乡、地区以及在不同收入群体间配置不均衡，不利于缩小收入分配差距和不平等，进而抑制社会消费需求释放。例如，现行养老保障体系下高收入群体受益程度远远大于低收入群体。中国家庭收入调查项目(CHIP)2013年住户调查结果显示，不包括社会保障支出时，城乡收入比为2.4，加入社会保障支出后城乡收入比扩大到2.8。① 如果财政资源配置不均衡的问题不破解，继续扩大财政性社会保障支出不利于缩小收入差距，进而不利于消费升级和消费释放。

① CHIP课题组.中国家庭收入调查项目(CHIP)第五轮全国范围调查数据(CHIP2013)[R].北京：中国收入分配研究院,2016.

三、公共服务财政支出不均等加剧收入分配不平等的矛盾

(一) 公共服务财政支出的城乡差距带来基本公共服务的城乡差距

例如,城乡居民转移性收入的差距在一定程度上反映城乡居民在享受社保支出等财政资源上的差异变化。2014—2018年,城乡居民转移净收入的差距都几乎超过2.5倍(如表7.3所示),转移性收入差距对城乡差距的贡献率为16%—17%,不利于农村中等收入群体的扩大(如表7.4所示)。从转移性收入在农村居民收入构成中的分布看,除了高收入户的转移性收入占比高于中等偏上户的转移性收入占比,总体而言人均可支配收入越低的农村居民,转移性收入在其收入构成中的比例越高,农村居民家庭中低收入户转移性收入占比达到14.35%,中等偏下收入户和中等收入户的转移性收入分别达到9.42%和8.19%(如表7.5所示)。

表7.3　　　　　　　按收入来源的城乡收入差距

年　份	2014	2015	2016	2017	2018
可支配收入(倍数)	2.75	2.73	2.72	2.71	2.69
工资性收入(倍数)	4.32	4.20	4.12	4.04	3.97
经营性收入(倍数)	0.77	0.77	0.80	0.81	0.83
财产性收入(倍数)	12.66	12.10	12.02	11.91	11.78
转移性收入(倍数)	2.57	2.58	2.54	2.51	2.39

注:城乡差距=城市居民人均收入/农村居民人均收入
资料来源:中国统计年鉴2019

基本公共服务的城乡差距仍然很大,农村低收入居民家庭和农业转移人口享受的基本公共服务水平偏低。从教育看,全国县级以下(包括县级)人口的平均受教育年限为6.23年,城市为8.68年;农村人口中文盲以及小学文化程度人口高达64%,城市为34.9%。从医疗卫生资源配置看,2016年每千人口医疗卫生机构床位数城市为8.4张,农村为3.9张,相差2.2倍;2016年,城乡每万人拥有卫生技术人员比为2.7∶1,比2007年2.4倍的差距上升30%,每万人拥有的注册护士数比为3.3∶1,比2007年3.4倍

的差距下降10%。这既不利于在人口城镇化进程中培育新兴中等收入群体，也阻碍了农村中等收入群体的培育和发展。同时，这也意味着如果公共服务财政支出进一步向农村中低收入者倾斜，将缩小城乡收入差距，从而有利于农村中等收入群体的培育和发展。

表7.4　2014—2018年不同来源收入差距对城乡居民可支配收入差距的贡献率

年份	2014		2015		2016		2017		2018	
收入	城乡差距(元)	影响(%)	城乡差距(元)	影响(%)	城乡差距(元)	影响(%)	城乡差距(元)	影响(%)	城乡差距(元)	影响(%)
可支配收入	18 355	100	19 773.1	100	21 252.8	100	22 963.77	100	24 633.81	100
工资性收入	13 784.6	75	14 736.8	75	15 643.2	74	16 702.51	73	17 796.13	72
经营性收入	−958.4	−5	−1 027.5	−5	−971.2	−5	−963.07	−4	−915.79	−4
财产性收入	2 590	14	2 790.4	14	2 999.2	14	3 303.91	14	3 685.68	15
转移性收入	2 938.7	16	3 273.4	17	3 581.6	17	3 920.42	17	4 067.80	17

注：城乡差距＝城镇居民收入−农村居民收入
资料来源：历年中国统计年鉴

表7.5　不同收入水平农村居民家庭不同收入比重(2012)

指标	低收入户(20%)	中等偏下户(20%)	中等收入户(20%)	中等偏上户(20%)	高收入户(20%)
工资性收入	42.89%	42.72%	45.40%	47.22%	42.66%
家庭经营纯收入	40.49%	46.10%	44.38%	42.70%	44.72%
财产性收入	2.27%	1.76%	2.03%	2.33%	4.66%
转移性收入	14.35%	9.42%	8.19%	7.75%	7.96%

资料来源：根据《中国统计年鉴2013》数据计算所得

(二) 公共服务财政支出差距拉大地区间居民收入差距

公共服务财政资源配置的地区差距，导致地区间居民收入差距扩大，不利于中等收入群体整体比例的提高。仍以转移性收入为替代性指标，城镇居民转移性收入最高的上海与最低的广东之间的差距在 11.15 倍,高于两个地区城镇人均可支配收入的差距(1.55 倍),也高于全国城镇居民人均可支配收入最高地区与最低地区之间的差距(上海与黑龙江 2.33 倍)(如表 7.6 所示)。

表 7.6　2018 年各地区城镇居民人均可支配收入构成

地区	可支配收入（元）	工资性收入（元）	经营性收入（元）	财产性收入（元）	转移性收入（元）
全　国	39 250.8	23 792.2	4 442.6	4 027.7	6 988.3
北　京	67 989.9	40 489.3	1 072.9	11 982.4	14 445.3
天　津	42 976.3	27 557.0	2 923.8	4 149.8	8 345.6
河　北	32 977.2	20 988.0	2 436.2	2 966.0	6 587.0
山　西	31 034.8	18 572.4	2 574.3	2 286.1	7 602.0
内蒙古	38 304.7	23 302.3	7 127.6	2 070.2	5 804.5
辽　宁	37 341.9	20 626.2	4 638.9	1 845.7	10 231.1
吉　林	30 171.9	18 978.2	2 789.5	1 603.7	6 800.5
黑龙江	29 191.3	16 705.7	3 301.8	1 386.8	7 797.1
上　海	68 033.6	39 145.5	1 828.6	10 653.1	16 406.4
江　苏	47 200.0	28 136.3	5 053.4	5 317.4	8 692.9
浙　江	55 574.3	31 148.0	8 316.1	7 586.4	8 523.9
安　徽	34 393.1	20 974.0	5 548.1	2 708.3	5 162.8
福　建	42 121.3	25 890.9	5 573.9	4 983.2	5 673.3
江　西	33 819.4	21 451.1	2 824.2	2 950.5	6 593.6
山　东	39 549.4	25 040.7	5 583.9	3 337.0	5 587.8
河　南	31 874.2	18 049.3	4 531.7	3 161.6	6 131.6
湖　北	34 454.6	18 997.1	4 796.6	2 953.9	7 707.1
湖　南	36 698.3	20 021.5	5 252.5	3 715.3	7 708.9
广　东	44 341.0	32 180.1	4 872.6	5 816.6	1 471.7
广　西	32 436.1	18 083.9	5 594.9	2 889.6	5 867.6
海　南	33 348.7	21 506.3	3 348.6	3 244.3	5 249.4
重　庆	34 889.3	20 054.0	3 973.1	2 536.2	8 326.1
四　川	33 215.9	19 032.7	3 899.5	2 696.3	7 587.4
贵　州	31 591.9	17 392.1	5 262.4	3 066.0	5 871.4
云　南	33 487.0	18 743.9	3 855.7	4 518.4	6 370.5
西　藏	33 797.4	25 499.8	912.0	2 989.0	4 396.6

续 表

地 区	可支配收入（元）	工资性收入（元）	经营性收入（元）	财产性收入（元）	转移性收入（元）
陕 西	33 319.3	19 352.5	2 581.9	2 450.9	8 933.9
甘 肃	29 957.0	19 930.1	2 333.8	2 527.5	5 165.6
青 海	31 514.5	21 718.7	2 089.2	1 673.6	6 033.1
宁 夏	31 895.2	21 337.5	3 354.2	1 348.8	5 854.7
新 疆	32 763.5	21 953.0	3 414.0	1 433.6	5 963.1
最高/最低（差距）	2.33	2.42	9.12	8.88	11.15
地 区	上海/黑龙江	北京/黑龙江	浙江/西藏	北京/宁夏	上海/广东

资料来源：根据《中国统计年鉴2019》中数据计算所得。

西藏的人均财政支出居于全国前列,但城镇居民人均转移性收入居于全国末尾,主要原因在于该地区财政支出结构中对社会保障投入居于全国末尾。在各地区中,农村居民转移性收入最高的上海与最低的河北之间的差距为4.87倍,高于两个地区农村人均纯收入的差距(2.17倍),也高于全国农村人均可支配收入最高地区与最低地区之间的差距(上海与甘肃的3.45倍)(如表7.7所示)。

表7.7　　　　2018年各地区农村居民人均可支配收入来源

地 区	可支配收入（元）	工资性收入（元）	家庭经营纯收入（元）	财产性收入（元）	转移性收入（元）
全 国	14 617.0	5 996.1	5 358.4	342.1	2 920.5
北 京	26 490.3	19 826.7	2 021.7	1 876.8	2 765.0
天 津	23 065.2	13 568.1	5 334.6	921.6	3 241.0
河 北	14 030.9	7 454.1	4 611.5	298.7	1 666.5
山 西	11 750.0	5 735.8	3 075.2	192.9	2 746.1
内蒙古	13 802.6	2 896.6	7 180.7	520.4	3 204.8
辽 宁	14 656.3	5 644.8	6 263.8	334.5	2 413.2
吉 林	13 748.2	3 521.5	7 756.2	256.5	2 213.9
黑龙江	13 803.7	3 009.1	7 053.3	679.0	3 062.2
上 海	30 374.7	19 503.5	1 753.2	1 003.2	8 114.8

续　表

地区	可支配收入（元）	工资性收入（元）	家庭经营纯收入（元）	财产性收入（元）	转移性收入（元）
江　苏	20 845.1	10 221.6	6 016.6	767.5	3 839.3
浙　江	27 302.4	16 898.4	6 677.0	784.1	2 942.9
安　徽	13 996.0	5 058.0	5 411.5	256.0	3 270.5
福　建	17 821.2	8 214.7	6 705.6	322.5	2 578.4
江　西	14 459.9	6 121.0	5 271.9	235.5	2 831.6
山　东	16 297.0	6 550.0	7 193.6	429.0	2 124.4
河　南	13 830.7	5 335.6	4 790.7	221.4	3 483.0
湖　北	14 977.8	4 886.8	6 270.8	185.9	3 634.2
湖　南	14 092.5	5 769.3	4 785.7	179.3	3 358.2
广　东	17 167.7	8 510.7	4 432.7	448.9	3 775.5
广　西	12 434.8	3 691.4	5 393.4	241.4	3 108.6
海　南	13 988.9	5 611.4	5 806.1	253.7	2 317.8
重　庆	13 781.2	4 847.8	4 812.9	334.8	3 785.8
四　川	13 331.4	4 311.0	5 117.2	379.5	3 523.7
贵　州	9 716.1	4 276.2	3 226.7	126.2	2 086.9
云　南	10 767.9	3 259.9	5 599.0	187.2	1 721.8
西　藏	11 449.8	3 037.2	5 888.9	427.2	2 096.6
陕　西	11 212.8	4 620.8	3 508.0	196.6	2 887.5
甘　肃	8 804.1	2 534.7	3 823.7	211.5	2 234.1
青　海	10 393.3	3 047.3	3 904.6	463.1	2 978.4
宁　夏	11 707.6	4 547.8	4 638.5	362.8	2 158.5
新　疆	11 974.5	2 945.2	6 623.9	235.1	2 170.3
最高/最低（差距）	3.45	7.82	4.42	14.87	4.87
地区	上海/甘肃	北京/甘肃	吉林/上海	北京/贵州	上海/河北

资料来源：根据《中国统计年鉴 2019》中数据计算所得

　　在各个地区中，2018 年居民可支配收入最高地区和最低地区的差距是 3.71 倍，按收入类别，各地区间居民转移性收入差距最大，最高地区与最低地区相差 7.09 倍，其次就是经营性收入差距，最高地区和最低地区间的差距为 6.45 倍（如表 7.8 所示）。

表 7.8　　　　　　　　　2018 年各地区居民人均可支配收入来源

地区	可支配收入 绝对数(元)	排名	工资性收入 绝对数(元)	排名	经营性收入 绝对数(元)	排名	财产性收入 绝对数(元)	排名	转移性收入 绝对数(元)	排名
上海	64 182.6	1	37 136.9	2	1 820.9	30	9 666.3	2	15 558.5	1
北京	62 361.2	2	37 686.8	1	1 201.6	31	10 611.8	1	12 861.0	2
辽宁	29 701.4	8	15 580.5	9	5 186.2	9	1 336.7	22	7 598.1	3
天津	39 506.1	4	25 119.0	4	3 344.0	25	3 587.2	6	7 456.0	4
江苏	38 095.8	5	21 947.8	6	5 386.1	8	3 745.7	5	7 016.2	5
浙江	45 839.8	3	26 241.6	3	7 751.7	1	5 244.2	3	6 602.3	6
重庆	26 385.8	11	13 928.1	13	4 311.4	20	1 649.3	13	6 497.0	7
陕西	22 528.3	20	12 161.4	21	3 033.9	27	1 350.5	21	5 982.4	8
湖北	25 814.5	12	12 737.6	18	5 450.6	7	1 726.0	12	5 900.3	9
黑龙江	22 725.8	19	10 950.8	26	4 878.1	14	1 089.4	27	5 807.6	10
湖南	25 240.7	13	12 797.9	17	5 015.9	12	1 923.1	10	5 503.8	11
四川	22 460.6	21	11 069.9	24	4 558.1	18	1 443.1	18	5 389.4	12
山西	21 990.1	23	12 552.0	19	2 809.2	29	1 304.4	23	5 324.6	13
内蒙古	28 375.7	10	15 033.3	10	7 149.1	2	1 442.2	19	4 751.1	14
吉林	22 798.4	18	12 038.8	22	5 019.4	11	998.9	29	4 741.3	15
江西	24 079.7	15	13 738.5	14	4 055.6	21	1 584.6	15	4 700.9	16
河南	21 963.5	24	11 066.1	25	4 674.0	16	1 546.6	16	4 676.0	17
青海	20 757.3	27	12 209.1	20	3 013.8	28	1 057.1	28	4 477.3	18
福建	32 643.9	7	18 996.9	7	6 015.3	4	3 165.5	7	4 466.2	19
广西	21 485.0	26	10 203.8	27	5 484.6	5	1 439.6	20	4 357.0	20
安徽	23 983.6	16	12 851.4	16	5 478.4	6	1 456.8	17	4 197.1	21
宁夏	22 400.4	22	13 440.8	15	3 958.2	23	885.3	30	4 116.3	22
河北	23 445.7	17	14 179.3	12	3 530.6	24	1 624.1	14	4 111.6	23
山东	29 204.6	9	16 814.4	8	6 300.0	3	2 043.2	8	4 047.0	24
海南	24 579.0	14	14 306.2	11	4 461.8	19	1 889.6	11	3 921.4	25
新疆	21 500.2	25	11 654.7	23	5 153.1	10	784.3	31	3 908.2	26
云南	20 084.2	28	9 609.0	29	4 883.9	13	1 963.2	9	3 628.0	27
贵州	18 430.2	29	9 500.9	30	4 037.6	22	1 297.3	24	3 594.4	28
甘肃	17 488.4	30	9 676.8	28	3 212.1	26	1 162.3	25	3 437.7	29
西藏	17 286.1	31	8 903.5	31	4 589.1	17	1 096.2	26	2 697.3	30
广东	35 809.9	6	24 749.0	5	4 734.5	15	4 131.4	4	2 194.9	31
最高/最低(地区)	上海/西藏		北京/西藏		浙江/北京		北京/新疆		上海/广东	
最高/最低(倍数)	3.71		4.23		6.45		2.06		7.09	

资料来源：根据《中国统计年鉴 2019》计算

第二节 阻碍公共服务财政支出发挥"扩中"作用的制度因素

公共服务财政支出不适应产业结构升级、消费结构升级的需求,同时公共服务财政支出的城乡、地区、群体间差距加剧收入分配不平等。这些问题背后的制度原因在于公共财政制度不完善、公共服务体制建设相对滞后、教育制度安排的结构不合理、医疗卫生制度改革不到位以及社会保障仍然面临不充分、不公平、不可持续的挑战。

一、公共财政制度仍然存在不完善的地方

充分发挥公共服务财政支出的"扩中"作用,需要不断优化公共服务财政支出结构和明显提高公共服务财政支出效率,但这面临财政支出管理制度不完善、公共财政支出均等化机制建设滞后、中央地方公共服务财政支出责任划分不合理、地方政府事权、支出责任和财力不匹配等公共财政制度不完善的挑战。

(一)财政支出管理制度不完善

我国自 1994 年实行分税制改革以来,财政收入连续 20 多年保持了平均两位数的增长,由 5 000 多亿元增长到 2018 年的 18.34 万亿元,增长了 36 倍多,在多数年份财政收入增速都远远快于 GDP 增速。2018 年,政府财政收入规模达到 18.34 万亿元,2009—2018 年财政收入增加 2.68 倍,年均增长 11.4%,占 GDP 的比重由 19.6% 上升到 20.4%;2018 年,政府财政支出规模达到 22.09 万亿元,2009—2018 年财政支出增加 2.90 倍,年均增长 13.2%,占 GDP 的比重由 21.9% 上升到 24.5%(如表 7.9 所示)。同期,我国 GDP 增长 2.64 倍,年均增长 7.8%,财政支出增速明显快于 GDP 和财政收入的增长速度(如图 7.1 所示)。

第七章 我国公共服务财政支出发挥"扩中"作用面临的问题及其制度分析 / 147

表 7.9 2009—2018 年财政支出、财政收入占比及增速

年份	财政收入/ GDP （百分比）	财政支出/ GDP （百分比）	财政收入 增速 （百分比）	财政支出 增速 （百分比）	GDP 增速 （百分比）
2009	19.6	21.9	11.7	21.9	8.5
2010	20.1	21.8	21.3	17.8	10.3
2011	21.2	22.3	25	21.6	9
2012	21.7	23.3	12.9	15.3	8.6
2013	21.7	23.6	10.2	11.3	7.1
2014	21.8	23.6	8.6	8.3	8.3
2015	22.1	25.5	5.8	13.2	6.4
2016	21.5	25.2	4.5	6.3	6.7
2017	21.0	24.7	7.4	7.6	6.8
2018	20.4	24.5	6.2	8.7	6.6
年均增长			11.4	13.2	7.8

资料来源：历年中国统计年鉴

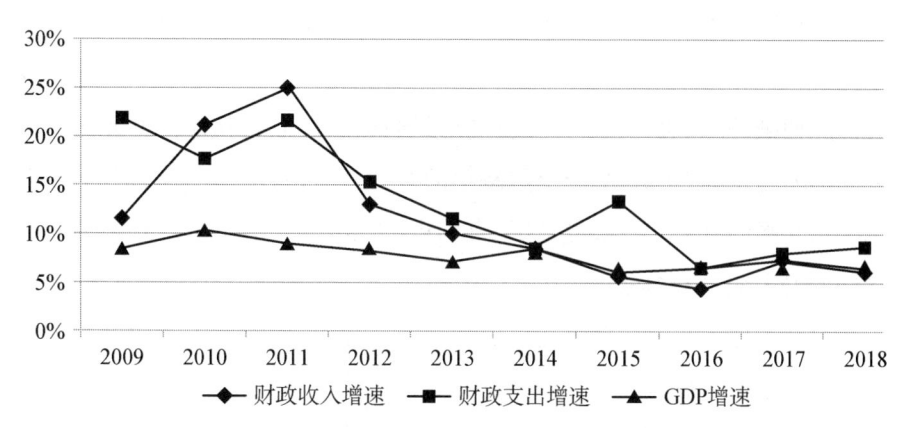

图 7.1 2009—2018 年国家财政支出、国家财政收入、GDP 增长速度

资料来源：历年中国统计年鉴

正是由于财政支出增速明显快于财政收入和 GDP 的增速，财政赤字率明显上升。在 2007 年时，我国财政仍略有盈余，2009—2018 年，财政赤字率开始曲折上升，近年度都超过 3％，2017 年和 2018 年分别达到 3.72％和

4.17%,均超过欧盟国家安全线。即便如此,许多地方政府仍债务高企、财力薄弱,公共服务财政支出的压力日益上升,教育、医疗卫生、社会保障等公共服务供给能力弱化,难以为中低收入者向上流动提供充分支撑。这与我国财政支出管理制度不完善直接相关,包括公共财政支出预算的透明度和公开性不足,公共服务财政支出绩效考核与激励约束机制建设相对滞后。同时,公共服务财政支出效率低,很大程度上是因为公共财政制度改革与公共服务体制建设以及教育、医疗卫生、社会保障等制度改革的联动不足、配套不足有关。

(二) 公共财政支出均等化机制建设相对滞后

财政资源配置的地区差距导致不同地区的收入分配差距扩大,抑制欠发达地区的人力资本形成和发展,不利于扩大中等收入群体。例如,我国地方政府承担着主要的社会保障支出责任,地区间人均社会保障财政支出的差距仍然较大。不同地区间的财力配置不均衡,不同地区的财政支出项目结构不同,影响不同地区的中等收入群体发展。地区间人均财政支出差异在很大程度上可以反映地区财力配置。2017年我国人均一般公共预算支出为14 609.63元,人均一般公共预算支出最高的地区是西藏,为49 909.20元。除西藏外,人均一般公共预算支出最高的地区北京和最低的地区河南之间的差距是3.66倍,高于全国平均的有9个省、自治区、直辖市,低于全国平均水平的有22个省、自治区、直辖市(如表7.10所示),反映了各个地区间的财力配置不均衡。

尽管各地区的人均财政支出数额都有明显提升,地区间财政资源配置的格局并未发生根本转变。除西藏等个别地区外,经济发展水平越高的地区,人均财政支出越高,主要原因在于主要支撑一般公共预算支出的地方本级收入、中央的税收返还与该地区的经济增长和财政收入直接挂钩。也就是说,我国地区间财力配置仍与经济增长高度相关,人均GDP越高的地区,一般公共预算支出也越高(如表7.10所示)。这反映了公共财政支出均等化机制的缺失。

第七章 我国公共服务财政支出发挥"扩中"作用面临的问题及其制度分析 / 149

表 7.10　2017 年各地区人均一般公共预算支出与人均生产总值

地区	一般公共预算支出(亿元)	人口数(万人)	人均一般公共预算支出(元)	人均地区生产总值(元)
地方总计	203 085.49	139 008.00	14 609.63	56 232
北　京	6 824.53	31 439.31	31 439.31	118 198
天　津	3 282.54	21 082.47	21 082.47	115 053
河　北	6 639.18	8 829.26	8 829.26	43 062
山　西	3 756.42	10 147.00	10 147.00	35 532
内蒙古	4 529.93	17 911.94	17 911.94	72 064
辽　宁	4 879.42	11 168.28	11 168.28	50 791
吉　林	3 725.72	13 712.62	13 712.62	53 868
黑龙江	4 641.08	12 249.80	12 249.80	40 432
上　海	7 547.62	31 214.31	31 214.31	116 562
江　苏	10 621.03	13 227.84	13 227.84	96 887
浙　江	7 530.32	13 311.51	13 311.51	84 916
安　徽	6 203.81	9 918.16	9 918.16	39 561
福　建	4 684.15	11 976.86	11 976.86	74 707
江　西	5 111.47	11 059.00	11 059.00	40 400
山　东	9 258.40	9 253.01	9 253.01	68 733
河　南	8 215.52	8 594.42	8 594.42	42 575
湖　北	6 801.26	11 523.65	11 523.65	55 665
湖　南	6 869.39	10 013.47	10 013.47	46 382
广　东	15 037.48	13 463.59	13 463.59	74 016
广　西	4 908.55	10 048.21	10 048.21	38 027
海　南	1 443.97	15 593.63	15 593.63	44 347
重　庆	4 336.28	14 100.99	14 100.99	58 502
四　川	8 694.76	10 473.09	10 473.09	40 003
贵　州	4 612.52	12 884.13	12 884.13	33 246
云　南	5 712.97	11 900.78	11 900.78	31 093
西　藏	1 681.94	49 909.20	49 909.20	35 184
陕　西	4 833.19	12 602.84	12 602.84	51 015
甘　肃	3 304.44	12 583.55	12 583.55	27 643
青　海	1 530.44	25 592.64	25 592.64	43 531
宁　夏	1 372.78	20 128.74	20 128.74	47 194
新　疆	4 637.24	18 966.22	18 966.22	40 564

资料来源：《中国财政年鉴 2018》《中国统计年鉴 2019》

(三) 中央和地方政府公共服务财政支出责任划分不合理

2007—2016 年,国家财政支出中地方政府支出比重由 77% 上升到

85.4%,提高了8.4个百分点,在公共服务支出上地方政府支出的比重超过90%,明显高于国家财政支出中地方政府支出比重。具体看,一是地方政府承担教育财政直接支出的主要责任。2008—2017年,中央财政对教育直接支出的比重由5.5%上升到6.1%,后又下降到5.1%,相应地,地方财政对教育的支出比重由94.5%上升到94.9%(如表7.11所示),反映了绝大部分教育支出由地方各级财政支出的格局。这样的支出结构一定程度上加剧我国教育资源城乡和地区不均等,优质教育资源向大城市聚集的格局。

表7.11　2008—2017年中央教育财政支出与地方教育财政支出规模及比重

年份	国家财政（亿元）	中央财政（亿元）	地方财政（亿元）	中央财政支出占比	地方财政支出占比
2008	9 010.21	491.63	8 518.58	5.5%	94.5%
2009	10 437.54	567.62	9 869.92	5.4%	94.6%
2010	12 550.02	720.96	11 829.06	5.7%	94.3%
2011	16 497.33	999.05	15 498.28	6.1%	93.9%
2012	21 242.1	1 101.46	20 140.64	5.2%	94.8%
2013	22 001.76	1 106.65	20 895.11	5.0%	95.0%
2014	23 041.7	1 253.62	21 788.09	5.4%	94.6%
2015	26 271.88	1 358.17	24 913.71	5.2%	94.8%
2016	28 072.78	1 447.72	26 625.06	5.2%	94.8%
2017	30 153.18	1 548.39	28 604.79	5.1%	94.9%

资料来源:历年中国财政年鉴

二是地方政府承担了社会保障和就业财政支出的主要责任。发达国家政府支出中社会保障支出占比一般在30%以上。2008—2017年,中央财政对社会保障和就业直接支出的比重由5.1%下降到4.1%,相应地,地方财政对社保和就业的支出比重由94.9%上升到95.9%(如表7.12所示),社会保障和就业支出责任基本由地方财政承担。据财政部发布的报告数据,2016年地方财政社会保障和就业支出占地方财政支出的比重为13.43%;中央财政支出中社会保障支出比重明显偏低,2015年中央本级用于社会保障和就业的支出占其一般公共预算支出不到3%。从促进全国统一市场和劳动力的自由流动的需求看,从提升基本保障的公平性看,中央财政在社会保障和就业支出上的比重明显偏低。

表7.12　　　　2008—2017年中央与地方社会保障和就业
财政支出规模及比重

年度	国家财政 (亿元)	中央财政 (亿元)	地方财政 (亿元)	中央财政 支出占比	地方财政 支出占比
2008	6 804.29	344.28	6 460.01	5.1%	94.9%
2009	7 606.68	454.37	7 152.31	6.0%	94.0%
2010	9 130.62	450.3	8 680.32	4.9%	95.1%
2011	11 109.4	502.48	10 606.92	4.5%	95.5%
2012	12 585.52	585.67	11 999.85	4.7%	95.3%
2013	14 490.54	640.82	13 849.72	4.4%	95.6%
2014	15 968.9	699.91	15 268.94	4.4%	95.6%
2015	19 018.69	723.07	18 295.62	3.8%	96.2%
2016	21 591.45	890.58	20 700.87	4.1%	95.9%
2017	24 611.68	1 001.11	23 610.57	4.1%	95.9%

资料来源:国家统计局数据库

三是医疗卫生财政支出责任也主要在地方政府。2008—2017年,中央财政对医疗卫生直接支出的比重由1.7%下降到0.7%,相应地,地方财政对医疗卫生的支出比重由98.3%上升到99.3%(如表7.13所示),同样反映了绝大部分医疗卫生支出责任由地方财政承担。

表7.13　　　　2008—2017年中央与地方医疗卫生财政
支出规模及比重

年度	国家财政 (亿元)	中央财政 (亿元)	地方财政 (亿元)	中央财政 支出占比	地方财政 支出占比
2008	2 757.04	46.78	2 710.26	1.7%	98.3%
2009	3 994.19	63.50	3 930.69	1.6%	98.4%
2010	4 804.18	73.56	4 730.62	1.5%	98.5%
2011	6 429.51	71.32	6 358.19	1.1%	98.9%
2012	7 245.11	74.29	7 170.82	1.0%	99.0%

续 表

年度	国家财政 （亿元）	中央财政 （亿元）	地方财政 （亿元）	中央财政 支出占比	地方财政 支出占比
2013	8 279.9	76.70	8 203.20	0.9%	99.1%
2014	10 176.8	90.25	10 086.56	0.9%	99.1%
2015	11 953.18	84.51	11 868.67	0.7%	99.3%
2016	13 158.77	91.16	13 067.61	0.7%	99.3%
2017	14 450.63	107.60	14 343.03	0.7%	99.3%

资料来源：国家统计局数据库

（四）地方政府事权、支出责任和财力不匹配的问题突出

我国政府间事权和支出责任分工仍沿袭了分税制改革以前的格局。城乡、地区间财政资源配置不均衡反映了中央和地方之间财税关系存在的矛盾。从国际经验看，中央政府应承担社会保障支出的主要职责和支出责任，在教育、医疗卫生支出上加大中央财政的支出比重，并且在以公共服务均等化为重点的收入再分配职责上应当承担主要职责，在提供全国性跨地区公共服务、促进国内共同市场、促进城乡和地区均衡发展上应承担主要支出责任。从我国的情况看，中央财政和地方财政支出责任分工仍然存在不清晰、不合理的地方，不仅阻碍公共服务财政资源配置均等化，而且影响财政支出的整体效率。一方面，一些应该由中央负责的职责下移，地方政府事权与支出责任不对称、财力和支出责任不匹配问题仍然突出，既影响公共服务财政支出效率，也不利于促进公共服务财政支出均等化。另一方面，我国分税制改革的一个重要目标是提高中央宏观调控能力，中央政府通过转移支付均衡地区间、不同层级间政府的财力。然而，1994年分税制改革初期，一般公共预算收入中，中央财政收入的比重约为55%，2016年为45.3%，扣除6 826.8亿元的税收返还，中央财政比重为41%，无形中限制了中央财政在促进地方财力均等化上的空间和能力。

二、公共服务体制建设滞后与公共服务需求快速增长的趋势

充分发挥公共服务财政支出的"扩中"效应，最大程度提高公共服务财

政支出的效率,对公共服务体制建设提出了现实需求。但从现实看,公共服务体制建设相对滞后已经成为阻碍公共服务财政支出发挥"扩中"作用的障碍。

(一) 公共服务"有需求、缺服务"的矛盾突出

扩大中等收入群体比重,仍然面临基本医疗卫生服务资源短缺、城乡和区域医疗卫生资源配置不均衡、中低收入家庭医疗保障不充分等突出问题。

以医疗卫生服务为例。基层医疗卫生资源短缺,服务供给不足的问题仍然突出。2014年末,全国医疗卫生机构总数比2013年增加7 034个,其中基层医疗卫生机构仅增加1 967个。从医疗机构床位数总量看,2014年,全国医疗卫生机构床位共有660.1万张,其中医院和基层医疗卫生机构分别占75.2%和20.9%。[①] 民营医院的等级仍较低,规模仍较小,公立医院和大医院拥挤的问题并没有根本解决。2014年公立医院诊疗人次26.5亿人次,占医院总数的89.1%;民营医院3.3亿人次,占医院总数的10.9%。[②] 与快速上升的医疗卫生服务需求相比,我国存在巨大的医疗卫生人才缺口,医疗卫生人才不足导致医疗卫生服务短缺和服务质量难以保障。2015年,我国执业(助理)医师为150.15万人,注册护士为134.86万人,医护比为1∶0.9。而2010年的数据显示,经合组织国家的医护比为1∶3.09,中国香港地区的医护比则为1∶3.17。[③] 截至2015年底,我国全科医生总量有18.86万人,每万人口全科医生数为1.37人,仅占各类执业(助理)医师总数的12.56%;基层医疗机构(社区卫生服务中心及乡镇卫生院)全科医生数为15.43万人,占基层医疗机构执业(助理)医师总量的10.28%。

养老服务也是同样的情况。我国人口老龄化快速发展,预计到2055年,60岁以上老年人口占总人口的比重将由2017年的17.3%提高到35%。预测表明,2010年中国老年人市场规模达到1万亿元,但目前市场每年能

---

① 2014年卫生和计划生育事业发展统计公报[EB/OL]. 中国政府网,2015-11-05.
② 同上。
③ 张雅光. 加快推进拔尖创新型人才队伍建设[J]. 中国国情国力,2014(11):58—60.

够提供的老年产品与服务不足 2 000 亿元。民政部公布的《2016 年社会服务发展统计公报》数据显示,2015 年我国每千名老年人拥有养老床位 30.3 张,远低于发达国家 50—70 张的水平,在发展中国家属于中等水平(20—30 张),养老床位缺口较大。① 医疗、养老、健康等服务需求快速释放与基本养老、医疗服务供给不足成为公共服务体制建设的突出矛盾。

(二) 公共服务供给方式和供给主体改革滞后

据统计,在我国约有 126 万个事业单位,3 000 多万正式职工和 1 000 多万离退休人员,其中公益事业单位占事业单位总数的 80% 左右。在我国,教育、科技、文化、卫生等领域的事业单位是公共服务最主要的提供者。尽管过去十多年来,我国公益事业管理体制经历了比较大的改革,但事业单位行政化特点仍然比较突出,许多事业单位的发展规划、人事任免、经费等仍然由上级行政主管部门负责审定。事业单位有相应的行政级别,财务、人事、福利待遇等制度参照行政机构制定。由于事业单位结构不合理,机构人员臃肿,财政负担沉重,经过这些年的改革,尽管公益事业单位在经费方面对财政的依赖性有所降低,但仍有约 60% 来自财政全额拨款,约有 20% 来自财政差额拨款,各项事业经费支出占到了政府财政支出的 30% 以上,而且 70% 以上是人头费,成为经济和社会发展的沉重负担。② 据统计,我国 1.2 万亿元行政事业性质的国有资产中,有 10% 以上处于闲置,资金浪费极为严重。③ 同时,在行政化管理下,事业单位的专业性和独立性较弱,只对上级行政部门负责,不用对内部单位从业人员、公共服务对象、社会负责,缺乏有效的激励约束机制和监督机制,很难有效地反映公共需求和保障公共利益。

(三) 公共服务监管制度尚不完善

提高公共服务财政支出效率,就是要把公共服务财政支出转化为有

---

① 2016 年社会服务发展统计公报[EB/OL].民政部网站,2017 - 08 - 03.
② 陈慧.浅议中国事业单位管理体制改革[J].经济师,2011(7):14—16.
③ 胡其图.我国事业单位改革面临的阻力与对策[J].呼伦贝尔学院学报,2009,17(3):33—35.

效的公共服务供给。这除了需要建设一整套的包括公共服务供给评价指标体系、评估机制、监督机制、信息反馈和纠错机制等内在制度和机制，还需要对包括监管对象、监管机构、监管方式、监管手段等传统公共服务监管体制进行重构，加强社会和公共服务需求者对公共服务供给的监管。

三、教育结构不合理

当前我国面临人才供求的结构性失衡，不利于扩大中等收入群体。人才供求结构性失衡，重要原因在于教育财政支出结构不合理及更深层次的教育结构不合理。

（一）教育财政支出的主要矛盾在于结构不合理

从促进教育结构朝着有利于扩大中等收入群体比重的方向发展看，教育财政支出比重偏低已经不是主要矛盾，更重要的是要优化教育支出结构。教育结构与经济社会发展趋势不相适应，导致人才供求的结构性失衡，突出表现在"用工荒"与"就业难"并存、学历与薪酬倒挂、技能型人才短缺与结构性失业并存等问题。例如，人力资源和社会保障部的数据显示，目前技能劳动者数量只占全国就业人员总量的20%左右，高技能人才比重仅为5%。[1] 人力资源富余与人力资本短缺现象并存，反映了人才供给结构的严重失衡，不利于扩大中等收入就业，也不利于提升劳动者收入。人才供求的结构性矛盾，无论是当前高技能人才缺乏反映出的教育结构不合理和优质职业教育匮乏问题，还是创新型人才缺乏所反映的高等教育发展方式转变的滞后和优质高等教育匮乏问题，本质上都是教育结构与经济社会结构变化不匹配，由此导致教育发展与经济社会转型升级对人才需求"脱节"。这是企业"用工荒"和大学生"就业难"并存的重要原因。从推动教育结构适应

---

[1] 侯定凯.全球人才竞争力：国际趋势与中国表现[EB/OL].国家教育宏观政策研究院网站，2017－07－24.

经济结构转型升级的趋势和需求看,通过教育支出规模扩张为城乡居民提供教育服务的历史使命已经完成,随着义务教育和其他各个阶段教育学生入学率的快速上升,教育支出规模扩张的边际效用递减。在破解人才供给的结构性矛盾中扩大中等收入就业和提升劳动者收入,关键在于加快教育结构调整,教育支出结构的调整和优化可以在其中发挥积极的引导作用。

(二) 职业教育成为最大短板

据《中国职业教育发展报告(2002～2012)》,职业教育对提升就业能力以及优化教育结构均发挥了重要作用,其中对于主要劳动人口平均受教育年限增长的贡献率为21%。[1] 随着我国产业结构的调整升级,加快与市场联系最直接的职业教育发展更为迫切。职业教育发展不仅相对滞后于"中国智造"的趋势和需求,也滞后于服务业发展的趋势;高等职业教育发展相对滞后、职业教育结构仍然不合理,已经成为在经济结构转型升级中"扩中"面临的突出挑战。例如,2010年我国批发、零售、物流业等服务业从业人员与职业教育对口专业招生缺口数高达120万人,[2] 凸显职业教育结构的不合理。职业教育的教学资源和师资力量与普通教育相比,差距非常之大,甚至可以说职业教育相对普通教育是"二流教育"。2011年,我国中等职业教育支出占比为6.8%,学前教育支出占比为2.2%。相较之下,日本、韩国、德国在工业化后期,其职业教育经费支出总量占GDP的比重区间大约为0.9%～1.7%,平均维持在1.2%。[3] 我国职业教育生均经费支出低于普通高中教育。以地区数据为例,地方政府承担超过90%的教育财政支出,这些年尽管地方政府对职业教育的重视和投入上升,有13个地区中等职业学

---

[1] 付卫东.跨越"中等收入陷阱"关键期我国职业教育发展战略研究[J].职教论坛,2015(6):11-15.
[2] 张原.职业教育助推经济转型升级[N].中国社会科学报,2013-08-13.
[3] 侯定凯.全球人才竞争力:国际趋势与中国表现[EB/OL].国家教育宏观政策研究院网站,2017-07-24.

校的生均财政经费大于普通高中生均财政经费(如图7.2所示),然而近十年来,只有1/4的地区中等职业学校生均财政经费增长率高于普通高中生均财政经费增长率,3/4的地区普通高中生均财政经费增长率均高于中等职业学校生均财政经费增长率(如图7.3所示)。

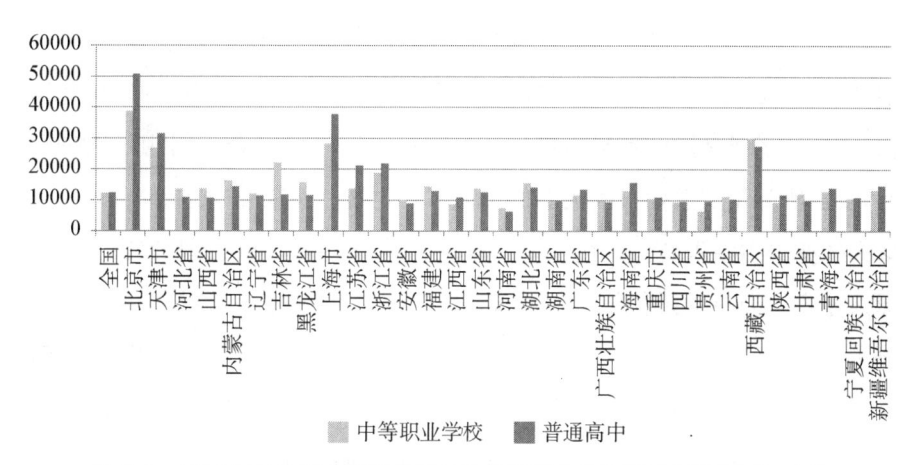

图 7.2　2016年各地区中等职业学校和普通高中生均财政经费(单位:元)

资料来源:根据国家统计局国家数据库数据整理所得

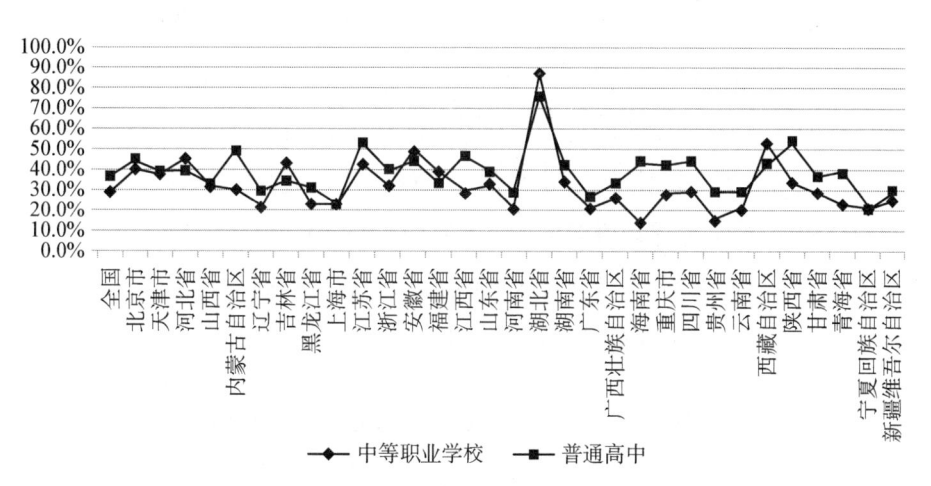

图 7.3　2007—2016年各地区普通高中和中等职业学校生均财政经费增长率

资料来源:根据国家统计局国家数据库数据整理所得

(三) 创新人才不足凸显高等教育支出结构优化和制度改革需求

在高等教育财政支出快速增加的保障下,我国近年来培养的大学生、硕士生、博士生数量都居于全球前列,但总体看我国劳动者中受过高等教育的比例仍然偏低,更关键的问题是创新型人才与发达国家相比存在明显差距。2015年,我国主要劳动年龄人口受过高等教育的比例为15.83%。2005年,美国主要劳动年龄人口受过高等教育的比例为55.8%,日本为54.9%,加拿大为54.0%,英国为38.2%,澳大利亚为37.5%,法国为35.7%,德国为33.9%,意大利为32.6%,韩国为27.6%。[①]《自然》杂志引用的数据显示,我国国际论文总体被引用率低于世界平均线。法国英士国际商学院《全球人才竞争力报告》显示,在118个国家中,瑞士、新加坡、英国、美国分列全球人才竞争力指数排行榜的前4位,我国排在第54位。[②] 科技部统计资料显示,我国高层次科技创新人才数量仅为1万名左右,在158个国际一级科学组织和1 566个主要二级组织中,我国科学家能参与领导层的仅为206人,占比2.26%。[③] 根据教育部数据,近年来中职毕业生就业率达到95%左右,但高校毕业生的就业率仅为70%左右。[④] 据调查,2017年高校毕业生中,专科生的就业落实率为88.9%,硕士生为85.2%,博士生为83.1%,本科生的落实率最低,为82.7%。[⑤] 这反映了我国现行高等教育结构与教育质量越来越难以满足经济转型升级带来的人力资源需求。在高等教育需求多元化的大背景下,优质的高等教育服务供给不足,导致大量需求外流的同时国内创新性人才培养不足,是当前高等教育发展面临的主要矛盾。高等教育结构不合理、高等教育领域供求不匹配,主要的问题是广大社会成员需要的多层次、高质量的高等教育服务供给不足,以提升高等教育质量优化高等教育支出结构和加快高等教育制度改革的需求全面上升。

[①] 侯定凯. 全球人才竞争力:国际趋势与中国表现[EB/OL]. 国家教育宏观政策研究院网站,2017-07-24.
[②] 同上。
[③] 张雅光. 加快推进拔尖创新型人才队伍建设[J]. 中国国情国力,2014(11):58—60.
[④] "技能型"还是"学术型"——高考该如何选择?[EB/OL]. 新华社,2014-04-07.
[⑤] 2017年高校毕业生就业状况调查出炉[N]. 光明日报,2017-11-25(07).

四、医疗卫生制度改革尚不到位

医疗卫生财政支出能否有效发挥"扩中"的作用以及作用大小,很大程度上取决于医疗卫生制度改革进程。

(一) 中低收入家庭"大病致贫"的风险仍然很高

虽然卫生总费用中个人支出占比趋于下降,但随着我国居民医疗健康需求的快速上升,个人卫生费用支出额仍在快速上升。由于基本医疗保险制度的三个目录具有较大的限制,某些医疗费用报销比例还比较小,一旦居民患上大病,基本医疗保险远不能抵消巨额花费,给家庭带来巨大经济压力。一些大病患者因费用过高而中止医疗的现象时有发生。第四次家庭健康询问调查分析表明,2008 年中国城乡贫困家庭有 34.5% 是因疾病或损伤而致贫,比 2003 年上升 4.5 个百分点。[①] 数据表明,全国近 3 000 万个贫困家庭中约 1 200 多万个家庭因病致贫,占比达到 40% 左右,高于 2008 年的比重。[②]

(二) 医疗费用快速增长的根源在于不合理的制度安排

我国自 2008 年开始新一轮医改,但迄今公立医院逐利性质基本没变,许多诱导性消费不降反增。目前,公立医院收入主要来源于财政补贴、医疗服务收入和药品收入。政府财政补贴约占公立医院经费的 15% 左右[③],在一些地方三级甲等医院政府补贴占其经费的比重更低,剩下的经费由医院自筹,业务收入成为许多医院绩效考核的重要标准。这导致广为诟病的"以药养医"问题。一方面,药品生产与销售领域环节已经放开,形成了充分竞

[①] 卫生部统计信息中心. 中国卫生服务调查研究:第四次家庭健康询问调查分析报告 2008[M]. 北京:中国协和医科大学出版社,2009.
[②] 付志方. 为贫困患者撑起保障网(建言)[EB/OL]. 人民日报. 2016 - 07 - 13. http://opinion.people.com.cn/n1/2016/0713/c1003-28548713.html.
[③] 曹岳兴,袁汇亢,周莹. 公立医院医疗服务价格补偿机制研究[J]. 卫生经济研究,2009(1):24—26.

争的市场;另一方面,医院在药品使用上仍处于天然垄断地位,医院通过药品加成获得相应收入成为一种常态。

(三) 对多元化、可持续的医疗卫生筹资机制的需求快速上升

以大病保险为例。目前中国大病保险的资金主要来源是基本医疗保险基金结余,在城乡居民医疗保险资金还有巨额结余的情况下,大病保险基金能够正常运转,但随着老龄化以及带来的疾病谱变化,城乡居民基本医疗保险基金结余有可能出现下降,这就要求对大病保险筹资渠道进行中长期谋划和安排,亟须加快建设包括大病医保、医疗救助、商业保险、长期护理保险等在内的多层次、可衔接的医疗保险体系。

五、社会保障仍然面临不充分、不公平、不可持续的挑战

在人口老龄化趋势下,社会保障制度不统一,基本养老保障和医疗保障不充分等,成为制约社会保障财政支出充分发挥"扩中"作用的制度障碍。

(一) 人口老龄化给社会保障可持续性带来严峻挑战

一方面,随着人口老龄化的加快,中等收入群体家庭就业人口的养老负担在快速上升。联合国预测,2030年中国老年人口规模将翻一番,接近3.5亿人;2050年将达到4.5亿人,有可能1.3个就业者就要养1个老人。老年人口快速增长带来巨大的养老保障需求,随着老龄化程度加深,中国老龄人口供养比例急剧下降。1990年,每12位15—64岁人口抚养1位65岁以上老龄人口,到了2015年,每7位15—64岁人口就要抚养1位65岁以上的老龄人口。2010年中国赡养率为11.3%,比世界平均水平低0.2个百分点,预计到2030年,中国赡养率将达到23.4%,比世界平均水平高5.5个百分点,到2050年,中国赡养率水平将达到36.9%,远高于世界平均水平(如表7.14所示)。

表 7.14　　　　　　　　　　各国老年赡养率趋势

地区	1980 年（百分比）	2000 年（百分比）	2010 年（百分比）	2030 年（百分比）	2050 年（百分比）
世界	10.1	10.9	11.5	17.9	25.6
较发达国家	17.7	21.3	23.4	36.6	44.1
次发达国家	7.2	8.2	8.9	14.8	23.1
不发达国家	6.0	5.6	5.6	7.1	11.9
中国	7.9	10.0	11.3	23.4	36.9

资料来源：朱卫东,姚建平.人口老龄化对我国未来养老保险制度的影响及其对策[J].经纪人学报,2005(2)。

一方面,"未富先老""未保先老"的风险加大。与全球 130 多个国家中人均收入水平相近的国家相比,我国老年人口比例和劳动年龄人口比例都高于平均水平(蔡昉,2012)[1],这给中国社会保障体系带来巨大压力。以老年医疗服务为例,60 岁以上老年人的人均卫生资源消耗是全部人口人均卫生资源的 1.9 倍,慢性病患病率是全部人口患病率的 3.2 倍,伤残率是全部人口伤残率的 3.6 倍。[2] 2000—2015 年,中国劳动就业人口与领取退休金人数之比由 22.7∶1 急剧下降到 3.2∶1(如表 7.15 所示)。55—64 岁间退休人口占总人口的比例预计将从 2010 年的 10%增加到 2020 年的 12%,2025 年的 15%,2030 年的 16%(彭文生,2011)[3]。1990—2013 年,我国城镇职工基本养老保险中职工参保数的增速为 6.9%,离退休人员数量增速为 9.6%,意味着缴费人数大幅下降,领取养老金人数大幅上升,养老金支付压力明显加大。分地区看,2018 年城乡居民基本养老保险待遇领取人数占参保人数的比例为 30.34%,最高的上海为 64.82%,15 个省、自治区、直辖市超过 30%,28 个超过 20%,仅有新疆、青海、西藏未超过 20%(如表7.16 所示)。由于"老"快于"保","扩中"带来的收入增长随着制度赡养比的提高而逐步放缓,养老保险基金支付压力逐年上升。

---

[1] 蔡昉.退休年龄：世界难题和中国国情[J].现代人才,2012(6)：21—23.
[2] 一定让老人老有所医——全国政协委员、宁夏医学院副院长戴秀英呼吁尽快出台老年医疗服务的刚性文件[J].首都食品与医药,2012(7)：30.
[3] 彭文生.人口结构的宏观经济含义[J].金融发展评论,2011(5)：24—27.

表 7.15　　2000—2015 年中国劳动就业人口与领取退休金人数的比

年份	劳动就业人口总数 (a,万人)	领取退休金人数 (b,万人)	每个就业人口抚养 退休人员(＝a/b)
2000	72 085	3 169.9	22.7
2001	72 797	3 380.6	21.5
2002	73 280	3 607.8	20.3
2003	73 736	3 860.2	19.1
2004	74 264	4 258.4	17.4
2005	74 647	5 093.3	14.7
2006	74 978	6 309.8	11.9
2007	75 321	7 834.2	9.6
2008	75 564	9 740.2	7.8
2009	75 828	11 490.8	6.6
2010	76 105	13 419.5	5.7
2011	76 420	16 894.7	4.5
2012	76 704	20 520.7	3.7
2013	76 977	21 809.0	3.5
2014	77 253	22 906.4	3.4
2015	77 451	23 942.2	3.2

资料来源：历年中国统计年鉴

表 7.16　　2018 年城乡居民基本养老保险待遇领取
人数占参保人数的比例

地区	比例(百分比)	地区	比例(百分比)
北京	42.53	湖北	31.68
天津	50.74	湖南	27.47
河北	29.16	广东	31.97
山西	26.33	广西	30.99
内蒙古	29.83	海南	25.38
辽宁	39.07	重庆	32.81
吉林	36.78	四川	35.04
黑龙江	32.88	贵州	25.12
上海	64.82	云南	22.61
江苏	47.03	西藏	2.19
浙江	44.58	陕西	28.71
安徽	26.48	甘肃	23.68
福建	30.57	青海	18.95

续表

地区	比例(百分比)	地区	比例(百分比)
江西	25.57	宁夏	22.53
山东	33.23	新疆	14.95
河南	27.19	全国总计	30.34

资料来源:《中国统计年鉴2019》

(二) 社会保障制度不统一导致城乡、地区和群体间社会保障待遇差距拉大

我国收入分配差距保持高位有多方面的因素,但社会保障体制不健全与存在不公平的制度安排是一个重要原因。相比于18个欧盟国家的社会保障政策使得其基尼系数的平均值下降了40%,中国仅下降了12.3%。[①] 养老保险、医疗保险、最低生活保障制度、老年福利政策等仍存在明显的城乡分割。例如,城镇职工养老保险是强制参保,而新农保是政府引导,农民自愿参加,在保障水平上两者存在较大差距,社会保障对城镇企业职工的补贴远高于农村居民。根据人力资源和社会保障部数据,2015年城镇职工参保退休人员的月人均基本养老金达到约2 546元/月,而农民人均基本养老金约为119元/月,两者相差21.4倍。在医疗保障方面,人社部的数据显示,2016年城镇职工医保住院费用实际补偿水平(72.2%)比城乡居民医保住院费用实际补偿水平(56.3%)高出近6个百分点,而养老金待遇的地区差距也已经超过居民收入的地区差距。例如,2015年,山西和江苏的城镇居民人均可支配收入比为0.6,但两地城镇职工养老保险人均基金支出比为1.2。2015年,城乡居民人均养老基金支出最高的上海与最低的黑龙江之间差距为9.49。发达国家中央政府支出中社会保障支出占比一般在30%~50%,而我国社会保障支出主要由地方政府承担。2016年在中央和地方两级的社会保障和就业支出中,中央政府包括对地方的转移支付

[①] 王延中,等.中国社会保障收入再分配效应研究——以社会保险为例[J].经济研究,2016(2): 4—15.

在内的支出占比为3.8%,地方政府财政支出占96.2%。这导致经济不发达地区财政支出压力巨大,也不利于缩小社会保障的地区差距。如果现有制度不改革,继续扩大财政性社会保障支出将扩大而不是缩小收入差距。研究表明,现行养老保障体系下高收入群体受益程度远远大于低收入群体,如果现有制度不改革,继续扩大财政性社会保障支出将扩大而不是缩小收入差距。

(三) 基本养老、医疗保障难以适应不断上升的公共服务需求

2007—2016年,尽管财政对社会保险基金的补助占社会保障财政总支出的比重增加了12.3个百分点(如图7.4所示),但该项支出占财政支出的比重只有4.1%的水平,与全社会日益上升的基本保障需求不相适应;城乡最低生活保障支出比重合计占社会保障财政总支出的比重由7.4%增加到7.8%(如图7.4所示),但占财政总支出的比重不到1%,社会保障在发挥减贫和防止两极分化的功能上存在明显不足;就业补助占社会保障财政总支出的比重由6.9%下降到3.5%(如图7.4所示),该项支出占财政支出的比

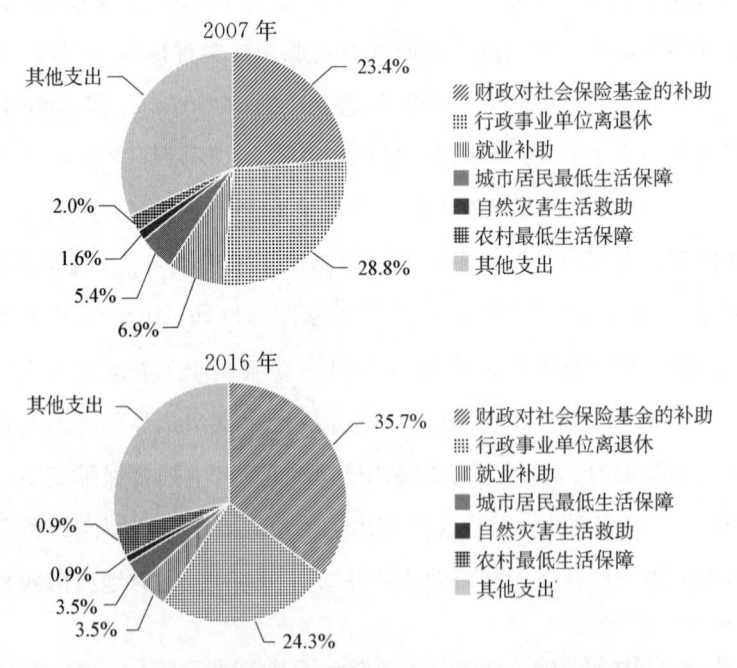

图7.4 2007年和2016年社会保障各项支出占社会保障财政总支出的比重

资料来源:2008年和2017年中国财政年鉴

重降到0.4%,反映了就业促进经费保障方面的相对弱化。

从医疗保障看,2016年,我国因病致贫、因病返贫的家庭553万户,涉及734万人。[1] 从养老保障看,中国人民大学公布的《中国老年社会追踪调查》(2016)研究报告显示,中国总体的老年人养老金领取比例为85.9%。其中,城市养老金领取比例为91.25%,城市中的老年人中有71.93%最主要生活来源是养老金。然而我国农村养老金领取比例仅为70.79%,农村老年人中绝大多数只能依赖子女及其他亲属赡养,只有17.22%能够依靠养老金来生活。2012年城镇职工养老金替代率仅为44%。[2] 根据世界银行的测算结果,要使老年人退休后的生活质量与退休前相比不显著下降,养老金替代率不能低于70%。OECD成员国养老金平均替代率为70%至75%,我国"第一支柱"替代率只有35%。[3] 在养老金替代率方面,2012年中国城镇职工养老金替代率约为44%,OECD国家平均水平为54.4%,其中荷兰养老金总替代率高达90.4%,丹麦、意大利、西班牙等国的养老金总替代率也超过70%(如表7.17所示)。

表7.17　　　　2012年OECD和全球其他主要国家养老金总替代率

国家	替代率（百分比）	国家	替代率（百分比）	国家	替代率（百分比）
澳大利亚	52.3	德国	42.0	瑞士	55.2
奥地利	76.6	希腊	53.9	土耳其	64.5
比利时	41.0	匈牙利	73.6	英国	32.6
加拿大	45.4	冰岛	72.3	美国	38.3
智利	41.9	爱尔兰	36.7	OECD34国	54.4
捷克	52.2	以色列	73.4	阿根廷	90.4
丹麦	78.5	意大利	71.2	巴西	57.5
爱沙尼亚	52.2	日本	35.6	中国	44.0

---

[1] 卫计委:健康扶贫工程已分类救治260多万贫困患者[EB/OL].中国新闻网,2017-06-06.
[2] 超八成城乡老人领养老金,农村老人难依靠其生活[N].工人日报,2016-03-16.
[3] 中央全面深化改革小组:提高城乡居民基本养老险水平[N].上海证券报,2018-01-26.

续 表

国家	替代率（百分比）	国家	替代率（百分比）	国家	替代率（百分比）
芬兰	54.8	韩国	39.6	印度	55.8
法国	58.8	卢森堡	56.4	印度尼西亚	14.1
波兰	48.8	墨西哥	28.5	俄罗斯	60.2
葡萄牙	54.7	荷兰	90.7	沙特阿拉伯	100.0
斯洛伐克	65.9	新西兰	40.6	南非	9.6
斯洛文尼亚	39.2	挪威	52.5	欧盟27国	58.0
西班牙	73.9	瑞典	55.6		

注：此表中收入为社会平均工资时养老金总的替代率。中国数据为2012年城镇职工养老金替代率。

资料来源：OECD数据库

（四）农民工社会保障不充分

农民工群体是提高中等收入群体比重的潜力所在。我国约有2.7亿农民工，其中1.6亿人在城乡间流动，6000多万人跨省流动，占总人口的20%左右，占劳动力总量超过1/3，并且这些年农民工的收入较快增长，相当部分高收入农民工已经达到或超过中等收入门槛。2015年全国农民工人均月收入3072元，最高20%收入组的月均工资已经达到8063元左右，是增加中等收入群体比重的主要来源。然而，农民工参加社会保险比例仍然很低。2014年，城镇职工的参保率在63%左右，外出农民工参加养老保险的比重为16.7%。2016年，农民工参加养老保险、医疗保险、工伤保险、失业保险的比重分别为21.1%、17.1%、16.5%和26.7%（如表7.18所示），都远远低于城镇职工参保率。社保制度的统筹层次偏低、转移接续机制还不健全，是农民工参保率低的重要原因。尽管目前国家异地就医结算系统已覆盖全国31个省、自治区、直辖市和新疆生产建设兵团的所有400个统筹地区，入网跨省异地就医定点医疗机构超过9000家，但占全部医疗机构的比例不足1%。农民工社会保障覆盖率过低，不利于中等收入群体的扩大。

表 7.18　　　　　　　　　农民工社会保险参保率

年　份	2017	2016	2015	2014	2013
农民工总数(万人)	28 652	28 171	27 747	27 395	26 894
养老保险参保人数(万人)	6 202	5 940	5 585	5 472	4 895
养老保险参保率(百分比)	21.6%	21.1%	20.1%	20.0%	18.2%
医疗保险参保人数(万人)	6 225	4 825	5 166	5 229	5 018
养老保险参保率(百分比)	21.7%	17.1%	18.6%	19.1%	18.7%
失业保险参保人数(万人)	4 897	4 659	4 219	4 071	3 740
失业保险参保率(百分比)	17.1%	16.5%	15.2%	14.9%	13.9%
工伤保险参保人数(万人)	7 897	7 510	7 489	7 362	7 263
工伤保险参保率(百分比)	27.6%	26.7%	27.0%	26.9%	27.0%
年　份	2012	2011	2010	2009	2008
农民工总数(万人)	26 261	25 278	24 223	22 978	22 542
养老保险参保人数(万人)	4 543	4 140	3 284	2 647	2 416
养老保险参保率(百分比)	17.3%	16.4%	13.6%	11.5%	10.7%
医疗保险参保人数(万人)	4 996	4 641	4 583	4 335	4 266
养老保险参保率(百分比)	19.0%	18.4%	18.9%	18.9%	18.9%
失业保险参保人数(万人)	2 702	2 391	1990	1 643	1 540
失业保险参保率(百分比)	10.3%	9.5%	8.2%	7.2%	6.8%
工伤保险参保人数(万人)	7 179	6 828	6 300	5 587	4 942
工伤保险参保率(百分比)	27.3%	27.0%	26.0%	24.3%	21.9%

资料来源：根据历年社保公报数据整理所得

第八章　扩大中等收入群体与公共服务财政支出：国际经验

公共服务财政支出的规模、结构、方式等变化，既反映政府职能的变化，也反映政府与市场关系的变化。从国际经验看，充分发挥公共服务财政支出的"扩中"作用，既需要政府在教育、医疗和社会保障等公共服务支出上承担主体责任和发挥主导作用，为中低收入者向上流动和提高中等收入群体抗风险能力提供财政保障，也需要充分发挥市场在资源配置中的决定性作用，使公共服务财政支出尽可能少地挤出私人投资和私人消费，为扩大中等收入就业提供有利的财政环境。

第一节　美国

从美国中产阶级发展的历史看，公共服务财政支出及政策对美国中产阶级的发展有重要影响。美国中产阶层发展的经验表明，财政政策对中产阶级有重要影响，由财政支出保障的基本教育、医疗保障和社会保障，以及支撑公共服务财政支出的税收政策，影响着美国中产阶级的兴衰。

一、中产阶层发展的情况

（一）美国中产阶层的兴起

20世纪中叶，美国被誉为典型的"中产国家"。许多研究表明，从20世纪30年代美国经济大萧条危机后到20世纪70年代是美国中产阶级的兴盛发展时期。

美国学者莱维·巴特拉在其著作《一九九〇年大萧条》中写道,在1929—1933年经济大萧条的前夜,美国最富有的1%的家庭拥有的国民财富比重已达到36.3%,收入分配差距明显扩大,伴随而来的是中产阶级的艰难处境。为了摆脱经济大萧条,当时的罗斯福政府通过扩张性的财政政策刺激有效需求,政府支出主要向中低收入阶层倾斜。"罗斯福新政"恰恰是一种"中产主义"思路,它提升了底层、抑制了上层,它拯救了美国(颜卿鸿,2010)[①]。罗斯福新政期间,罗斯福总统从美国梦的价值追求提出了扩大社会保障和社会福利支出的必要性。"罗斯福新政"[②]的重点之一是扩大就业和保障基本民生,在那个时期政府密集出台《社会保障法案》《劳工关系法》《公用事业法》《公平劳动法》《税收法》等法规,以保障劳动者权益,为失业工人、老弱病残、贫困妇女儿童提供社会救济和补助。1935年8月美国国会审议通过包括失业保险、养老保险在内的《社会保障法案》。到1940年,已经有2 800多万工人获得了失业保障,有200万以上65岁退休老人得到养老补助,至少使当时美国3 000万公民直接受益于失业补贴、养老金以及保护儿童和防止疾病的财政支出和相关措施。[③] 为了促进就业,1933年罗斯福政府先后设立民政工程局、公共工程局、民间资源保护队、工程振兴局、田纳西河流域管理局等公共机构,以大量吸收就业人员。[④] 数据显示,民政工程局为400多万人口及其家庭提供了谋生之道;公共工程局在1933—1939年间建造全国近70%的新校舍、65%的县政府办公楼、市政厅和污水处理厂,35%的医院和公共卫生设施,10%的道路、桥梁等工程建筑,为建筑行业创造了17.5亿个工时的就业,为原料生产、制造业和交通运输业创造了30亿个工时的就业;民间资源保护队为约250万人创造了临时就业机

---

① 颜卿鸿.中产主义:"罗斯福新政"及其启示[J].读书,2010(7):96—99.
② "罗斯福新政"指1933年富兰克林·罗斯福就任美国总统后实行的一系列经济政策,核心是救济(Relief)、复兴(Recovery)和改革(Reform)"三R"新政,旨在通过加强政府干预来解决大萧条所带来的经济危机与社会矛盾。这一时期国会制定了《紧急银行法令》《国家产业复兴法》《农业调整法》《社会保障法案》等。
③ 万雪梅.罗斯福新政如何解决失业问题[J].历史教学,2003(11):67—74.
④ Jr A M S. The Coming of the New Deal [J]. Boston: Houghton Mifflin Company, 1958:288.

会;工程振兴局自成立到1941年共投入113.65亿美元,为800多万人提供就业,直接受益者达2500万人,约占当时美国人口的1/5;之前,田纳西河流域是一个资源匮乏、经济欠发达的地区,田纳西河流域管理局让该地区发展成了富裕的工农业区,使其350万居民的平均收入提高了9倍。[1]在工程振兴局下还设有"青年管理处",青年管理处为151.4万名中学生和62万名大学生安排了能够半工半读性质的工作,使得这些中学生和大学生能够有经济能力完成学业。[2] 在促进就业的同时,政府加强劳动与社会保障体系建设,对收入分配调节起到了正向作用,促进了中产阶层发展,从而刺激了消费和投资需求,推动美国从大萧条走向经济复苏。

在罗斯福新政的推动下,大萧条危机过后,随着美国工业化和城市化进程的发展,产业工人和白领阶层的迅速壮大,为美国形成以中产阶层为主的橄榄型社会结构奠定了基础。20世纪50年代初,查尔斯·米尔斯在其《白领:美国的中产阶级》一书中把经理、专业人员组成的"白领"视为新中产阶级。1956年,美国白领工人数量首次超过蓝领工人。那个时期出现大量关于中产阶层的研究,中产阶级被美国学界称为"企业家精神的摇篮",一方面是经济建设的主体,另一方面是社会消费的主力,是美国经济发展的原动力,在工业社会中是处于中心位置的。到"二战"前,美国经济已经恢复到危机前水平,中产阶层也得到快速发展。颜卿鸿(2010)[3]研究认为,罗斯福新政的意义很大,一方面经济危机转化为社会危机的可能性被成功阻断,另一方面社会上层财富与权力垄断导致社会底层大规模暴动的可能性也被成功阻断,为美国在"二战"中成为巨大赢家奠定了经济基础和阶级基础。"二战"后到20世纪60年代,美国国民生产总值实现翻番,中产阶层迅速扩大,到1964年在美国认为自己属于中产阶级的人口占比达到44%[4],到1980

---

[1] 福克讷. 美国经济史(下卷)[M]. 王锟,译. 北京:商务印书馆,1964:403.
[2] 德怀特·L.杜蒙德. 现代美国(1896—1946年)[M]. 宋岳亭,译. 北京:商务印书馆,1984:465.
[3] 颜卿鸿. 中产主义:"罗斯福新政"及其启示[J]. 读书,2010(7):96—99.
[4] Frank Levy. The Middle Class: Is It Really Vanishing? [J]. Brookings Review, 1987.

年,美国大约有80%的家庭属于中产阶层[1]。

(二)美国中产阶层的萎缩困境

20世纪80年代以来,美国中产阶层比重开始出现下降趋势,中产阶层出现"空心化"现象。一些学者对此专门做了研究,研究表明,一方面,中产阶层中下层特别是蓝领工人的失业风险上升,经济利益受损;另一方面,社会财富分配严重不公,社会流动性减弱(邵育群,2017)。[2]

1. 中产阶级收入趋于下降。美国人口普查局的数据显示,1979—2007年,美国家庭收入中数增长了13%,但扣除通胀因素后,实际可支配收入反而下降,中产家庭生活水平下降。不断上升的经济压力使得越来越多的中产阶级家庭靠负债维持生活水平,1983—2004年,美国中产阶级的负债收入比从0.45上升到了1.19。[3] 到20世纪90年代后期,美国中产阶层的实际收入增长出现停滞甚至水平下降的趋势。1999年以来美国居民家庭收入中位数的增长几乎停滞,2008年后呈下降趋势。进入21世纪后,美国中产阶级萎缩的速度加快,中产家庭收入并未随经济增长而相应增长,金融危机爆发后甚至出现相背而行的局面。到2013年,中产阶层家庭的比重下降到50%左右。[4] 据美国皮尤研究中心(Pew Research Center)研究显示,美国229个大都市区从2000年到2014年之间,有203个出现了中产阶层比例(占总成年人口比例)下降的现象,其中波士顿、纽约、休斯顿、洛杉矶这样的大都市区中,中产阶级比例已下降到不足50%。[5] 一些遭受重大冲击的城市如北卡罗来纳州的戈尔德布索罗市(Goldbsore),中产阶层结构自2000

---

[1] Steven Pressman, Defining and Measuring the Middle Class [J]. American Institute for Economic Research(AIER), Working paper, 2015(7).
[2] 邵育群. 美国与全球化关系的再定义——高度不确定的未来[J]. 国际展望,2017(1):18—33.
[3] Dan Kopf. Almost all the US Jobs Created since 2005 Are Temporary(EB/OL). https://qz.com/851066/almost-all-the-10-million-jobs-created-since-2005-are-temporary/.
[4] Steven Pressman, Defining and Measuring the Middle Class [J]. American Institute for Economic Research(AIER), Working paper, 2015(7).
[5] The American Middle Class is Losing Ground [Z]. Pew Research Center, 2015.

年起出现"断崖式倒塌"现象,导致成群结队的中产阶层家庭"坠落"至美国社会底层,至今仍陷入无法自救的困境之中。根据2015年度美国皮尤研究中心统计显示,中产阶层总人数<富人阶层+穷人阶层,具体数字是美国中等收入人口共1.208亿,高收入和低收入之和仅1.213亿,即中产阶层总人数小于富人阶层和穷人阶层人数之和。[1] 1970年美国富人阶层收入占总收入的比例为29%,但到了2014年,这一比例上升到了49%。特别是在2008年全球融危机以后,较2001年,2013年美国的中位财富比下降了28%,可见美国社会收入正在从中产阶级向富人阶层转移。[2]

2. 中等收入工作岗位的数量增长几近停滞。在"大衰退"期间损失的岗位中,低薪工作占22%,中等收入就业岗位占37%,但2010年的"恢复期"新增就业岗位中低薪工作占44%,中等收入岗位仅占26%[3]。自2005年以来的十年里,美国新增的约1千万个就业岗位中94%为非全职工作[4],导致工资停滞甚至下降。"美国的经济正在一分为二,要求接受过大量教育和培训的、高学历高收入的工作岗位正在快速增加,而不需要怎么接受教育或者特殊技能的、低工资低门槛的就业岗位也在快速增加,但对于接受过中等教育、工资水平也处于中等的工人的需求却没有增加。"[5]以密歇根州为例,2000年到2010年间,密歇根州汽车制造业的就业岗位减少了50%,密歇根州人均收入在全美各州中的排名降到第34位,受过高等教育的劳动者因此移居到其他州,这样的恶性循环使得密歇根州的劳动者受教育程度更低、年龄更趋为老化[6]。

3. 收入分配不平等愈加严重。纽约州立大学研究显示,自1979年以来,美国收入分配不平等加剧,1%的人口获得了80%的新增收入。[7] 从收

---

[1] The American Middle Class is Losing Ground [Z]. Pew Research Center, 2015.
[2] Meyerson H. Who's Got the Political Will to Save the Middle Class? April 30,2014.
[3] Dan Kopf. Almost all the US Jobs Created since 2005 Are Temporary(EB/OL). https://qz.com/851066/almost-all-the-10-million-jobs-created-since-2005-are-temporary/
[4] 邵宇群. 美国与全球化关系的再定义——高度不确定的未来[J]. 国际展望,2017(1):18—33.
[5] 同上.
[6] 同上.
[7] Thompson D. The Hollowing Out of America's Middle Class [J]. The Atlantic, 2010.

入五等分的统计看,1967—2011年,美国最低等分和中间等分的家庭收入占比总体下降,最高等分区间的家庭收入比重上升,其中中间等分的家庭收入占比由17.3%下降到14.4%,最高等分的家庭收入占比由43.6%上升到51%。在中产阶级比重下降的同时,中产阶级家庭收入占美国家庭总收入的比重从1970年的62%大幅降至2014年的43%,而同期富裕家庭收入占美国家庭总收入的比重从29%升至49%。① 从家庭财富看,2010年美国中等收入家庭财富几乎跌至1983年的水平。1983年到2010年间,美国高收入与中等收入家庭之间的财富差距在迅速扩大,与此同时中等收入与低收入家庭之间的财富差距却几乎保持不变。高收入的家庭净财富增长了87%,而中等收入的家庭净财富增长仅为2%。② 进入21世纪后,美国中等收入、高收入、低收入的家庭净财富增长率都呈现出明显放缓的趋势。在2001年至2007年之间,中等收入、高收入家庭净财富增长率的增长幅度也在下降,但仍然高出低收入家庭4个百分点。③ 相对于向上流动的数量,更多的中产阶层滑落到中下层,贫富差距进一步扩大。

二、中产阶层发展与公共服务财政支出

(一)公共服务财政支出存在逆向分配影响

美国中产阶层不断减少的原因,既有工业化、自动化进程中科技创新、产业升级与劳动力市场结构调整之间的矛盾带来中等收入就业供求不匹配的原因,也有收入分配政策和社会保障等福利支出"累退效应"导致逆向分配的原因。

1. 医疗卫生支出、社会保障支出对调节收入分配作用不足甚至存在逆分配效应。自20世纪30年代以来,美国财政支出占国内生产总值的比例总体保持上升趋势,1929—2010年,美国财政支出年均增长率为8.3%,人

---

① PEW Research Center. The Lost Decade of Middle Class [R]. PEW Research Center, 2012.
② 同上。
③ 张兴祥."美国梦"衰落了吗?——奥巴马政府重建中产阶级基石的动因与举措[J].国际政治研究(双月刊),2015,52(3):9—33.

均财政支出年均增长率为7.1%,财政支出占GDP的比重由8%左右上升至35.8%。1960—2010年,美国医疗卫生支出和社会保障支出占财政总支出的比重分别从4.5%和19%上升到21%和25%。这一方面是由于美国强调社会保障政策导致,另一方面与人口老龄化直接相关,到2010年美国65岁以上人口占比由20世纪30年代的6%左右上升为12.7%,导致医疗卫生和社会保障支出压力上升。美国财政支出中经济建设性支出较小,2010年的比重在6%左右,主要用于物流服务、资源能源、农业以及交通设施等。[①] 2017财年美国联邦政府预算支出为4.147万亿美元,约2.6万亿美元即62.8%的支出为包括社会保障、医疗保险和医疗补助、移民改革津贴、国债利息支出(3 030亿美元)等在内的强制性支出(如图8.1所示)。社会保障支出、医保支出占美国联邦政府预算支出的比重分别为23.31%和14.42%,或占GDP比重分别为5%和3.1%。[②] 据美国总统预算办公室预测,2016—2025年,美国联邦预算支出占GDP的比重将由21.4%增加到

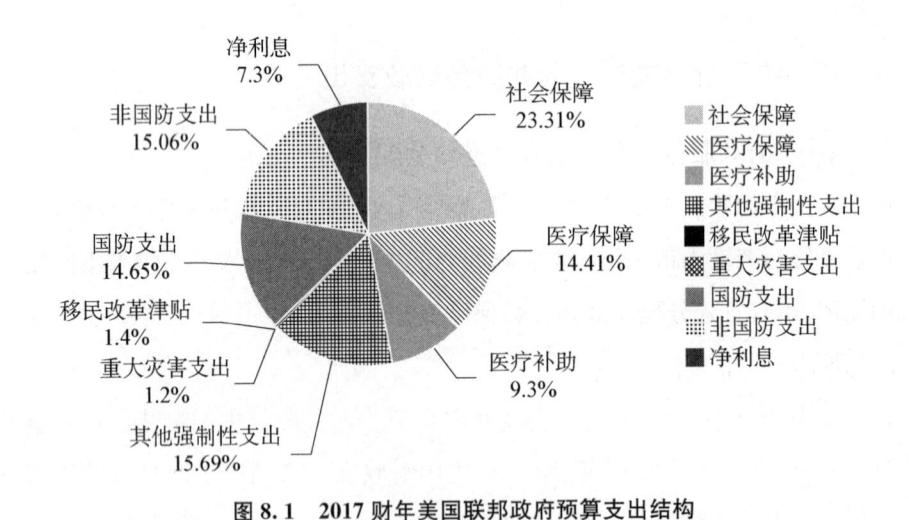

图8.1　2017财年美国联邦政府预算支出结构

资料来源:美国政府公共支出网

---

① 孙志燕.美国财政支出的演变趋势及启示[J].经济纵横,2012(11):113—116.
② 美国政府公共支出网数据库.

22.7%,社保支出、净利息支出、医保支出和医疗补助支出将增幅较大。①

2. 社会保障支出和医疗卫生支出规模的扩大没能有效减轻中产阶层快速上升的医疗和社会保障负担。个人承担的医疗、教育等费用的快速上升加大了中产家庭负担,特别是国际金融危机爆发后,在就业机会短缺、收入增长停滞、财富大幅缩水的情况下,住房、医疗和教育费用等却全面飙升。白宫中产小组的年度报告显示,1990—2008年,中产阶级的家庭收入实际增长率为-34%;与此同时,住房支出、医疗保险支出和大学费用大幅上升。住房支出实际增长率为56%;公立大学和私立大学的费用支出实际增长率为60%和43%;医疗保险支出的增幅更高达155%,在中产阶级家庭支出中增幅最大。2004—2010年,只有一半左右的美国学生读完大学,低收入家庭的毕业率就更低了。② 金融危机过后,许多工薪阶层发现他们的401K养老保险失去了30%—40%的价值,退休后生活水平大大低于预期。由于401K计划覆盖率不足,工薪阶层养老保障严重不足。数据显示,2007年美国家庭工作年龄的户主中,只有60%有资格参与401K退休计划,有资格参加的人中又有15%的人不参加,意味着将近7800万美国工人的退休保障不足,这些家庭的生活压力显著上升。③

3. 教育支出保持了较高水平,但教育不公平问题仍然十分突出。美国教育财政支出占国民生产总值的比例也长期保持在5%—6%。1965—2014财年,美国联邦政府教育预算支出由377亿美元增加到1930亿美元,增加4倍多。④ 其中,美国联邦财政预算支持中小学资金从137亿美元增加到805亿美元,增加近5倍;高等教育从85亿美元增加到704亿美元,增加7倍多;教育研究从128亿美元增加到306亿美元,增加1倍多。⑤ 美国联邦政府教育支出占财政支出的比重长期以来保持在12%—15%的水平,其

---

① 美国总统预算办公室.
② 美国白宫中产小组年度报告,2009.
③ 邵育群.美国与全球化关系的再定义——高度不确定的未来[J].国际展望,2017(1):18—33.
④ 此处是按照不变价格计算。
⑤ 美国政府公共支出网数据库.

中高等教育财政支出在教育支出中的比重占20%左右。① 但是,美国基础教育严重依赖地方税收,富人越集聚的地区税收收入越多,教育投入越多,教育资源更优质,而穷人越集聚的地区税收收入越少,教育投入越少,教育资源不足,而教育财政支出的巨大差别又加剧了地区间的居民收入差距和贫富两极分化。此外,美国顶尖高校大多属于私立学校,学费昂贵,对大多数低收入家庭来说这样的高门槛是难以逾越的。

(二) 地区间收入差距中存在公共服务财政支出的不利影响

美国学者罗纳德·费雪在其著作《州和地方财政学》中提出,在公共服务财政支出上,州政府和地方政府支出责任较大且占比不断上升,导致各州公共服务差别较大,州政府和地方政府的支出超过财政总支出的50%,主要提供对民众生活最有影响的教育、交通、公共安全等产品。2006—2007财政年度,教育财政支出中联邦政府支出占8.9%,州政府支出占43.3%,地方政府支出占38.1%。② 在地方政府预算支出结构中,社会保障、低收入补贴等公共福利、教育等公共服务支出占财政支出的大部分。教育是州政府和地方政府的共同事权,州政府负责高等教育支出,地方政府负责基础教育支出。教育支出是地方政府的第一大支出。2007—2008财年,美国地方政府教育支出占地方财政支出的45%,公共福利支出占34%,两项合计占地方财政支出的78%。③ 2012财年,教育支出占地方政府总支出的36.97%,主要用于初等和中等教育、高等教育(如社区大学)、图书馆等,其中初等和中等教育支出占地方教育支出的90%以上。④ 社会保障支出上,联邦政府负责养老金和医疗保险支出,州政府负责公共医疗补助等。⑤ 医疗卫生支出上,联邦政府支出占比约为66.8%,州政府为14.5%,地方政府为18.7%。⑥ 教

---

① 美国政府公共支出网数据库。
② 美国政府公共支出网数据库。
③ 翟艳群.美国各级政府义务教育责任及对我国的启示[D].浙江:浙江财经大学,2016.
④ 同上。
⑤ 宁方景.中美医疗保障史研究[D].北京:中央财经大学,2016.
⑥ 同上。

育等公共服务支出责任向州政府和地方政府倾斜,由于各州的政策不同,各个地区的公共服务存在明显差距。

三、财税制度与中产阶层

(一) 中产阶层税负较重

美国政府公共服务财政支出的主要筹资机制是税收。20世纪30年代罗斯福新政后到20世纪80年代里根政府上台前,美国政府在大多数时候都把对高收入群体实行高边际税率作为调节居民收入分配的重要手段。里根政府上台后,针对高收入群体的边际税率发生了逆转,富人享受到更大幅度的减税,从而导致居民收入分配差距加大。20世纪80年代起,美国最富有的5%人口的联邦税率开始显著下降,其中1990年最有钱的0.01%人口的联邦税率比1960年下降了一多半。然而与此同时,低收入阶层和中产阶层的联邦税率却在大幅上升。[1] 里根政府时期个人所得税最高税率由70%降至50%,1988年降至历史最低点28%;在1963年,所得税最高的与中间税率之间的差距是49%,而在2012年缩小至7%。[2] 税收的再分配效应实际是累退的,所得税和遗产税的最高税率均呈不断下降趋势,中等收入者的税收负担比富人更重。1983—1992年中等收入家庭净财富增长为零。1981年,美国个人所得税最高税率50%的起征点为144 000美元以上;2012年,最高税率35%的起征点为超过388 000美元以上;同时,遗产税起征点也不断提高。1976年时起征点是60 000美元,到了2001年已提高到1 000 000美元,2011年,达到了5 000 000美元。在这个标准下,美国只有不到1%的富裕家庭面临着缴纳遗产税的问题。美国中产阶层的减少、收入分配差距的拉大与财税政策收入分配的累退性直接相关。税收由主要劳动收入承担,中产阶级成为纳税主体(皮凯蒂,2014)。[3] 特朗普政府上台后也提出减税政策,但被认为是更有利于富人而不是中低收入阶层。美国智

---

[1] 张敬石,胡雍. 美国个人所得税制度及对我国的启示[J]. 税务与经济,2016(01):97—102.
[2] 王亭喜. 美国个人所得税制优化研究[D]. 吉林:吉林大学,2014.
[3] 托马斯·皮凯蒂. 21世纪资本论[M]. 巴曙松等,译. 北京:中信出版社,2014:510—511.

库布鲁金斯税收政策中心报告认为,减税会使得美国占收入前1%的居民获得其税后收入13.5%的税负减免,而对中等收入和低收入阶层来说则分别只有1.8%和0.8%。[1]

(二) 税式支出存在逆向分配效应

从美国政府的主要税式支出在各收入阶层间的分布情况看,受益更多的是年收入在5万美元以上的中高收入者,年收入低于1万美元的贫困家庭受益最少(如表8.1所示)。特朗普政府上台后,大幅削减预算案当中食品券补助、学生助学贷款等主要有利于低收入者的社会福利支出,此举被认为会进一步加剧贫富分化,并且随着收入由高消费倾向的低收入阶层向低消费倾向的高收入阶层转移,消费需求会受到抑制,进而削弱赤字支出所带来的经济刺激效果。[2]

表8.1　　　　　2015年美国各项税式支出在收入阶层间的分布

年收入 (万美元)	社会保障和 铁路退休 (百分比)	医疗 (百分比)	住房 (百分比)	慈善捐赠 (百分比)	儿童照顾 (百分比)	ETTC (百分比)
<1	0.013	0.010	0.001	0.001	0.011	5.8
1—2	0.6	0.1	0.038	0.016	0.1	33.1
2—3	6.8	0.7	0.2	0.1	2.1	26.3
3—4	12.9	1.5	0.5	0.2	5.4	16.7
4—5	15.2	3.7	1.0	0.6	5.9	10.5
5—7.5	26.5	15.4	5.1	3.3	12.1	7.1
7.5—10	18.9	18.7	7.9	5.2	11.7	0.4
10—20	12.7	41.0	34.5	22.4	41.3	0.0
>20	6.3	18.9	50.8	68.2	21.3	0.0
总计	100.0	100.0	100.0	100.0	100.0	100.0
总值 (百万美元)	38 089.7	9 594.9	163 082.6	51 219.6	4 716.1	72 549.4

资料来源:U. S. Congress. Joint Committee on Taxation, 2015 Estiamates of Federal Tax Expenditures for Fiscal Years 2015 - 2019 [R]. Washington, DC: U. S. Government Printing Office.

---

[1] Urban-Brookings Tax Policy Center.
[2] 贾根良,何增平. 特朗普减税、财政危机与美国经济的结构性问题[J]. 江西社会科学,2017(11):41—52.

总的看,避免中产继续缩水,已经成为美国防止经济衰退和社会两极分化的关键。美国中产阶级能否重新在经济社会发展中担当中流砥柱的作用,一方面取决于美国政府社会政策是否调整,另一方面取决于美国经济未来复苏的趋势(张兴祥,2015)。最重要的是,这种政策的调整要反映到提高公共服务财政支出调节收入分配差距和促进经济增长的效应上来。

第二节 西欧国家

从德国、法国等西欧国家的情况看,公共服务均等化和向中低收入者倾斜的社会福利政策,对稳定中产阶层发挥了积极作用。在严格控制财政风险和债务风险的前提下,以均等化为导向保持教育、医疗卫生和社会保障的政府支出稳定增长,对促进就业和需求释放起到了积极作用,有利于稳定中产阶层,也为经济率先恢复增长创造了有利条件。

一、中产阶层发展的基本情况

"二战"后,随着欧洲经济复兴和欧盟一体化进程,到20世纪七八十年代德国等欧盟发达成员国形成了以中产阶层为主体的社会结构。2008年国际金融危机爆发,随后欧洲又爆发主权债务危机,连续的危机给欧洲的底层和中低收入者带来严峻冲击,引发民粹主义和极端民族主义思潮,导致"去全球化"和"去欧盟化"现象。欧盟经济曲折复苏和贫富差距的扩大,给中产阶级的发展前景蒙上了阴影。

(一)中产阶层面临就业压力

国际金融危机爆发后,欧债危机随之而来,经济下滑导致失业率的骤升,加剧中产阶层就业压力。欧盟统计局数据显示,2009—2013年欧盟和欧元区的失业率分别由9.0%和9.6%上升到10.9%和12%,特别是青年失业率超过20%。① 希腊、西班牙等南欧国家,青年失业率一度超过50%。在失业最严重的西班牙,失业率达到26.6%,25岁以下青年失业率高达55.5%。②

(二) 中产返贫与收入分配差距扩大的挑战

欧盟统计局数据显示,2012—2015年,欧盟国家平均基尼系数由30.4%上升到31%。③ 2008—2015年,德国的基尼系数由0.285上升到0.293,总人口贫困率由0.09上升到0.1。④ 从收入结构看,1990—2015年,德国、英国前1%人口税前拥有的收入占比都有所上升,收入分配差距有所扩大(如表8.2所示)。法国学者皮凯蒂研究发现,2010年以来,法国、德国、英国最富裕的10%人口占有60%的国民财富,最贫穷的50%人口仅占有不到5%的国民财富。⑤

表8.2　　　　　　　德国、英国、法国前1%的人口收入占比

国家	1990年(百分比)	1995年(百分比)	2000年(百分比)	2005年(百分比)	2010年(百分比)	2010年后(百分比)
德国	10.6	9.2	—	12.9	13.1	13(2011)
英国	9.8	10.8	13.5	14.2	12.6	12.9(2011)
法国	8.4	7.5	8.3	8.5	8.4	7.9(2013)

资料来源:World income datebase.

(三) 中产阶层规模和比重下降

国际金融危机与欧债危机加剧了对欧盟中产阶层⑥的侵蚀。德国经济研究所(DIW)研究表明,1983—2013年德国中产阶级⑦占总人口的比例从

---

① 欧盟统计局.
② 南欧国家年轻人失业率高达30%　西班牙甚至达50%[EB/OL].人民网,2016-01-10.
③ 欧盟统计局.
④ 洪丽.当代国外居民收入差距的实证研究及对中国的启示[D].武汉:武汉大学,2010.
⑤ 托马斯·皮凯蒂.21世纪资本论[M].巴曙松等,译.北京:中信出版社,2014:510—511.
⑥ 这里指收入介于中位收入的60%和200%之间.
⑦ 这里指家庭毛月收入在2 780—8 300欧元.

62%下降到54%,低收入阶层人口和高收入阶层人口占比分别由29%和9%增至33%和13%;同时,高收入阶层财富占人口总财富比例由21%上升至34%,而中产阶级财富比重由69%下降至55%。[1] 柏林世界经济研究所报告显示,德国中产阶级在过去20多年里在持续萎缩。在2000年,德国月净收入介于860欧元到1 844欧元的中产者占全国人口的比重为66.5%,高收入者占比为15.6%,低收入者占比为17.8%,高收入者月平均收入为每月2 400欧元,低收入者月平均收入为每月680欧元。然而到了2009年,德国的中产者占全国人口的比重减少到61.5%,高收入者占比增加到16.8%,低收入者占比提高到21.7%,高收入者月平均收入增加到每月2 700欧元,低收入者月平均收入减少到每月645欧元。[2] 法国中产阶层也出现下降趋势,1978年法国中产阶层占总人口的比重就已经达到47.9%,到2014年这一比重仅为47.2%,这一时期法国经济总量增加了一倍以上,但中产阶层的比重却不增反减。[3] 中产阶层的减少造成了一系列不良后果:各国经济增长放缓、国内总需求下降,甚至右翼民粹政党崛起以及出现"现代化输家"反抗,造成了社会和政治的不稳定(郑春荣,2017)。[4]

二、公共服务财政支出与中产阶层发展

从德国、法国等国的情况看,公共服务均等化和向中低收入者倾斜的社会福利政策,对稳定中产阶层发挥了积极作用。

(一) 公共服务支出占比较高且以均等化为导向的特点突出

据OECD数据显示,1998—2010年,法国、德国政府公共医疗、卫生、公共教育和社会保障三项支出占GDP的比重分别处于OECD国家中的前两位。德国财政支出中社会保障支出占比达到45.1%,医疗卫生支出占

---

[1] 沈瑞英.西方中产阶级与社会稳定研究[D].上海:上海大学,2008.
[2] 王凤才.新世纪以来德国阶级问题研究[J].中国社会科学,2016(04):25—36.
[3] 彭梦瑶.法国"身份倒退"的中产阶层[N].经济参考报,2010-05-13(005).
[4] 郑春荣.欧盟逆全球化思潮涌动的原因与表现[J].国际展望,2017,9(01):34—51,145—146.

14.3%,教育支出占9.3%(李银秀,2013)。[①] 为实现不同地区居民生活条件大体相同的目标,法律规定要为公民提供水平相同的公共服务。德国教育、医疗和社会保障等公共服务财政支出对缓解收入分配不平等起到了一定作用。德国的基尼系数在金融危机期间虽有微弱上升,但总体保持在0.3以下的较低水平,在控制贫困率上升方面也位于欧盟国家前列,对稳定中产阶级有积极的作用。在德国,教育和科研被看成是"经济和社会进步的基础",搞好教育是"整个国家的使命"。德国由此建立由联邦政府、州政府、地方政府共同参与的公共教育系统,不断加强对教育科研的投入。按基本法的规定,联邦政府为减轻地方政府负担开始加大支出,主要用于高等教育、学前教育和职业教育。在学前教育和初级教育方面,联邦政府重点支持各州对幼教师资培养,以持续改善师生比,保障各州教育质量的均等化;在高等教育领域,德国联邦政府实行"精英计划"和"科研与创新协议",与州政府共同设立"国家奖学金"计划,对优秀学生实行特别奖励和补助,联邦财政对高校发展承担部分支出责任,主要用于高校设施建设和由高校承担的大型科研课题费用;在职业教育方面,通过与企业合作共同培养适应市场需求的职业人才。教育均等化有助于在中长期降低收入不平等程度,应对持续存在的代际贫困问题,增强社会流动性从而促进中等收入群体的发展。

(二) 联邦政府与地方政府合理的责任划分为实现公共服务财政支出均等化创造条件

德国是联邦制国家,各级政府财政收支有一定的自治权,政府通过纵向和横向转移支付[②]促进各州之间的财力均等化。近年来,德国财政改革的趋

[①] 李银秀.我国民生类政府财政支出的国际比较[J].湖北经济学院学报,2013,11(06):76—81.
[②] 纵向转移支付指上一级政府向下一级政府提供财政资助,联邦政府对经济发展落后的地区进行转移支付,地方高一级政府向辖区范围内财政困难的低一级地方政府转移支付。联邦政府对地方政府转移支付主要以特别需要金的形式进行发放。横向转移支付指地区之间通过税收拨款进行调节,财力雄厚的地区向财力薄弱的地区进行补偿性拨款,以及通过联邦政府的追加拨款实现政府间的财力平衡。横向转移支付包括调整增值税共享比例和财政富裕地区直接向财政薄弱地区划拨资金。

势性特点是事权和支出责任上移,规范国内的转移支付制度,减轻州和市镇一级政府的财政负担。为了缓解地方政府的支出压力,联邦政府对州和地方政府的纵向转移支付主要包括提高了联邦财政在养老、就业、教育上的支出比重,对州政府和地方政府给予专项补助。从近几年情况看,德国联邦政府财政支出占财政支出总额的比重在37%—40%之间,包括联邦特别专项拨款最高达到48%左右;州政府财政支出占财政支出总额的38%左右,地方政府财政支出占财政支出总额的比重在24%左右。2014年,德国联邦政府财政支出占比和财政收入占比分别为36.9%和36.1%,州政府财政支出占比和财政收入占比皆为38.6%,地方政府财政支出占比和财政收入占比分别为24.5%和25.3%(如表8.3和8.4所示)。

表8.3　　　　2011—2014财年德国联邦政府财政支出情况

年份	2011 欧亿元	2011 占比(%)	2012 欧亿元	2012 占比(%)	2013 欧亿元	2013 占比(%)	2014 欧亿元	2014 占比(%)
联邦政府财政支出	2 963	38.1	3 068	38.6	3 100	38.1	2 996	36.9
州政府财政支出	2 967	38.1	3 005	37.8	3 070	37.9	3 135	38.6
地方政府财政支出	1 853	23.8	1 870	23.5	1 925	23.8	1 985	24.5
三级政府支出总计	7 783	100	7 943	100	8 095	100	8 116	100

注:三级政府支出总计中未含联邦财政特别专项拨款
资料来源:德国联邦财政部信息中心

表8.4　　　　2011—2014财年德国联邦政府财政收入情况

年份	2011 亿欧元	2011 占比(%)	2012 亿欧元	2012 占比(%)	2013 亿欧元	2013 占比(%)	2014 亿欧元	2014 占比(%)
联邦政府财政收入	2 789	37.2	2 843	37.0	2 849	36.3	2 892	36.1
州政府财政收入	2 864	38.2	2 940	38.3	3 030	38.6	3 100	38.6
地方政府财政收入	1 836	24.5	1 900	24.7	1 970	25.1	2 030	25.3
三级政府收入总计	7 489	100	7 683	100	7 849	100	8 025	100

注:财政收入总计中不包括联邦政府特别财产收入
资料来源:德国联邦财政部信息中心

德国联邦政府财政支出分为 10 大类[①]，其中，社会保障支出占联邦政府财政支出的最大比重，是联邦政府承担的最主要的支出责任，这一支出长期保持着稳定增长态势。2014 年社会保障支出为 1 482.5 亿欧元，增长 1.5%（如表 8.5 所示）。2015 年为 1 528.6 亿欧元，增加 3.1%，占联邦财政总支出的比重为 41.7%（如图 8.2 所示）。这有利于更好实施教育、医疗卫生、社会保障支出的均等化政策以缓解收入分配不平等。

表 8.5　　2013—2018 财年德国联邦政府财政支出情况

	2013 年实际（亿欧元）	2014 年预算（亿欧元）	2015 年计划（亿欧元）	2016 年计划（亿欧元）	2017 年计划（亿欧元）	2018 年计划（亿欧元）
社会保障支出	1 461.02	1 482.54	1 528.60	1 585.38	1 643.20	1 719.86
经济发展与能源支出	49.85	53.40	55.77	57.90	54.35	53.45
交通运输建设支出	217.60	218.91	222.00	226.19	231.63	228.14
科技文化与教育支出	184.29	191.68	203.21	212.36	228.70	227.65
环境保护支出	9.47	12.76	12.28	12.46	12.41	12.41
经济合作与发展支出	58.99	63.24	63.23	65.63	65.98	65.95
住宅与城市建筑支出	19.46	18.70	16.65	15.99	15.70	15.30
公共事项与债务利息及融资支出	482.31	403.54	355.03	385.52	403.10	429.84
国家安全与防御	277.4	278.3	270.5	274.5	276.7	278.0
农林业、食品与消费者保护	10.42	10.78	10.88	11.23	11.13	10.31

资料来源：德国联邦政府财政部 2014—2018 年中期滚动预算报告

[①] 就业与社会保障；国防保卫；联邦债务；交通、建筑与城市发展；教育与科研；公共财政管理；健康卫生事业；家庭、老人、妇女和青年；经济技术合作；其他（特别及突发事项）。

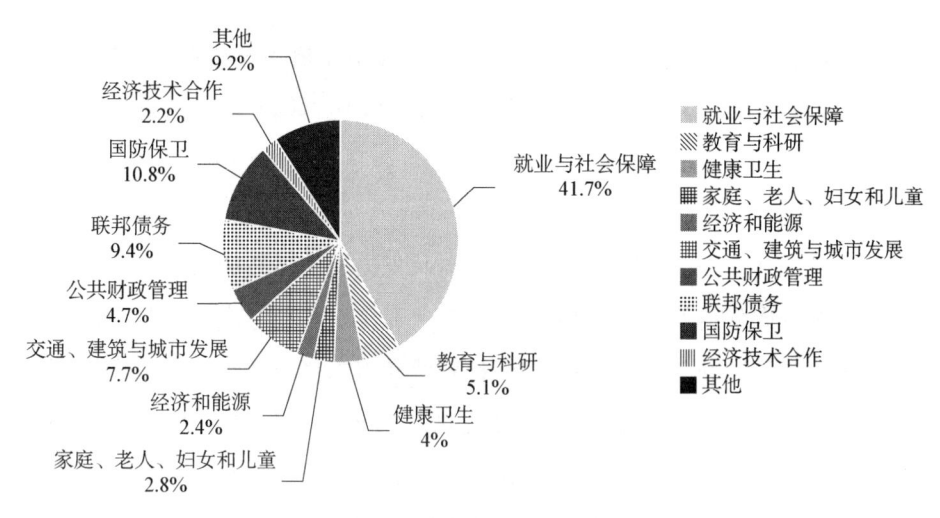

图 8.2 2015 年德国联邦政府财政支出结构

资料来源：联邦德国财政部信息中心

三、财税政策与中产阶层发展

德国政府长期以来奉行"扶持中产阶层政策"(李银秀,2013)。许多经济学家建议新的税改方案重点是减轻中产阶层税负。根据德国慕尼黑的伊福经济研究所调查结果,在经济学家当中有 60% 的人认为德国中产阶层税负过重;61% 的人认为德国应该对所有收入阶层进行减税,经济学家中有三分之一的人认为削减 200 亿—300 亿欧元的税收最为适宜,另有四分之一的人认为减税 100 亿—200 亿欧元更好。① 为此,德国政府在优化支出结构的同时,严格控制财政支出总规模的增长,为减税降费提供了空间。此外,德国、法国等一些国家采取了"灵活保障"的方式,调整社会保障支出筹资机制,提高劳动力市场的弹性,为市场主体和居民减负。比如,德国政府对养老保险、失业保险和医疗保险的法定缴费率进行了灵活调整。比如,2012 年和 2013 年连续两年下调了养老保险缴费率,2015 年又下调了医疗保险缴费率。这些举措都为促进就业和稳定中产收入创造了有利

---

① 德经济学家:"脱欧"将致欧盟和英国两败俱伤[EB/OL].新华社.2017-02-17.

条件。①

总的看,一些人把欧洲主权债务危机归因于高福利导致财政赤字和高负债,从而提出了福利支出削减政策。但德国等西欧国家的政府意识到,如果福利支出削减主要由中低收入阶层承担,会导致收入分配恶化——中产进一步萎缩——需求萎缩——就业下降和收入减少——收入分配进一步恶化的恶性循环。为此,德国在严格约束财政支出规模增长的条件下,继续以均等化为导向保持教育、医疗卫生和社会保障支出的稳定增长,不仅有效控制了财政风险和债务风险,而且对促进就业和需求释放起到了积极作用,有利于稳定中产阶层,也为德国经济率先恢复增长创造有利条件。国际金融危机和欧债危机相继爆发后,西欧国家经济复苏乏力,但德国经济率先复苏增长,2017调整价格后GDP增长率为2.2%,实现连续八年增长,比以往10年平均增长率(1.3%)高出近1个百分点;年均就业人数为4 430万人,是德国统一以来的最高水平,初步估算2017年的就业率上升1.5%,实现金融危机爆发以来的最大增幅。②

第三节 北欧国家

北欧国家具有"高收入、高税收、高(财政)支出、高福利"的福利国家特点,但这些国家公共财政支出对私人支出的挤出效应较小,社会劳动参与率较高。北欧国家的中产阶层比重居于全球前列,并且保持长期稳定,即使在国际金融危机和经济危机的冲击下,中产阶层也并未因此而出现集体滑落。这与北欧国家普遍实施以收入均等化为导向的社会福利政策,通过累进所得税和转移支付等手段使不同阶层之间的收入水平与消费水平趋于均等化直接相关。

---

① 邵常顺.欧洲难民危机背景下德国社会保障制度研究[D].黑龙江:黑龙江大学,2018.
② 商务部网站.

一、中产阶层发展的基本情况

(一) 北欧国家长期保持以中产为主体的社会结构

北欧国家中产比重在60%—70%,基本实现了共同富裕。20世纪90年代挪威中产阶层占总人口的比重就已超过60%,芬兰当前是全球中产阶级比例最高的国家,中产阶级占全国总人口的80%左右。[1]

(二) 北欧国家的收入分配差距全球最小

北欧税收占GDP比重居于全球最高水平,平均达到45%左右,但收入分配差距是全球最小的,北欧国家社会流动性在OECD成员国中排名最高。[2] 世界银行统计,北欧诸国均属于世界上收入差距最小的国家。2012年,丹麦、芬兰、冰岛、挪威、瑞典的基尼系数分别为29.1%、27.1%、26.9%、25.9%和27.3%(如表8.6所示)。

表8.6　　　　2004—2012年北欧国家基尼系数变化情况

国家	2004(百分比)	2005(百分比)	2006(百分比)	2007(百分比)	2008(百分比)	2009(百分比)	2010(百分比)	2011(百分比)	2012(百分比)
丹麦	25.9	25.9	27.1	26.9	28.9	28.8	29.0	29.5	29.1
芬兰	27.9	27.6	28.0	28.3	27.9	27.5	27.7	27.7	27.1
冰岛	28.1	29.4	30.3	29.6	31.9	28.7	26.4	27.0	26.9
挪威	31.7	32.3	27.3	28.1	27.1	26.4	25.9	25.5	25.9
瑞典	26.4	27.1	26.5	26.9	27.1	26.6	26.8	27.2	27.3

资料来源:世界银行数据库

二、公共服务支出与中产阶层发展

(一) 北欧社会保障均等化水平明显高于其他发达国家

北欧国家普遍实施了以收入均等化为导向的社会政策,通过累进所得

---

[1] 史为磊.社会主义和谐社会视野下我国中等收入阶层研究[D].北京:中共中央党校,2014(292).
[2] OECD数据库.

税和转移支付等手段使不同阶层之间的收入水平与消费水平趋于均等化，促进了中产阶层的形成和壮大。北欧国家财政支出占 GDP 的比重在 OECD 国家中居于前列。北欧国家财政支出中社会保障、社会福利支出的比重在 OECD 国家中居于前列。瑞典的医疗、就业服务和社会保障等财政支出占其国民净收入的 33.6%，丹麦的占比为 31.5%，芬兰为 30.5%；远远高于葡萄牙(28.2%)、西班牙(25.5%)和希腊(23.6%)。[1] 对地方政府财力不足的情况，北欧国家的中央财政对地方财政进行转移支付以平衡地方社会保障支出。以挪威为例，挪威有三级政府，中央政府制定全国统一的法规政策，承担社会保障管理的主要职责，主要负责健康医疗领域的社会保障支出，养老金、失业救济等大部分社会保障都由中央政府负责；郡政府主要负责医院和特殊社保服务；市镇政府负责老年人照顾等基层社保服务。挪威设定了全国统一的基础养老金标准，中央财政负责基础养老金的支出，不同地区的劳动者能够享受同等的基础养老金。挪威中央政府财政拨款由之前的专项拨款变为总额控制，在此之下，挪威地方政府自主分配好中央政府的财政拨款。进一步地，公共服务是由私人部门还是自己来组织提供，可由地方政府自主决定。例如，瑞典县和市镇一级可自主决定税收，税率可在 29% 到 33% 不等。[2] 挪威县一级的政府负责的开支和服务提供主要是在公共交通和医疗等方面，其他方面是由市镇一级来提供。再如芬兰，其法律规定地方自己可决定征税水平，前提是地方之间税率差不能太大，所得税在 16% 到 22% 之间。[3] 芬兰地方可以从国家得到专项拨款和专项补贴，以此来提供公共服务，而不仅仅只是税收。

（二）以收入均等化为导向的社会政策为中产发展提供了重要保障

北欧国家依托政府财政支出的支撑，建立了覆盖全体公民、包括居住在当地的外国人及其他纳税人的全面的社会保障体系。居民个人所享受的社

---

[1] OECD 数据库．
[2] 张岩．二十世纪九十年代以来西欧社会党社会政策改革研究[D]．济南：山东大学，2014．
[3] 张京萍．OECD 个人所得税改革趋势研析[J]．国际税收，2017(03)：24—28.296

会福利以及公共服务并不与其个人收入相挂钩,享受社会福利是公民的最基本权利。政府通过各种法定的社会保障和福利计划,编织覆盖全民的社会安全网。研究显示,北欧国家依靠税收筹集资金的开支占福利开支的50%—80%,个人缴费只占15%—20%;将近一半或三分之二的支出用于各种社会保险等收入转移,三分之一用于医疗服务、儿童照顾、老人照顾等社会服务。[①] 瑞典社会保障与税收制度有效地缩小了收入差距,使二次分配后的基尼系数下降了接近50%;其中,社会保障的贡献率为87.2%—92.47%,远远超过了个人所得税的贡献率(16.1%～20.85%)。[②]

三、公共支出的经济增长效应和收入分配效应

(一) 公共服务财政支出促进经济增长

1870—1970年,北欧各国是世界上经济增长最快的地区,直到目前北欧国家经济增长率在高收入国家中排在前列。例如,瑞典、丹麦和芬兰的社会福利水平最高,瑞典、丹麦和芬兰人均GDP和全球竞争力排名都远远高于葡萄牙、西班牙和希腊。一个重要原因在于有效的再分配政策,政府通过为全体居民提供水平较高且均等化的社会福利,降低了居民预防性储蓄动机,居民的消费倾向高。以挪威为例,2007—2009年期间,挪威每年社会福利支出占财政总支出的比重超过85%,同时年均GDP增长高达5.9%,失业率长期保持在3%—4%之间,家庭户均消费平均达到每年395 100挪威克朗。[③]

(二) 公共服务财政支出对扩大中等收入就业有积极作用

挪威等北欧国家具有"高收入、高税收、高(财政)支出、高福利"的福利

[①] Marklund, S., Nordlund, A., 1999. "Economic Problems, Welfare Convergence and Political Instability." In M. Kautto et al., eds., Nordic Social Policy: Changing Welfare States. London and New York: Routledge. 298.

[②] 谢勇才,王茂雷.瑞典社会保障制度调节收入再分配对我国的启示[J].西安财经学院学报,2013,26(06):87—93.300

[③] 曲莉春,张莉莉.挪威扩大中等收入群体的经验及对我区的借鉴与启示[J].理论研究,2017(04):77—80.302.

国家特点,但这些国家公共支出对私人支出的挤出效应普遍较小,社会劳动参与率较高。北欧国家的就业率在 OECD 国家里位列榜首,即使是在国际金融危机期间也保持了很高的就业率。挪威是欧洲乃至世界发达国家中失业率最低的国家,即使是在国际金融危机中失业率也没有超过 4%。[①] 原因就在于挪威居民享受的社会福利的多寡建立在劳动参与上,失业保险、养老保险等社会保险注重建立正向激励机制。社会保障和社会福利支出不仅降低了贫困发生率,还带动社会服务业的发展从而产生大量中等收入就业。例如,挪威在建设社会保障体系和公共服务体系中创造了大量中等收入岗位,为实现社会保障和公共服务均等化提供社会服务的就业人员占就业人口总数的比重在 1/3 左右。[②]

(三) 在坚持公平性的基础上进一步增强可持续性

从 20 世纪 80 年代末到 90 年代末期,丹麦、瑞典和芬兰先后出现经济危机,丹麦在 20 世纪 80 年代面临着经济萧条问题,瑞典在 20 世纪 90 年代初 GDP 呈负增长,芬兰的失业率从 1990 年的 3.2% 上升到 1994 年的 16.7%,导致社会保障开支剧增、税基减少、税收下降,进而导致这些国家财政赤字加大。为增强公共财政支出的可持续性,自 20 世纪 90 年代以来,北欧国家对社会保障制度及相关的财政收支进行了改革和调整。例如,调整税收政策,对国内紧缺行业的外国就业者、科技人才、高收入者实行一定期限的收入减免税政策,再如扩大私人部门的参与,高收入群体购买私人部门提供的优质高效的医疗、教育等服务。改革养老金体系,建立个人养老账户制,使个人所享受的养老服务与个人所缴纳的税收挂钩。此外,北欧国家更加注重发挥市场机制在提高公共服务供给效率上的作用。以瑞典为例,1993—2013 年,瑞典把公共支出占 GDP 的比重由 67% 降到 49%,把个税最高边际税率降到了 57%。瑞典还率先实施教育券制度,居民可凭教育券选

[①] OECD 数据库.
[②] 倪建伟,何冬妮. 挪威城乡一体化核心制度安排及对中国的启示[J]. 经济社会体制比较,2010(6):82—88.

择在公立学校或私立学校就读,在医疗、养老领域也向市场开放,居家养老服务基本由地方自治团体提供,地方自治团体的经费由政府负担50%,由受益个人负担50%。[1]

总的来看,北欧"福利国家"中产阶层的稳定性与政府高水平、均等化、可持续的公共服务支出有很大关系,北欧国家不仅人均GDP和人均国民收入居于全球前列,也是全球收入分配差距最小和中产阶层比例最高的国家。在人均预期寿命、可持续发展指数、创新指数等多方面,北欧国家也是全球的领先者,并没有出现掉入"高福利、低增长"的"高福利陷阱"的情况。

第四节 东亚国家

在东亚地区,日本、韩国是典型的中产社会。从这两个国家的实践看,政府在中产阶层发展上发挥了重要作用,以均衡发展为导向、以民生保障为重点的公共服务财政支出对这些国家中产阶层的壮大和稳定起到了重要作用。

一、日本中产阶层发展与公共服务财政支出

20世纪60年代,日本颁布实施了"国民收入倍增计划",主要目标是让国民经济及国民生活得到均衡发展,计划让国民生产总值增加一倍,实现完全就业,缩小农业与非农业、大企业与小企业、地区之间以及收入阶层之间存在的生活和收入上的差距,大幅度提高国民生活水平。这一计划通过一系列以均衡发展为导向的财政支出对收入分配格局进行调整。日本1960年到1970年之间的实际人均工资和人均国民收入分别增长了65%和84%,此外,实际国民收入和国民生产总值也都增加了一倍,新中产阶级的人口数量也因此得到了飞速的增长(小林义雄,1985)[2]。日本社会保障支出

---

[1] 钟慧澜,章晓懿. 从国家福利到混合福利:瑞典、英国、澳大利亚养老服务市场化改革道路选择及启示[J]. 经济体制改革,2016(05):160—165.
[2] 小林义雄. 战后日本经济史[M]. 孙汉超,马君雷,译. 北京:商务印书馆,1985:114.

在 1970 年是 11 413 亿日元,到了 1979 年迅速增加了 5.7 倍,达到 76 266 亿日元,占一般会计预算支出的比重也由 14.4% 增加到了 19.8%(孙执中,1988)。① 日本社会保障支出具体项目的构成也变化较大,社会福利支出与社会保险支出的比重在逐年增加,而保健卫生对策支出、生活保护支出和失业对策支出的比率有所减小。在"国民收入倍增计划"的促进下,到 20 世纪 90 年代,日本主观上认为自己属于中产阶层的人口比重甚至达到 90%。日本的财政支出对其经济恢复和稳定起到了积极的作用,尤其是政府消费支出所起的作用更大。大规模的教育费及健康费一方面极大地提高了居民的生活水平,另一方面也培育了大量科技人才,提高了居民素质,最终有效地促进了经济增长。到 20 世纪 70 年代,日本中产阶级人群占社会人口比重超过 70%(马晓河,2011)。②

20 世纪 90 年代初日本泡沫经济破灭后,中产阶级收入和财富都大幅缩水,中产阶层比重出现下降。2007 年,日本中产阶级比重从 20 世纪 80 年代中期的 51.9% 下降到 45.6%。③ 日本中产阶层的就业竞争压力和收入下降压力明显上升。日本厚生劳动省调查结果显示,到 21 世纪初,非正式就业占日本总劳动人口的 40%,与正式就业人口收入之间的收入差距在 30%—45%。④ 2010 年,社会整体失业率为 5.1%,而 15—19 岁人群失业率最高为 9.8%,其次为 20—24 岁失业率为 9.1%,25—29 岁为 7.1%,而 50—54 岁人群的失业率情况仅为 3.7%。1994—2013 年,日本家庭的平均年薪从 664.2 万日元减少为 528.9 万日元。⑤ 在这样的背景下,日本政府财政转型的基本趋势是从扩大规模转变为优化结构,在支出结构上呈现从促进经济发展为主转变为民生保障为主的特点,这在一定程度上降低了经济危机、经济衰退和经济增长放缓对日本中产的冲击。

---

① 孙执中. 论日本从统制经济到市场经济转变时期的措施[J]. 日本研究,1988(02):7—12.
② 马晓河. "中等收入陷阱"的国际观照和中国策略[J]. 改革,2011(11):5—16.309.
③ 彭晓玲. 日本中产阶级的启示[N]. 第一财经日报,2017-07-21(A11),311.
④ 罗丽娟,方栓喜. 中日经济高速增长期的中产阶层规模差距比较分析[J]. 亚太经济,2012(03):82—86,313.
⑤ 苏海河. 日本到 2025 年将新引进 50 万劳动力[N]. 经济日报,2018-06-13(011).

二、韩国中产阶层发展与公共服务财政支出

（一）以社会保障支出为主的民生财政支出为中产阶层稳定发展提供保障

政府负责的社会保障和企业提供给雇员的工资性收入，是韩国中产阶层的两个重要因素。2016年，韩国中央财政支出中，保健、福利、劳动支出占财政总支出的比重约为32%，在中央财政支出中的比重分别排在首位。2017年，韩国财政总支出达到400.7兆韩元，同比增长3.7%，财政支出增长的前四位分别是保健福利劳动就业费、教育费、社会基础设施费、农林水产食品费（如表8.7所示）。据韩国银行《人口结构变化及财政支出》报告预测，受低出生率和老龄化影响，2016—2065年，韩国财政支出预计年均增加约2.8万亿韩元，财政支出占国内生产总值32%，保健、福利支出因老龄化年均增加5.6万亿韩元，教育支出则因15岁以下人口减少年均减少5 000亿韩元。政府通过为城乡居民提供均等化的基本保障，同时通过对市场的培育和促进中小企业发展来促进就业，收入分配结构也较为均衡。

表8.7　　韩国中央财政分领域支出情况

类别	2016年(A)（兆韩元）	2017年预算案(B)（兆韩元）	增加(B-A)（兆韩元）	增长率（百分比）
总支出	386.4	400.7	143	3.7
保健、福利、劳动	123.4	130.0	6.6	5.3
就业	15.8	17.5	1.7	10.7
教育	53.2	56.4	3.3	6.1
地方教育财政拨款	41.2	45.9	4.7	11.4
文化、体育、旅游	6.6	7.1	0.5	6.9
环境	6.9	6.9	—	0.1
R&D	19.1	19.4	0.3	1.8
产业、中小企业、能源	16.3	15.9	−0.3	−2.0
社会基础设施	23.7	21.8	−1.9	−8.2
农林、水产、食品	19.4	19.5	0.1	0.6
国防	38.8	40.3	15	4.0

续 表

类别	2016 年(A) (兆韩元)	2017 年预算案 (B)(兆韩元)	增加(B-A) (兆韩元)	增长率 (百分比)
外交、统一	4.7	4.6	-0.1	-1.5
公共秩序、安全	17.5	18.0	0.5	3.1
普通、地方行政	59.5	63.9	4.4	7.4
地方拨款	36.1	40.6	4.5	12.5

资料来源：韩国统计局

(二) 以均衡发展为重点的财政支出促进了韩国中产阶层的形成发展

在20世纪70年代韩国经济快速增长期,韩国基尼系数从1970年的0.362上升到1980年的0.39。但由于韩国从20世纪70年代开始推行"新农村运动"等,政府大量支出投往边远地区和农村地区,城乡和阶层收入差距明显缩小,基尼系数由1980年的0.39下降到1991年的0.263。[①] 韩国国家财政预算的政策取向和重点包括创造就业机会,扩大就业投资特别是青年就业及有针对性地支持就业薄弱阶层、扩大针对性社会福利而实现民生稳定并构建国民安心社会,为中低收入者向上流动和中产阶层的稳定发展创造有利的政策环境。1960—1987年,韩国中产阶级比例由20%上升到65%(王建平,2004)。[②] 到20世纪90年代初期,中产阶级和城市人口占全社会人口比重都超过了70%(马晓河,2011)。[③]

(三) 教育支出在中产阶级的形成发展中发挥了关键作用

韩国财政高度重视对教育的投入。韩国政府教育财政投入以基础教育为主。在20世纪90年代,教育开支就占韩国财政总支出的19.6%,韩国初中升学率达到99.65%,高中升学率为93.9%,大学升学率为57.2%(李长久,2016)。[④] 进入21世纪以来,随着老龄化和少子化,加上高等教育对私立

---

① 李树佩. 中产阶级对韩国民主化的作用[D]. 沈阳：东北师范大学,2017.
② 王建平. 社会转型中的韩国中产阶级[J]. 当代亚太,2004(04)：59—64.
③ 马晓河. "中等收入陷阱"的国际观照和中国策略[J]. 改革,2011(11)：5—16.
④ 李长久. 当前中产阶级在世界各国的发展状况及作用[J]. 红旗文稿,2016(03)：37—38.

教育机构和私人教育投入依赖度非常高,财政教育支出比重有所下降,但仍然保持着稳定增长的态势。2016年,韩国中央财政支出中,教育支出比重约为13.8%,在中央财政支出中的比重分别排在第三位;2017年,教育费支出增长排在第二位,仅次于保健福利劳动就业费(如表8.7所示)。

总的来看,日本和韩国在经济快速发展的过程中也形成了以中产阶级为主的社会结构。从这两个国家的实践看,政府在中产阶层发展上发挥了重要作用,以均衡发展为导向、以民生保障为重点的公共服务财政支出对这些国家中产阶层的壮大和稳定起到了重要作用。

第五节 拉美国家

拉美国家在20世纪六七十年代曾是全球经济增长最快的地区,但由于社会政策失灵,公共服务财政支出水平较低且累退性问题突出,阻碍了中产阶层的发展和壮大,加剧收入分配不平等,从而导致需求不足和增长内生动力不足,成为拉美国家长期陷于"中等收入陷阱"的一个重要因素。

一、拉美国家中产阶层发展的基本情况

(一)中产阶层比重仍然较低

20世纪30年代到70年代中后期,拉美国家经济快速增长,这一时期也是拉美中产阶级兴起的重要阶段,特别是公共部门的扩张创造大量中等收入岗位,成为中产阶层扩大的重要来源。以巴西为例,1970—1980年,巴西中产阶层的数量从1 300万增长到3 500万,增长了一倍多,占全国人口的29%左右;可是在随后30多年里,由于收入分配制度改革滞后,政策长期向高收入阶层倾斜,导致中等收入群体缓慢增长。目前巴西的中等收入群体还是只占总人口的38%。[1] Lora和Fajardo(2008)[2]采用7种主流的中产阶

---

[1] Jrge G. Castañeda and Hector Aguilar Camin[J]. A Future for Mexico, 2008: 46.
[2] 郭存海. 拉丁美洲中产阶级研究[D]. 北京:中国社会科学院,2012(126—127).

级收入界定标准对拉美中产阶级的规模进行了评估,其中,按照家庭收入中位数的75%~125%,拉美中产阶级的比重为22%。计入主观和客观的综合因素后,按日均收入10美元以上且不属于最富的5%的家庭的标准,拉美国家的中产阶级比重为21%,以中产阶层为主体的社会结构尚未形成。Gómezy(2008)[①]测算拉美各国中产阶级的规模大体在17%~40%之间。

(二) 收入不平等问题突出

1980—2002年,拉美国家基尼系数从0.501提高到0.534。2004年,拉美国家基尼系数的平均值超过0.525,比亚洲高8%,比东欧地区和中亚地区高18%,比发达国家高20%。[②] 联合国世界收入不平等数据库(WIID)统计,2007年全球收入最不平等的前15个国家中,拉美国家占10个。[③]

(三) 社会流动性变弱

郭存海(2012)研究发现,20世纪80年代债务危机后的结构性调整和随后的新自由主义改革给拉美中产阶级带来新贫困、失业、虚假的社会流动等挑战。教育流动性不足导致社会流动性减弱,中低收入群体的教育水平和质量都远低于高收入群体,中低收入者的向上流动性变弱,成为比收入分配差距更为严峻的挑战。

二、公共服务财政支出与中产阶层发展

(一) 对中低收入群体的社会保障不足

20世纪80年代,拉美债务危机严重冲击了经济,经济增长明显放缓,用于公共福利的社会支出[④]占GDP的比例普遍下降。尽管20世纪90年代

[①] Gómezy D. Las Clases Medias Latinoamericanasy España: Oportunidadesy Desafíos [Z]. Documento de Trabajo, 24/2008.
[②] 洪丽. 当代国外居民收入差距的实证研究及对中国的启示[D]. 武汉: 武汉大学, 2010.
[③] 联合国世界收入不平等数据库。
[④] 这里指用于教育、医疗、清洁用水、基本卫生服务、住房补贴、向穷人的直接转移支付,以及社会救助和社会保障的费用。

社会支出占比有所提高,但随后拉美国家普遍推进的社会保障制度改革,社会保障财政支出下降,使社会保障制度的覆盖面大大下降。2002年,拉美12国社会保障平均覆盖面从38%下降到27%,降幅高达41%。[1] 社会保障制度具有很强的排斥性,主要覆盖正规部门,覆盖面萎缩的主要受害者是中等收入阶层的劳动者。收入最低的40%的家庭大多在非正规部门就业,没有社会保障,中低收入者向上流动缺乏社会保障的支撑。

(二) 社会支出具有累退性,加剧中产阶级衰落

Goñi等(2008)[2]通过拉美地区与欧洲的比较反映拉美国家社会支出的累退性。社会支出的累退性,使富人从社会支出中获益最大,而中低收入阶层获益较少。经过社会支出的调节后,拉美国家基尼系数基本没有太大变化,仍普遍在0.5以上,阿根廷、巴西和墨西哥再分配政策使基尼系数下降了0.01,秘鲁下降0.02。郭存海(2012)[3]研究发现,在国家作用持续弱化的情况下,社会支出政策的累退,一方面不利于中产阶级度过经济危机、维持自身的经济及社会地位,另一方面更不利于低收入阶层避免进一步贫困化,因此对改善收入分配是无益的。其中,拉美国家社会支出的累退性很大程度上是由社会保障支出的累退性导致。De Ferranti(2004)[4]研究发现,拉美多数国家社会保障支出的累退性都超过累进性。Kathy Lindert等(2005)[5]通过微观数据分析进一步印证了这一结论。2002年拉美经委会统计数据为这种结论提供了直观的证据,收入最高20%的家庭获得的社会保障支出是收入最低的20%的家庭的217%,不同收入阶层获得的社会保障

---

[1] 陶振全.中等收入陷阱的历史考察与我国跨越路径研究[D].北京:中国社会科学院研究生院,2017.

[2] Goñi E, López J H, Servén L. Fiscal Redistribution and Income Inequality in Latin America [Z]. The World Bank: Policy Research Working Paper 4487,2008.

[3] 郭存海.拉丁美洲中产阶级研究[D].北京:中国社会科学院,2012.

[4] Ferranti D D, Perry G E, Fancisco H G. Ferreira and Michael Walton, Inequality in Latin America: Breaking with History? [Z]. Washington, D. C.: The World Bank, 2004.

[5] Lindert K, Skoufias E, Shapiro J. Redistributing Income to the Poor and the Rich: Public Transfers in Latin America and the Caribbean [Z]. World Bank: Discussion Draft, 2005.

支出呈现一个明显的特点,即收入最高的 40% 的家庭获得的社会保障支出是最高的,合计占了全部支出的 53.4%,而其下的中低收入阶层所占比例差别很小,平均只有 15% 左右;总体而言,社会保障支出不平等将基尼系数拉高了 17 个百分点。[①]

(三) 公共教育支出非均等化减弱社会流动性

拉美国家高等教育财政支出普遍有利于中高收入阶层。数据显示,收入最高的家庭获得的教育支出(31%)是收入最低的家庭(8.5%)的近 4 倍。[②] 高等教育支出的累退性将基尼系数拉高了 22 个百分点,在阿根廷、哥伦比亚、哥斯达黎加和乌拉圭等国甚至更高,超过 30 个百分点。[③] 据 OECD (2011)报告显示,拉美国家贫困家庭、中等家庭、富裕家庭[④]的平均教育年限存在明显差距,其中巴西、墨西哥、秘鲁、玻利维亚等国的这一差距非常明显,贫困家庭与富裕家庭人员平均受教育年限的差距分别为 6.96 年、7.15 年、7.61 年和 6.57 年,阿根廷、智利、哥斯达黎加等国情况相对好些,但贫困家庭与富裕家庭人员平均受教育年限的差距仍分别达 3.53 年、4.6 年和 4.73 年(如表 8.8 所示)。拉美国家教育财政支出更有利于高收入阶层的安排,不利于提高社会流动性,导致不合理的收入分配格局长期固化。

表 8.8　　2010 年部分拉美国家不同收入群体的教育年限(单位:年)

25—55 岁人口	阿根廷	玻利维亚	巴西	智利	哥伦比亚	哥斯达黎加	厄瓜多尔	墨西哥	秘鲁
贫困家庭	9.11	4.08	4.65	7.10	4.42	6.21	7.79	4.93	4.51
中等收入家庭	9.73	6.91	6.61	8.58	6.28	6.60	9.46	7.67	8.00

---

① 拉美经委会.
② 袁东振. 拉美国家收入再分配政策的局限性[J]. 拉丁美洲研究,2003(03):23—28.
③ 同上.
④ 经合组织(OECD)把人均收入在全国收入中位数的 50%～150% 之间的家庭定义为"中等家庭",50% 线以下的为"贫困家庭",150% 线以上的为"富裕家庭"。引自:OECD 发展中心. 2011 年拉丁美洲经济展望[M]. 当代世界出版社. 2011:157.

续　表

25—55 岁人口	阿根廷	玻利维亚	巴西	智利	哥伦比亚	哥斯达黎加	厄瓜多尔	墨西哥	秘鲁
富裕家庭	12.64	10.65	11.61	11.70	10.80	10.94	12.52	12.08	12.12
贫困家庭与富裕家庭差距	3.53	6.57	6.96	4.6	6.38	4.73	4.73	7.15	7.61
中等收入家庭与富裕家庭差距	2.91	3.74	5	3.12	4.52	4.34	3.06	4.41	4.12
贫困家庭与中等收入家庭差距	0.62	2.83	1.96	1.48	1.86	0.39	1.67	2.74	3.49

资料来源：OECD 发展中心. 2011 年拉丁美洲经济展望[M]. 当代世界出版社. 2011：157.

总的来看，由于社会政策失灵，公共服务财政支出水平较低且累退性问题突出，中低收入者的社会保障严重不足，阻碍了拉美国家中产阶层的发展和壮大。

第六节　国际经验对我国的启示

上述国家扩大中等收入群体与公共服务财政支出的实践和经验，对我国在发挥公共服务财政支出"扩中"作用有许多重要的启示。

一、把促进中等收入群体发展作为公共服务财政支出的重要目标

公共服务财政支出对中等收入群体的扩大发展有重要作用。中等收入群体的扩大发展是经济持续增长和收入分配调节的共同结果。尽管经济增长为扩大中等收入群体提供重要基础，但单靠经济增长并不必然带来中产阶层比重的扩大，拉美一些国家在经济快速增长时忽略了收入再分配的调节，导致收入分配迅速恶化，中产阶层发展缓慢，这反过来又影响需求释放和产业升级，导致经济持续增长的动能不足。从国际上看，进入高收入国家

行列的国家都形成了以中等收入群体为主体的社会结构,掉入"中等收入陷阱"的国家中等收入群体比重普遍较小且发展比较缓慢。公共服务财政支出既影响经济增长又直接关系收入分配,在促进中产阶层的形成、稳定和发展中发挥着重要作用。从美国20世纪三四十年代中产阶层发展的经验教训看,经济增长未必惠及中产,但经济危机往往对中产阶层冲击最大。为此,发挥公共服务财政支出的"扩中"效应,需要在经济增长和繁荣时期使经济增长成果最大程度地惠及中低收入阶层,更需要在经济萧条和经济危机时最大程度地防止经济危机洗劫和冲击中低收入者。

在2020年我国全面建成小康社会后,从经济社会可持续发展的目标和需求看,公共财政特别是公共服务财政支出应当把促进中等收入群体发展作为巩固全面小康社会成果、迈向共同富裕的重要目标与任务。

二、把扩大中等收入群体作为衡量公共服务财政支出有效性的重要指标

从国际经验看,美国、日本、欧洲等一些发达国家明确把中产阶层的发展壮大作为政府重要的政策取向和发展目标,从而在公共财政政策制定和涉及财政资源分配的政策决策中向中低收入者倾斜,对这一群体的兴盛发展和稳定起到了重要作用。从我国的情况看,政府越来越认识到扩大中等收入群体的必要性和重要性,自党的十六大以来,扩大中等收入群体和形成橄榄型收入分配结构已经成为政府的施政目标之一。党的十九大报告明确提出在2020年全面建成小康社会的基础上到2035年"中等收入群体的比例明显提高"的目标。目前看,要实现这一目标,仍需要从中央到地方各级政府在制定经济社会发展政策时充分考虑对这一群体发展的影响,部委和地方政府在制定相关发展规划时也要有相应的政策目标和相关举措。

三、以公平和可持续为导向优化公共财政支出结构

从中等收入群体稳定发展的国家看,社会保障、教育、健康医疗等财政支出是财政支出的主要部分。近年来,随着我国发展阶段的转变,财政支出

中经济建设性支出趋于下降,教育、医疗卫生和社会保障等公共服务支出占比明显上升,民生保障水平不断提高,但从老百姓不断上升的公共服务需求看,仍然需要提高公共服务支出比重,为扩大中等收入群体比重提供有力保障。

从中等收入群体占稳定主流的国家看,其公共服务财政支出呈现明显的均等化导向。例如,北欧等国明确以生活条件均等化或基本公共服务的均等化为目标配置财政资源,通过二次分配显著降低收入分配不平等和促进不同地区间、城乡间的均衡发展,为中低收入者向上流动创造有利条件,使中等收入群体成为社会主流。从对我国的启示看,一方面,进入21世纪以来,我国政府财政支出占GDP的比重呈上升趋势,政府再分配的资源和能力不断加强,在基本公共服务均等化的政策导向下,公共服务财政支出也要求向欠发达地区、农村地区和中低收入者倾斜,但由于财税体制改革不到位、中央和地方政府财税关系尚未完全理顺、一些地方政府财力严重不足等原因,距离基本公共服务均等化的目标仍有差距,仍然需要着力提升公共服务财政支出均等化水平。

从发达国家的政策趋势和经验看,公共服务财政支出的可持续发展也是重要的原则,提高公共服务财政支出的可持续性的政策内涵包括控制财政支出的总体规模,以及避免公共支出对私人支出的挤出进而导致公共财政支出效率漏损。这对我国的重要启示是:财政支出结构的调整和优化,需要以民生福利增进为目标,也需要与经济增长目标相兼容,财政支出的规模和速度要与发展阶段相适应。公共服务财政支出需要由从以扩大支出规模为主到以优化支出结构、提高支出效益为重点转变,需要更加强调提升公共服务财政支出效率和公共服务财政支出的可持续性,也需要更加注重与经济增长目标兼容的公共服务财政支出筹资机制建设。

四、发挥政府和市场的合力

从发达国家的经验看,扩大中等收入群体比重,既需要发挥市场机制"看不见的手"在激发市场活力和经济增长潜力进而在扩大中等收入就业上的作用，也要发挥政府"看得见的手"在调节收入分配差距、促进社会公平进而在为"扩中"和"稳中"上的作用。特别是充分发挥公共服务财政支出在促进中产阶层发展中的作用，提高公共服务财政支出的效率，既需要政府在公共服务支出中承担主体责任和发挥主导作用，在促进公共服务均等化上发挥兜底作用，也需要利用市场机制和竞争机制使公共服务财政支出实现"四两拨千斤"。从国际经验看，这方面对我国的重要启示主要包括：政府的作用主要体现在再分配领域而不是生产领域，应以法律的形式明确政府在社会保障等公共服务供给上的职责；充分发挥市场机制的作用，虽然花的是财政的钱，但要充分发挥市场竞争机制的作用，应在教育、医疗、养老服务等领域放开市场，加大政府购买，提高财政支出效率；中央政府和各级政府的事权和支出责任要划分明晰，建立完善以财力均等化为导向的转移支付制度；使公共支出与私人支出相互促进，构建有效的参与机制和正向激励机制，使劳动参与率与福利水平相挂钩，不断提升政府社会保障和社会福利支出的可持续性。

本章通过对美国、德国、日本、韩国、北欧和拉美国家等经济体公共服务财政支出影响中等收入群体发展的实践案例研究，在此基础上总结出对我国的重要启示。第一，公共服务财政支出的有效性会影响一国或一个地区收入分配政策和社会政策的有效性，因此公共服务财政支出对于"扩中"是有很大作用的；第二，公共服务财政支出政策的导向性要明确，即以扩大中等收入群体作为重要的发展目标，可作为政府绩效考核指标，以充分发挥公共服务财政支出的"扩中"作用；第三，需要以公平和可持续为导向扩大公共服务财政支出，在促进公共服务均等化的同时，要尽可能少地挤出私人投资和私人消费，因此要解决公共服务财政支出的均衡问题；第四，需要政府在公共服务支出中承担主体责任和发挥主导作用，在促进公共服务均等化上发挥兜底作用，也需要利用市场机制和竞争机制提高公共服务财政支出效率，为中低收入者向上流动和提高中等收入群体抗风险能力提供保障。

第九章 提升我国公共服务财政支出"扩中"作用的对策建议

从公共服务财政支出对中等收入群体影响的宏微观传导机制看,公共服务财政支出对中等收入群体的发展有着重要影响。为此,在提升公共服务财政支出比重的同时,关键是促进公共服务财政支出均等化,提高公共服务财政支出效率,以此释放公共服务财政支出的"扩中"效应。

第一节 优化财政支出结构

考虑到公共服务财政支出对初次分配结构和再分配结构的影响,需要提升教育、医疗卫生、社保等基本公共服务支出占国家财政总支出和占GDP的比重,提高基本公共服务支出均等化水平,以此最大化公共服务财政支出在再分配调节中的"扩中"效应。

一、提升公共服务财政支出的比重

(一)进一步提高教育、医疗卫生、社保就业和住房保障等公共服务财政支出的比重

2016年用于教育、医疗卫生、社保就业、保障性住房四项基本公共服务的支出占国家财政总支出的比重为37%,占GDP的比重为9.35%,相比同等发展水平的国家,两个比重都有显著的提高空间。提升两个比重,可以使公共服务财政支出在消费结构升级、产业结构升级、收入分配结构调整中发挥四两拨千斤的作用,推动经济结构和社会结构转型升级,为扩大中等收入

群体奠定坚实基础。加大医疗卫生财政支出的比重,使医疗卫生财政投入增速不低于财政收入增速,持续稳定加大医疗卫生财政支出占 GDP 的比重,未来 3—5 年内将医疗卫生财政支出提高到占财政支出的 10% 以上和卫生总费用的 50%,并随经济发展而逐步提高;加大教育财政支出规模和比重。继续加大教育支出,2030 年前使国家财政性教育经费支出占国内生产总值的比例不低于 5%,财政教育经费投入增长速度不低于 GDP 增长速度,不低于财政收入增长速度;加大社会保障的财政性投入,未来 5—10 年内使财政支出中用于社会保障支出的比重提高到 20%,使社会保障支出占 GDP 比重不低于 5%。

(二)提升公共服务财政支出效率

随着公共服务支出比重的加大,公共服务财政支出的效率还有很大提升空间。提高公共服务财政支出比重不等于"大包大揽",不是机械地提高某项公共服务支出的规模和比重,而是既做"加法"也做"减法"。在兜底线、促公平的方面,例如基本社会保障上,要加大财政性支出和提高支出效率,但涉及满足多元化、多层次需求的,例如医疗保险和养老服务需求,则需在优化财政性支出结构的同时通过开放市场来形成多元化的投入机制。与此同时,通过进一步提高各级政府的财政支出透明度等,提高财政支出效率,可以为公共服务支出腾出更大空间。

(三)以降低经济建设支出和行政管理支出比重为扩大公共服务财政支出创造空间

降低财政支出直接用于经济建设的比重,将经济建设支出严格限制在存在市场失灵的经济性公共产品领域,例如基础领域研发、交通基础设施等,以及关系到国民经济安全和重大发展战略领域,例如粮食安全、农业安全、核心技术开发等领域。随着机构改革的深化和政府简政放权改革的深化,政府行政效能提高将降低行政管理支出占财政支出的比重。

（四）保持合理的财政支出增长速度

保持适度和合理的财政支出增长速度，才能避免财政赤字过大引发财政风险。降低经济建设性支出占比和行政管理支出占比，提高财政支出效率，可以为保持合理的财政支出速度创造空间。

二、优化医疗卫生财政支出结构

扩大中等收入群体比重，缓解"中产焦虑"，需要为全体居民提供公平有保障的基本医疗卫生服务，需要通过构建有效的制度安排防止和减少"大病致贫"的风险，需要通过构建多层次的医疗卫生服务体系改变"看病难、看病贵"，需要通过优化医疗卫生财政支出结构为实现这些目标提供财力保障和引导医疗卫生资源优化配置。

（一）医疗卫生支出更多向农村、基层和中低收入者倾斜

一是进一步加大医疗卫生财政支出的比重。医疗卫生财政投入增速不低于财政收入增速。在不增加企业和居民负担的前提下，持续稳定加大医疗卫生财政支出占GDP的比重，将卫生财政投入提高到占财政支出的10%以上和卫生总费用的50%，并随经济发展而逐步提高。新增的医疗卫生财政支出主要投向农村地区、基层和中低收入者的医疗保障和公共医疗卫生服务。二是推进城乡居民医疗保障支出均等化。在保持以医疗保障支出为主体的支出结构基础上，以建立完善覆盖城乡居民的多层次的医疗保险制度为重点，加大对医保基金的投入力度，加大对城乡居民享有基本医疗卫生服务的保障，进一步提高城乡居民住院报销比例和门诊报销比例。三是明显加大对基层医疗机构的投入。在公立医院投入上，在强化公立医院公益性的前提下，更多的财政资源需要投入到基层医疗机构；在投入方式上，尽快改革按"人头数或床位数"对公立医院进行补偿的模式，建立与公立医院公益性、服务质量等指标相结合的补偿模式，根据公立医院公益性分类，设定政府投入最低标准，建立"养事不养人"的投入新机制。在基层医疗机构较低的报销限额客观上导致到上级医院就诊的行为，不利于提高医疗卫生

资源使用效率,应尽快改变这一做法。

(二) 完善多层次的医疗保险制度

以完善多层次的医疗保险制度为居民提供更加充分的医疗保障。财政支出不是大包大揽,在保基本和兜底线的前提下,需要通过建立完善包括大病医保、医疗救助、商业保险、长期护理保险等在内的多层次、可衔接的医疗保险体系,才能为城乡居民提供适应不同需求和更充分的医疗保障。

加快基本医疗保险制度的对接和统一。当前我国医疗保险已形成四大体系:第一,城镇职工基本医疗保险制度;第二,城镇居民基本医疗保险制度;第三,新型农村合作医疗制度;第四,公务员和部分事业单位人员所沿袭的公费医疗制度[303]。改革的关键在于,加强四大医保制度整合衔接,尽快提速城乡医保制度对接,加快公费医疗制度向职工基本医疗保险制度并轨,让公费医疗退出历史舞台,改进医保管理服务体系,实现保障能力长期可持续。提高基金统筹层次,鼓励有条件的地方探索省级统筹。继续异地就医结算,会造成医保基金资源从穷省(区、市)向富省(区、市)的流动倾向更加严重,导致地区之间的医疗水平发展不平衡加剧。

全面实施大病保险制度。基本医疗保险的总体保障水平还较低,更多地以保基本为主。在实现基本医疗保险全覆盖之后,医疗保险体系建设要更关注大病保险。从财政对基本医疗保险的补助增长中,直接划出部分资金用作大病保险资金。

鼓励商业性医疗保险发展。发达国家都很重视商业性医疗保险的发展,政府通过税收等激励政策鼓励企业和个人购买团体和商业健康保险,弥补社会基本医疗保障未覆盖的护理保健、疾病损失等费用,这样既可以满足多样化的健康保障需求,又可以减轻国家社会医疗保险的财政压力。鼓励企业提供商业长期护理保险。长期护理保险是指对个体由于年老、疾病或伤残导致生活不能自理,需要在家中或疗养院治病医疗由专人陪护所产生的费用进行支付的保险。人社部新闻发言人李忠指出,截至 2014 年,我国

2.1亿60岁以上人口里有将近4 000万人是失能、半失能。① 借鉴国际先进经验,应加快探索长期护理保险制度建设,为老年人提供有效的健康护理服务。财政对开发和推广长期护理保险的保险公司和企业给予政策支持,对开展长期护理保险的商业保险公司和为员工购买老年护理保险的企业予以税收等政策优惠。

完善医疗救助体系。扩大救助范围,除了覆盖特困供养人员、低保对象、贫困人口、优抚对象、低收入家庭的老年人、未成年人和重病患者外,因病致贫家庭重病患者在报销基本医疗费用和大病保险后也可以通过医疗救助减轻负担。采取资助救助对象参加城乡居民基本医疗保险、特殊门诊救助、住院救助、一次性定额救助、重特大疾病救助等多层次的救助模式。不断扩大城乡居民医疗救助基金,并逐步提高医疗救助比例。

(三)以提供高质量的公共医疗卫生服务为导向促进医疗机构发展,推进公立医院改革

公立医院是受政府委托在医疗卫生领域履行基本医疗卫生服务均等化职责的专业技术机构,其公益性的责任主体是政府。完善公立医院治理结构,取消公立医院行政级别,提高医疗卫生资源配置效率。鼓励社会资本举办医疗机构。进一步放宽社会资本举办医疗机构的准入范围,鼓励社会资本规范参与公立医院改制;进一步扩大医疗机构对外开放,允许境外医疗机构、企业和其他经济组织在境内与医疗机构、企业和其他经济组织独立设立专业医疗机构。对公立医疗机构与民营医疗机构一视同仁,保障民办机构与公立机构公平配置医疗资源,在医保定点、技术职称考评、科研政策、资格认定等方面享有与公立医疗机构平等的政策待遇。加大政府采购公共医疗卫生服务的力度。尽快拓宽健康、养老、医疗服务的购买方式,对可由社会组织或机构承接的事项,政府通过直接购买、项目补贴、项目委托、承包、租

---

① 中国逐渐进入老龄化社会 到2035年老年人口将达4亿(EB/OL). 中国新闻网. 2016 - 01 - 22. http://www.xinhuanet.com/politics/2016-01/22/c_128656651.htm.

赁、发放公共服务券、特许经营等形式购买养老、医疗服务，逐步实现这些服务供给的社会化、专业化、市场化。

三、优化教育财政支出结构

以扩大中等收入群体为重点优化教育财政支出结构，实质是通过优化教育财政支出结构，发挥教育财政支出在破解教育结构性失衡矛盾、促进教育结构调整以适应经济结构转型升级需求上的引导和保障作用。

（一）把提升教育质量作为优化教育财政支出结构的优先目标

以教育财政支出结构调整促进教育结构转型。未来10年，要继续加大教育支出，逐步使国家财政性教育经费支出占国内生产总值的比例不低于5％。每年财政教育经费投入增长速度不低于GDP增长速度，不低于财政收入增长速度。

明显提升职业教育支出比重。鼓励和支持地方政府加强对职业教育的财政保障，加大财政向民办职业教育的倾斜力度，推行职业教育券等。把经费投入更多用于改善职业教育教师待遇，鼓励和支持优质的职业教育师资流向欠发达地区和中小城镇。通过推行职业教育券等多种方式，加大财政向民办职业教育的倾斜力度，加大对民办职业教育的政府购买服务。

调整优化高等教育结构支出结构。优化高等教育财政支出结构关键在提高"有效支出"，及通过财政支持高等教育普及的同时，加快调整高等教育结构，形成高等教育支持创新驱动发展战略的新格局。面对社会快速上升的高等教育多元化、多层次的需求，优化高等教育财政支出结构的要义在于撬动更多社会资本进入高等教育领域，为创新导向的高等教育改革提供经费保障，以高等教育供给质量为标准在政府采购、人才补贴、基建支持等方面对民办高等教育机构和公办高等教育机构一视同仁，加大对高等教育机构在培养创业创新型人才上的投入。

财政逐步支持义务教育向前向后延伸。着眼于提高国民受教育水平，为发展高质量的高等教育奠定基础，鼓励地方加快普及学前义务教育与高中阶段教育,促进义务教育均等化,在条件成熟时延长义务教育年限。目前,我国财政性学前教育经费在幼儿园经费总收入中占 40.81%,不到 OECD 国家平均水平(82.1%)的一半,学前教育财政支出占教育财政支出的比重不到 3%。[①] 在我国当前调整优化人口结构的背景下,应提升学前教育财政支出的比重,增加普及高中阶段教育的财政投入。

(二) 以促进教育资源配置均等化提升教育公平水平

全面推动城乡义务教育一体化发展。通过财政支出引导教育资源向农村和落后地区倾斜,支持中小城镇把学前教育、高中教育纳入义务教育,扩大农村地区享受免费职业教育的范围,努力让城乡居民都能享有公平而有质量的教育。促进学前教育资源配置的均等化。鼓励有条件的地方以农村地区、困难家庭的适龄儿童和农民工子女为重点加快普及学前义务教育。加大对落后地区学生、农村地区学生、贫困家庭以及农民工子女的高中阶段普及教育的财政补贴。

进一步加大对欠发达地区的教育财政补贴。中央财政加大对中西部地区加快普及高中阶段教育的转移支付,省级财政加大对落后地区加快普及高中阶段教育的转移支付。明确中央和地方政府在学前教育上的支出责任划分,中央财政加大对欠发达地区的转移支付,省级政府加大对欠发达市县的转移支付力度。推行学前义务教育券制度,专门用于教师培训、资助城乡困难家庭和流动人口的子女学前教育,对公办幼儿园和民办幼儿园一视同仁。

教育财政支出对公办教育机构和民办教育机构一视同仁。需要从规章制度的层面明确非营利性民办学校在财政支持、教师培训和政府购买等方面,能够享受与公立大学同等的政策;实现公立教育机构和民营教育机构在土地使用、财政支持、师资培养等方面一视同仁。

[①] 柳倩,黄嘉琪.中国与 OECD 国家学前教育投入水平的比较研究[J].教育经济评论,2019(3):72—86.

（三）以扩大教育市场开放提高教育财政支出效率

一方面，这是适应日益多元化、丰富化、个性化教育需求的需要。根据新浪发布的《2017中国家庭教育消费白皮书》，我国教育支出占家庭年收入的20%以上，在从幼儿园到高中，教育支出占家庭年收入的26.39%，30%的家庭愿意支付超出消费能力的学费，61.20%的家长有送孩子出国留学的意愿。另一方面，这是避免教育消费外流的有效方法。中商产业研究院报告显示，2012—2016年，我国自费出国留学人数不断增加，5年时间增加12.37万人，累计增长33%。胡润百富《2016留学趋势特别报告》显示，2015—2016年间，中国小学出国人数已赶超研究生人数(6.11%)，所占比为8.30%，出国留学低龄化趋势明显。

鼓励社会资本进入教育领域。《中国教育发展报告(2017)》显示，学生家长对民办学校的教育评价高于公办学校。重要原因在于民办学校办得更加灵活，无论在硬件环境、学校管理，还是课程体系、课外活动，民办学校更能赢得参与调查的家长好评。尽管我国教育模式也在不断寻求创新，但总体而言在课程设置、教材教案、考试考核等方面统一化、标准化的特征明显，教育机构管理行政化的特点突出，越来越难以满足社会多元化、丰富化、个性化的教育需求，也越来越难以适应创新人才培养的需求。从实践看，鼓励和支持社会力量面向市场需求以多种形式兴办教育，特别是提高职业教育和高等教育中民办教育的比重，更能够适应多元化的教育需求，有利于提升教育体系的质量。

保障民办学校办学自主权。推动教育向市场放权、向社会放权、向地方放权、向学校放权。支持民办学校创新育人模式、创新体制机制，办好一批有特色、高质量的民办学校。保障民办教育与公办教育平等的法律地位，制定完善的优惠政策，理清纠正歧视政策，促进民办教育高质量发展。调动民办学校在促进高等职业教育和普通高等教育发展中的积极性，赋予更多民办学校学士、硕士和博士学位授予权。

推进教育市场对外开放。通过对外开放提升我国教育的国际化水平，培养更多国际一流人才。上海交通大学《重点高校国际化调查分析报告》数据显示,中国重点高校平均每校外国留学生占在校生总数的比例大约为3.7%,与欧美发达国家10%—20%的平均水平仍有较大差距;此外,中国高校外籍教师的比例也偏低,重点高校中外籍专任教师平均每校不到40人,占专任教师总数的2.3%,而日本达到3.4%,德国达到9.5%。为此,建议进一步扩大教育对外开放,适时调整修改《中外合作办学条例》中"中外合作组织或者个人不得在中国境内单独设立以中国公民为主要招生对象的学校,允许更多境外教育科研机构、企业来我国合作设立教育教学、实训、研究机构或项目及其他教育机构"等规定;鼓励国内学校开展多形式、多层次、宽领域的国际交流与合作,拓宽国外优质教育资源的利用方式。

四、优化社会保障财政支出结构

优化社会保障支出结构,以共享发展为导向加快制度统一,着力破解社会保障不平衡不充分的矛盾,建设更加公平可持续的社会保障制度,是扩大中等收入群体的重要保障。

(一)优化社会保障财政支出结构

在加大政府社会保障财政支出比重的同时,着力提高支出效率,使社会保障财政支出在破解社会保障不平衡不充分矛盾上发挥"四两拨千斤"的作用。加大社会保障的财政性投入,将国家公共财政支出中用于社会保障支出的比重提高到20%,使社会保障支出占GDP比重不低于6%,中央财政支出中用于社会保障支出的比重提高到30%。新增社会保障财政支出重点用于应对人口老龄化,支持困难群体参加社会保险,完善城乡社会救助体系,推进新型农村合作医疗制度,加强基层卫生和公共卫生工作。提高社会保障投入在财政支出的比例。

促进社会保障支出城乡、区域均等化。首先,中央财政投入重点是着力提高最低养老保障金的水平,向中低收入者倾斜,把基础养老金待遇的地区、城乡差距控制在合理水平内,以及解决养老金隐性债务。其次,需要明确中央与地方各级政府的社会保障职责分工和支出责任划分。社会保障支出是中央政府和地方政府的共同职责,并且中央政府在保障底线公平、地区均等化等支出上承担主要责任。例如,日本"介护保险"支出的50%由政府负担,其中中央政府负担25%,县级政府负担12.5%,市、町、村负担12.5%,居民实际接受介护护理的费用政府承担90%。① 对地方政府财力不足的情况,中央对地方进行转移支付以平衡地方社会保障支出。以挪威为例,挪威有三级政府,中央政府制定全国统一的法规政策,承担社会保障管理的主要职责,主要负责健康医疗领域的社会保障支出,养老金、失业救济等大部分社会保障都由中央政府负责;郡政府主要负责医院和特殊社保服务;市镇政府负责老年人照顾等基层社保服务。第三,需要完善以一般性转移支付为主的中央地方转移支付体系。加快实现地方各级政府社会保障事权、支出责任与财力保障相匹配,在中央加大对省级财政转移支付力度的同时,省市级政府要按照缺口上移、财力下移的原则,加大对县级政府的转移支付力度,以提高县级财政对农业转移人口基本公共服务的保障能力。第四,将具有明显受益性、区域性特征、收入来源稳定的税种划分为地方税,为地方社会保障财政支出提供保障。

加大养老保障支出。挪威2011年的养老金制度改革的主要目的就是鼓励延迟退休,增加劳动力供给,从而促进长期经济增长。新加坡在20世纪80年代中期时遭遇严重的经济衰退,当时普遍认为是过高的公积金缴费率尤其是雇主缴费率削弱了企业竞争力,因此政府把公积金缴费率从50%下降到35%,雇主缴费从25%下降到10%,此举给企业大大减负从而稳定了经济形势,在经济逐步稳定后新加坡政府又逐步调高公积金缴费率。②

(二) 强化政府的社会保障职能

强化政府社会保障职能,明确中央和地方社会保障职责分工,增加和优化社会保障财政支出,将为中低收入者提高收入、稳定预期、提升抗风险能

---

① 唐开源.日本的介护保险制度[J].中国卫生资源,2001,4(4):191—192.
② 曹劼.新加坡:两大制度培育庞大中产阶层[J].学习博览,2014(10):68.

力提供重要保障。

加强政府社会保障职能建设。在落实《基本公共服务领域中央与地方共同财政事权和支出责任划分改革方案》的基础上,需要进一步细化中央和地方的社会保障职责分工,强化政府社会保障职能建设。明确中央政府社会保障职责。强化政府社会保障职能,首先是强化中央政府的社会保障职能。中央政府在社会保障总体规划、社会保障法律法规和社会保障改革方案的制定上,在社会保障基金监管体系建设以及提高社会保险基金统筹层次上发挥主导作用,并将社会保障事权合理配置到各级政府,调动各级政府管理社会保险基金的积极性。比如,中央将基础养老金统筹等上收为中央事权,由中央财政负责安排支出,为全体社会成员提供最基本的养老保障。明确地方政府社会保障职责。地方政府主要依据中央制定的社会保障总体规划,制定地方社会保障规划、政策实施细则和监管办法,落实和执行中央关于社会保障的规划、法规和政策,切实履行中央政府明确由地方承担的财政拨款社会保障事权。

形成中央和地方合理分工的格局。基础养老金全国统筹最大的掣肘在于各级政府责任划分不清。这不利于低收入群体向上流动,也难以为中等收入群体稳定发展提供稳定预期。社会保障支出是中央政府和地方政府的共同职责,并且中央政府在保障底线公平、地区均等化等支出上承担主要责任,对地方政府财力不足的情况,中央对地方进行转移支付以平衡地方社会保障支出。明确中央和地方各级政府的社会保障财政支出覆盖范围,根据各级政府的社会保障事权制定各级政府社会保障支出责任清单。加快实现地方各级政府社会保障事权、支出责任与财力保障相匹配,在中央加大对省级财政转移支付力度的同时,省市级政府要按照缺口上移、财力下移的原则,加大对县级政府的转移支付力度,以提高县级财政对农业转移人口基本公共服务的保障能力。将具有明显受益性、区域性特征、收入来源稳定的税种划分为地方税,为地方社会保障财政支出提供保障。

发挥国有资本在提升社会保障可持续性中的作用。国有资本支持社会保障的空间还很大,应进一步提高国有资本收益上缴公共财政比例,划转部分国有资本充实社保基金。

(三) 以共享发展为导向加快制度统一

根本改变城乡分割的社会保障制度,逐步缩小城乡社会保障差距,是城镇化升级发展的关键所在,是在城镇化进程中培育更多中等收入群体的重要条件。

把共享发展作为基本导向。把共享发展的理念贯穿于社会保障改革的全过程。根本打破城乡、区域、群体间社会保障不平衡的格局,在制度统一的基础上缩小差距,确保底线公平、权利平等、机会均等。坚持以人民为中心,不断增强社会保障的公平性、普惠性、共济性,为形成改革共识奠定坚实基础,使全体人民在共建共享发展中有更多获得感,在推进社会共识基础上加快社会保障相关法律法规建设。

加快统一城乡社会保障制度。加快整合城乡居民基本养老保险制度、基本医疗保险制度,推进城乡最低生活保障制度统筹发展,通过统一筹资渠道、基金管理、机构管理以及明晰权益等办法,实现各类城乡社会保险制度统筹发展。完善社会保险关系转移接续政策。进一步扩大各类社会保险制度的覆盖范围,推动城乡居民养老保险、城镇居民医疗保险等制度全面覆盖,将还没有全面参保的城镇灵活就业人员、中小企业职工和农村进城务工人员纳入社会保险制度的保障范围,扩大参保缴费覆盖面。在基本医疗保险体系建设的基础上,进一步完善城乡统筹的基本医疗保险制度。城镇居民医疗保险和新农合制度结构相同,筹资机制相似,待遇水平相差不大,可适时推动并轨运行。

加快实现基础养老金全国统筹。基础养老金统筹层次低导致养老保险缴费率不统一、养老保险基金管理不统一、养老保险征缴体制不统一,已经成为制度统一的突出矛盾。从国际经验看,越早实现基础养老金的制度统一,转型成本越低,改革阻力越小。在"十三五"期内,基本实现基础养老金全国统筹,不同地区的养老保险制度在基础养老金上标准统一、底线公平、转移接续高度便利,不仅将明显缩小区域养老金差距,促进流动人口养老保险无障碍流转接续，而且有利于降低支付风险。由中央主管部门对基本养老保险进行垂直管理，改变地方分治、条块分割的管理格局。在国家层面上统一编制和实施基本养老保险基金预算，明确中央、省、市、县各级政府的预算责任，统一城镇职工和城乡居民基本养老保险业务经办规程、管理制度、数据标准等。

明显提升农民工社会保障覆盖率。2017年农民工监测调查报告显示，农民工平均年龄由2010年的35.5岁上升到2017年的39.7岁，50岁以上农民工占新增农民工的比例越来越大。[①] 随着农民工老龄化的加快，提高农民工养老保险覆盖率更为迫切。鼓励有条件的地方将农民工纳入城镇职工基本医疗保险。为农民工建立大病医疗保险制度，建立大病医疗保险统筹基金，解决农民工进城务工期间的住院医疗保障问题，防止农民工因病致贫。目前农民工在第二产业中的就业比重仍旧最高，2017年农民工制造业和建筑业就业占比分别为30.5%和19.7%。[②] 农民工工伤保险参保率不高，工伤风险导致返贫的风险很大，应尽快实现农民工工伤保险全覆盖。

（四）加快建设多层次的社会保障体系

适应不同群体对社会保障日益多元化的需求，加快发展企业年金、职业年金、商业保险，完善多层次社会保障体系，扩大社会保障相关服务的有效供给。从促进中等收入群体发展看，这对破解"中产焦虑"有重要意义。

大力发展企业年金。目前，企业年金覆盖面有限、受益群体还相当有限。从国际经验看，税收优惠是国家扶持企业年金发展的重要手段。需要制定实施免税、延期征税等政策，推进企业年金制度化法定化进程，大力促进企业年金发展。尽快研究制定鼓励企业年金发展的减免税政策，将此纳入结构性减税计划。针对就业占城镇总就业80%的中小企业制定更优惠

---

① 统计局发布2017年农民工监测调查报告[EB/OL].国家统计局网站，2018-04-27.
② 统计局发布2017年农民工监测调查报告[EB/OL].国家统计局网站，2018-04-27.

的税收政策,例如在年金缴费环节提高中小企业的免税比例,扩大企业年金覆盖率。实施灵活的职业年金费率制度,经济形势好的时候,雇主缴纳的职业年金可以上调,经济形势不景气时,雇主缴纳的年金可以下调。尽快制定适应经济社会转型发展需要的《企业年金法》,就企业年金的制度模式、缴费标准、待遇领取、基金投资等做出明确规定。

大力发展商业保险。我国商业健康保险赔付支出在医疗卫生总费用中占比仅为1.3%,商业保险的保障作用有限。[①] 从国际上看,发达国家普遍很重视商业医疗保险、养老保险的发展,以此作为基本保障之外的重要保障,在减轻财政压力的同时,满足人们多元化的保障需求。美国全社会医疗费用总支出里,37%是来自商业健康保险,德国、加拿大、法国等发达国家的平均水平也在10%以上。[②] 发挥商业保险在满足多层次保障需求上的重要作用,需要通过税收等激励政策鼓励企业和个人购买团体和商业保险,特别是对开展长期护理保险的商业保险公司和为员工购买老年护理保险的企业予以税收等政策优惠。向外资开放健康保险市场,对企业和个人向保险机构购买商业健康保险,无论何种所有制,采取一视同仁的政策。

扩大医疗、养老等服务业市场开放。一是充分发挥社会力量在基本养老、医疗服务提供中的重要作用,破解"有社会保障缺社会服务"的矛盾。加快医疗、养老服务业市场开放。政府通过合同、委托等方式向社会组织购买基本医疗、养老公共服务。充分利用市场力量、社会力量扩大医疗、养老等服务供给,政府购买对体制内事业单位与公益性社会组织一视同仁,形成多元供给格局。比如,瑞典居家养老服务基本由地方自治团体提供。地方自治团体的经费由政府负担50%,由受益个人负担50%。[③] 法国政府给予进入养老机构养老的老人相应的补贴,这一补贴比例在公立养老机构和非营

[①] 我国健康险在总保费中占比仅为8%美国占40%[EB/OL].中国新闻网,2015-02-10.
[②] 黄洪.当前商业健康险规模较小、人均保费较低、医疗总费用占比低[EB/OL].中央政府门户网站,2015-02-10.
[③] 钟慧澜,章晓懿.从国家福利到混合福利:瑞典、英国、澳大利亚养老服务市场化改革道路选择及启示[J].经济体制改革,2016(05):160—165.

利性养老机构达到了90%，即便是在营利性养老机构，政府也在评估后给予一定的补贴，这一措施加快了养老机构的发展[①]。二是加大基本养老服务政府采购力度。将政府购买养老服务范围扩大为购买居家养老服务、社区日间照料服务、机构养老服务、养老服务人员培训、养老服务业发展相关规划等，基本实现老年人切实需要的养老服务项目全覆盖。三是扩大政府购买基本医疗卫生服务的范围。将政府购买医疗卫生服务试点范围向全国铺开。在现有七大类项目的基础上，进一步扩大政府购买医疗服务的类别和范围。从最现实、最急需、最迫切的医疗卫生项目购买做起，将适合采取市场化提供，具有公共性和服务性的卫生计生公共服务下放给社会组织和企业。

第二节 以公共服务财政支出均等化为重点理顺中央和地方财税关系

公共服务财政支出均等化可以降低收入分配不平等和促进不同地区间、城乡间的均衡发展，为中低收入者向上流动创造有利条件。从国际上看，中等收入群体占主体的国家，公共服务财政支出呈现明显的均等化导向，例如北欧等国就明确以生活条件均等化或基本公共服务均等化为目标配置财政资源。我国公共服务财政支出的地区差距和城乡差距仍然明显。为此，需要在加大中央财政在教育、医疗和社会保障上的投入比重的同时，加强区域财政均衡机制建设，完善以一般性转移支付为主的中央地方转移支付体系。

一、促进公共服务财政支出均等化

国际经验表明，在中等收入群体占稳定主流的国家，其公共服务财政支

[①] 杨钊.法国多样化产业化养老服务模式的发展及启示——兼论我国养老服务产业发展[J].当代经济管理,2014(7):88—91.

出呈现明显的均等化导向。例如,北欧等国明确以生活条件均等化或基本公共服务的均等化为目标配置财政资源,通过二次分配显著降低收入分配不平等和促进不同地区间、城乡间的均衡发展,为中低收入者向上流动创造有利条件,使中等收入群体成为社会主流。从我国的实际需求看,一是要加快缩小城乡、区域间公共服务财政支出差距。公共服务财政支出应进一步向农村、落后地区和偏远地区倾斜,应尽快弥补农村公共服务投入的欠账,加快实现城乡基本公共服务均等化,加快实现农民工养老保险、医疗保险、工伤保险等社会保障全覆盖;二是要以公共服务财政支出的优先保障引导公共资源向中小城市和小城镇配置。在公共服务财政支出上优先保障,加大中小城市和小城镇公共资源配置力度,增强其中等收入就业岗位的吸纳能力,释放中小城镇和农村扩大中等收入群体的潜力。从缩小不同地区间的公共服务财力差距的需要看,需要进一步提高中央对地方政府的一般性转移支付的比重;三是要加大中央财政在教育、医疗和社会保障上的投入比重。从国际经验看,中央政府应承担社会保障支出的主要职责和支出责任,在教育、医疗卫生支出上加大中央财政的支出比重,并且在以公共服务均等化为重点的收入再分配职责上应承担主要职责,在提供全国性跨地区公共服务、促进国内共同市场、促进城乡和地区均衡发展上应承担主要支出责任。

二、促进各级政府公共服务事权、支出责任与财力相匹配

1994年的分税制改革在特定历史背景下发挥了重要而积极的作用。然而,现行中央地方财税关系下地方政府公共服务的财力和事权难以匹配。从现实矛盾看,不改革中央和地方财税关系,地方政府的增长主义倾向很难根本改观,以公共服务财政支出为重点优化财政支出结构缺乏有效的制度保障。为此,需要着眼于实现区域城乡基本公共服务均等化,合理划分各级政府之间的事权与财权,基本理顺中央和地方财税关系。首先,需要进一步明确中央与地方政府的职责分工。全面落实国务院于2018年2月发布的《基本公共服务领域中央与地方共同财政事权和支出责任划分改革方案》,

逐步将支出责任清单制度扩大到财政支出的所有领域。完善各级政府支出责任清单制度。鼓励和支持地方尽快制定省以下各级政府支出责任清单。根据各级政府的事权划分形成支出责任清单，清晰界定各级政府的财政支出覆盖范围，不断优化支出结构。其次，应着力实现政府支出责任与财力保障相匹配。在中央加大对省级财政转移支付力度的同时，使地方各级政府基本公共服务支出责任与其财政能力相匹配、相平衡。第三，需要着力形成地方政府提供公共服务的稳定财源。由于我国地方政府承担了主要的公共服务财政支出责任，为此需要进一步提高中央对地方政府一般性转移支付占比，加大对地方公共服务财政支出的财力保障。省市级政府要按照缺口上移、财力下移的原则，加大对县级政府的转移支付力度，以提高县级财政对农业转移人口基本公共服务的保障能力。除此之外，可以将具有明显受益性、区域性特征、收入来源稳定的税种划分为地方税，以消费税、房产税、企业所得税（地方政府部分）、个人所得税等为重点形成地方政府的稳定税源。

三、推动财政体制"扁平化"改革

财政体制扁平化改革有利于提高公共服务财政支出的效率。在总结"省直管县""乡财县管"试验基础上加快在全国范围内推广，争取使五级财政框架扁平化到三级框架。探索建立区域财政均衡机制，树立辖区财政理念，以基本公共服务支出责任与财政能力平衡的原则取代传统的财权与事权均衡的原则。完善以一般性转移支付为主的中央地方转移支付体系，探索建立横向转移支付制度，引导和鼓励同级政府间发展制度化、规范化的横向转移支付。

四、理顺政府与市场关系

从国际经验看，发挥公共服务财政支出的"扩中"作用，既要发挥市场机制"看不见的手"在激发市场活力和经济增长潜力上的作用，也要发挥政府"看得见的手"在调节收入分配差距、促进社会公平上的作用。这就要求加强公共服务型政府建设,在明确政府公共服务职责和支出责任的同时,在建设公共服务体系和促进基本公共服务均等化中合理引入市场机制和竞争机制,提高公共服务财政支出的效率。

(一)加强公共服务型政府建设

建立以公共服务为导向的政绩考核制度和机制。深化简政放权改革的基础上,根本改变经济建设型地方政府现象,进一步强化地方政府公共服务职能。在保证最低社会保障、义务教育、初级卫生保健的基础上,以保护贫弱者为重点,扩大公共服务的覆盖面,逐步实现使人人都享有水平大致一致的基本公共服务的目标。建议完善政府绩效考核体系,尽快将政府提供公共服务数量和质量指标纳入其中,增加其权重,以此强化对公共服务项目的考评,纠正"重经济指标,轻公共服务"的错误倾向。

建立公共服务考评指标体系。具体绩效评估体系应涵盖义务教育、基本医疗和公共卫生、社会保障、公共就业服务、基本住房保障等基本公共服务。按照公平、经济和效率、质量和效果、公众参与的原则,应突出公共服务的财政支出构成、扩大受益覆盖面、强化社会效益和公众参与等方面;根据基本公共服务均等化的实施需要,建立一整套规范的指标考核评价体系。

建立严格的公共服务问责制。将公共服务绩效评估与干部选拔、任用和内部激励相联系。在明确各级政府公共服务职责的同时,应当把公共服务指标纳入干部考核体系,在此基础上建立严格的问责制,从根本上改变干部考核中把公共服务当成软约束指标的倾向。应加强各级人大对各级政府基本公共服务供给的监督和约束。

(二)在公共服务领域引入市场竞争机制

公共服务财政支出的规模、比重和结构变化,更深层次地反映了政府与市场的关系。扩大中等收入群体比重,既要发挥市场在资源配置中的决定性作用,又要发挥政府在公共资源配置均等化中的主导作用,既要发挥市场机制在初次分配中的竞争激励作用,又要发挥政府在收入再分配的促进社会公平正义的作用。为此,在公共资源配置上,应向民营企业及民间组织开放进入门槛较低的且不具有规模经济特征的公共服务项目,对于民企及民间组织参与扩大上述相关领域的公共服务供给,应当给予充分的鼓励和支持;引入市场竞争机制来扩大进入门槛较高并具有较大规模经济特征的公共服务供给,以此加强公共部门内部的竞争;对教育、卫生、医疗等仍需要依靠公共部门来提供的公共服务应进一步加强第三方评估和财政支出绩效考核,以提高效率、降低成本。

第三节 深化财政支出管理制度改革

公共服务财政支出效率的提高,意味着政府花一块钱能产生更多适应老百姓公共服务需求的公共服务。公共服务财政支出的效率很大程度上取决于财政支出管理制度。这就需要加强公共服务财政支出绩效管理制度建设。包括要把保障基本民生和公共服务均等化作为公共服务财政支出绩效考核的最重要的目标;推进公共服务财政支出预算法治化、科学化、民主化,例如采取多种方法编制老百姓看得懂看得明白的财政支出预算,探索把直接涉及社区百姓利益的财政支出项目作为重点的参与式预算;全面推行公共服务领域的政府采购制度,以此提高公共服务财政支出效率。

一、加强公共服务财政支出绩效管理制度建设

把保障基本民生和公共服务均等化作为公共服务财政支出绩效考核的重要目标。建立以基本民生和公共服务均等化为导向的公共支出体系,在财政支出安排上,优先考虑保障民生和基本公共服务,根本改变见物不见人的财政支出绩效管理体制。建立编制、执行、监督相制衡的预算管理体制,分离预算编制和预算执行职能,探索建立独立的预算编制委员会专司预算编制。

二、推进公共服务财政支出预算法治化、科学化、民主化

目前我国公共预算体系[①]已经比较完备,但各类预算的规范化程度不一。例如,公共财政预算,其有统一规范的收支,即必须先经过各级人民代表大会审议批准,才能由各级政府统筹使用,因此规范程度是最高的;然而,对于政府性基金预算而言,尽管在名义上是纳入人大监管的范畴,但实际上仍然由征收部门以"专款专用"的形式来使用,政府性基金预算的收支是不需要经过各级人民代表大会批准程序的,在各级政府层面也不会做统筹的安排;国有资本经营预算,资金主要是在国有企业内部封闭运行,相当于"专款专用";社会保险基金预算,虽有相对规范的收支内容、标准和范围,并实行专款专用,但限于向各级人民代表大会报告,属于"备案"性质。[②] 为此,应尽快推进全口径预算管理,使政府资产负债表进一步清晰化。坚持和发展财政、税收、预算法定原则,形成适应经济社会转型发展的较为完备的财税法律体系。提高公共服务财政支出透明化程度,采取多种方法编制老百姓看得懂的财政支出预算。总结和推广"参与式预算",把直接涉及社区百姓利益的财政支出项目作为重点扩大社会参与,由社区百姓根据实际需求决定财政资金的分配。落实公共财政支出的民主监督,包括对预算编制、预算执行和预算决算的监督和考核。通过网络、微信、问卷等多种形式加强财政支出的民主考核和监督。

三、完善公共服务供给绩效考核体系

(一)强化公共服务供给绩效考核

公共服务供给要能够有效反映社会需求偏好,公共服务资源要有效地

---

① 中国的政府预算包括四大预算:一是公共财政预算,主要收入来源是税收,支出范围主要是政府提供的公共产品和服务,包括教育、医疗卫生、住房保障、农林水事务、国防、公共安全等;二是政府性基金预算收入,属于非税收入,包括国有土地出让金收入、铁路建设基金、地方教育附加等;三是国有资本经营预算,收入来源是按照相关规定和比例向国有企业收取的国有资本收益;四是社会保险基金预算,包括企业职工基本养老保险基金、失业保险基金、城镇职工基本医疗保险基金、工伤保险基金、生育保险基金等。

② 政府预算体系框架基本建立[N].中国新闻网转载自人民日报.2013-05-27. http://www.chinanews.com/gn/2013/05-27/4857792.shtml.

集中投入到广大社会成员最迫切需要的基本公共服务领域,以实现供给与需求相匹配。为此,需要建立有效的激励约束机制,使公共服务供给主体注重公共服务供给绩效,避免公共资源配置浪费现象。要把公共服务的投入产出作为政府绩效考核的基本内容,在完成同样的公共服务均等化目标情况下,投入越小,绩效越高。

(二)建立以公共服务"消费者"为中心的绩效评估考核体系

推进公共服务"消费者"评价机制的建立和完善,是在公共服务领域引入竞争、提高供给效率的基本机制保障。通过严格的绩效考核,可以尽可能地提高公共服务财政支出转化为有效的公共服务供给的转化率,减少公共服务财政支出的效率漏损。同时,加强第三方评估和监督,也有利于社会对公共服务供给效率进行全面客观的评价。

第四节 推进税收结构和财政支出结构的协同调整

从我国实际看,充分发挥公共服务财政支出的"扩中"作用,需要在不增加企业和居民税负的前提和基础上来考虑扩大公共服务财政支出。

一、在不增加税负的前提下扩大公共服务财政支出比重

从国际上看,2014 年,政府收入占 GDP 比重最高的是北欧福利国家,为 45%—50%,欧盟 28 国平均为 45.7%,个别国家超过 50%。这些"高税负"发达国家和福利国家也在实行"高福利"政策,财政收入主要用于居民的养老、教育、医疗、住房支出,其在社会公共支出上的比重远远高于中国。[①] 上海金融和法律研究院(2018)[②]对 145 个国家个人所得税最高边际

---

① OECD 数据库.
② 上海金融和法律研究院.对个人所得税法修正案草案的五点建言[N].澎湃新闻,2018-07-21.

税率的研究表明，最高边际税率大于等于35％的国家有61个，40％及以上的国家有37个，最高边际税率达到45％及以上的27个国家大多是发达国家或者高福利国家；全球最高边际税率平均水平为31.36％，亚洲为27.61％，考虑到我国社会福利水平，45％的最高边际税率让我国在营商环境竞争中处于非常不利的地位。

二、以税收制度改革为公共服务财政支出提供财力保障

税收和财政支出是政府调节收入再分配的主要手段，只有实现税收结构优化和财政支出结构优化"收支两条线"的联动改革，财政支出结构优化才能更好更持久地发挥作用。从现实看，我国需要加大减税力度，同时加快推进税收结构由间接税为主向直接税为主转型，推动税收结构优化和财政支出结构优化"收支两条线"的联动改革，为可持续的公共服务财政支出提供财力保障。

三、由以间接税为主向以直接税为主的税收结构转变

在切实加大结构性减税力度的同时，加快推进税收结构由间接税为主向直接税为主转型，为可持续的公共服务财政支出提供财力保障。一是适时推进房产税和遗产税、赠予税改革，进一步简化所得税税率，并考虑不同地区不同家庭的物价水平、家庭结构、赡养负担，扩大抵扣范围等，使财产税、所得税充分发挥"提低、扩中、限高"的作用。二是进一步降低企业税负，为实体经济发展从而扩大中等收入就业需求创造有利条件。降低企业所得税，进一步扩大抵扣范围，将企业公益性支出、教育培训支出全部纳入抵扣范围，提高小规模纳税人标准，形成小微企业的自动减税机制；推进增值税改革，在完成"营改增"的基础上，简化增值税税目与税率，扩大增值税抵扣范围。加大增值税抵扣，除了技术创新所涉及的设备等固定资产抵扣范围，把技术创新涉及的全部研发支出列入抵扣范围。

第五节　推动财政制度和公共
服务体制的联动改革

公共服务财政支出有没有最终转化为高质量的公共服务供给,取决于公共服务体制的有效性。在保障基本公共服务均等化目标的前提下,应通过加快公共服务供给方式创新和供给主体多元化探索一条财力可持续的道路。例如,在教育、卫生等领域试点推行公共服务券改革,引入竞争,提高服务质量和提高效率。应完善公共服务供给绩效考核体系,通过严格的绩效考核减少公共服务财政支出的效率漏损。推进公共服务"消费者"评价机制的建立和完善,并且强化服务的全程监管。

一、以公共服务制度创新提升公共服务财政支出效率

公共服务体制建设相对滞后已经成为阻碍公共服务财政支出发挥"扩中"作用的障碍。公共服务财政支出有没有最终转化为高质量的公共服务供给,是公共服务财政支出效率的根本体现。要使公共服务财政支出最终转化为高质量、均等化的公共服务供给,加快建设公共服务体制是关键。

(一)加快建设城乡统一的公共服务制度,促进公共服务财政支出均等化

明显缩小城乡公共服务不均等,从而在缩小城乡收入分配差距中逐步扩大中等收入群体。这就需要加快户籍制度与公共服务制度脱钩,加快推进不同社会群体间的公共服务制度统一,重点是保障低收入人群等弱势群体的公共服务。公共服务供给需要严格遵循普惠性标准,避免出现一些社会群体实际上难以获得基本公共服务的现象。最重要的是尽快解决农民工的公共服务问题。比如,在医疗保障领域和养老保险领域加快推进农村居民、城镇居民、城镇职工的三险合一,全面实现制度的无缝对接。

（二）创新公共服务供给方式，提高公共服务财政支出效率

公共服务体制建设的重要目标之一是确保公共服务支出的投入产出效率，使同等的公共服务财政支出能尽可能多地提供符合社会需求的公共服务，以此释放公共服务财政支出更大的"扩中"效应。从国际经验看，改善公共服务效率包括两方面：一方面，提高公共服务的投入产出效率，以尽量少的公共投入，实现尽量多的公共服务产出。另一方面，通过创新公共服务供给方式，提高基本公共服务的生产效率。

（三）实现可持续的公共服务供给

在保障基本公共服务均等化目标的前提下，通过加快公共服务供给方式创新和供给主体多元化，探索一条财力可持续的道路。

二、创新公共服务提供方式

（一）全面推广公共服务券

通过公共服务券的形式加大政府对企业、非政府组织提供公共服务的采购力度。在制度设计上要明确公共服务券内在竞争性，以提高公共服务供给效率。可以选择部分省市作为试点，在教育、卫生等领域试点推行公共服务券改革，通过公共财政资助特定用户或特定项目，引入竞争，提高服务质量和提高效率。

（二）完善公共服务竞争机制

推进公共服务机构的准入、评估、监督机制建设，并且强化服务的全程监管，鼓励公共服务供给机构在服务方面的竞争。社会资本可以根据经营目的，自主申办营利性或非营利性医疗、养老、教育机构；统一和简化政府对社会资本举办公共服务机构的审批程序，优化审批流程，提高透明度；加强对社会资本举办机构的技术指导，保障社会资本举办的医疗机构在政策知情和信息、数据等公共资源共享方面与公立机构享受同等权益；对社会资本

举办机构在技术准入、人才职业资格准入等方面,减少甚至取消法律、规范以外的限制条件。

三、加快公益事业机构改革

(一) 以去行政化为重点改革公益事业单位管理方式

公益事业单位逐利倾向是与行政化直接联系在一起的。只有去行政化,才能使其坚持公益性导向。为此,推进公益事业单位改革,要加快"去行政化"进程。比如公立学校、公立医院等,通过去行政化提高其独立性和专业性,更好地发挥其优势。应当把部分事业单位转型为公益性社会组织。在这方面,建议在转型时,在严格评估的前提下,将原事业单位全部或部分财产明确转为社会团体财产,实现产权上的政社分离。这是鼓励和支持其强化公益性的重要手段。首先,政府是出资者和监管者,不再履行直接的管理责任。其次,加快取消公益事业单位的行政级别,推进公益事业单位产权制度改革,去行政化和改革内部治理结构同步推进。第三,可以探索建立公益事业单位出资人制度和独立事业法人财产制度。

(二) 以专业性为重点加强公益事业机构内部治理机制建设

提高公共服务供给效率,需要有效发挥公益事业单位专业性优势。在我国,专业技术人才是公益事业单位的主要人员构成,利用科技文化知识为社会提供公共服务是公益事业单位的主要手段。实行专业化内部治理,充分发挥这些高水平专业人才的能量,提高专业技术人员在内部管理的作用和地位,着力扩大高级专业人员在公益事业单位管理中的参与度与发言权,实行专业化的内部管理,对于激发公益类事业单位的创造力至关重要,有利于把专业性的激励机制和公益机构的公益性相结合,能更好地体现公益性目标。

(三) 加快公益法人立法进程

公益事业单位成为法定机构是其摆脱不必要的行政干预,保持专业性、独立性的重要条件。加快公共服务机构的立法工作,制定和出台公益法人法,取消公益事业单位行政级别,把公益事业单位改革为法定机构,对公益事业单位进行明确规范,实现公益事业单位设置法定、职能法定、经费预算支出法定和办事程序法定。在研究制定公益法人法的同时,需要把对公益法人的法治监管作为一个重要内容提出,加快公益性社会组织的监管体系建设,尽快实现从行政监管为主向法治监管为主的转变。

四、全面推行公共服务领域的政府采购制度

把加大政府采购比重作为优化公共服务财政支出结构的重要任务,以此提高公共服务财政支出效率。欧美发达国家政府采购规模一般占GDP的15%—20%。为提高公共财政支出效率,应进一步扩大政府采购范围和比重。探索建立公共服务采购"负面清单"制度,即出台公共服务领域的政府采购详细目录,采取负面清单模式,明确清单以外的公共服务一律通过公开的政府购买平台采购,逐步形成适合公共服务特点的政府采购体制机制。政府购买公共服务对体制内事业单位与公益性社会组织一视同仁,形成公共服务多元供给格局,充分利用市场力量、社会力量扩大公共服务供给。除某些特定的领域,大多数公共服务领域都可以引入竞争机制,政府可以通过合同、委托等方式向社会组织购买公共服务来提高效率。加快政府购买公共服务立法,促进政府采购法治化、规范化、透明化。

参 考 文 献

[1] 2016年社会服务发展统计公报[EB/OL]. 民政部网站,2017-08-03.
[2] 2017年高校毕业生就业状况调查出炉[N]. 光明日报,2017-11-25(07).
[3] 2014年卫生和计划生育事业发展统计公报[EB/OL]. 中国政府网,2015-11-05.
[4] 88.1% 2011届高职毕业生为家庭第一代大学生[EB/OL]. 新华网,2013-01-17.
[5] 阿马蒂亚·森. 以自由看待发展[M]. 任赜,于真,译. 北京:中国人民大学出版社,2002.
[6] 安东尼奥·阿弗索,卢德格尔·舒克内希特,维托·坦齐,王少国,马陆. 收入分配的决定因素与公共支出效率[J]. 经济社会体制比较,2013(05):1-13.
[7] 白晨,顾昕. 省级政府与农村社会救助的横向公平——基于2008—2014年农村最低生活保障财政支出的基尼系数分析和泰尔指数分解检验[J]. 财政研究,2016(01):67-74.
[8] 白重恩. 从收入分配看中国经济结构调整[J]. 中国市场,2012(50):13-18.
[9] 蔡昉. 退休年龄:世界难题和中国国情[J]. 现代人才,2012(6):21-23.
[10] 蔡昉. 中国收入分配:完成与未完成的任务[J]. 中国经济问题,2013(05):3-9.
[11] 蔡昉. 再续人口红利需深化教育改革[N]. 经济参考报,2009-09-16.
[12] 蔡萌,岳希明. 我国居民收入不平等的主要原因:市场还是政府?[J]. 党政视野,2016(05):56.
[13] 藏旭恒,刘大可. 我国城乡居民储蓄及其宏观经济效应分析[J]. 东岳论丛,1999(3):75-80.
[14] 藏旭恒,裴春霞. 预防性储蓄:产生及其决定[J]. 东岳论丛,2004(6):88-94.
[15] 曹岳兴,袁汇亢,周莹. 公立医院医疗服务价格补偿机制研究[J]. 卫生经济研究,2009(1):24-26.
[16] 曹中植,曹劼. 韩国财阀要向中国共产党学习[J]. 国际公关,2015(02):18.
[17] CHIP课题组. 中国家庭收入调查项目(CHIP)第五轮全国范围调查数据

(CHIP2013)[R].北京:中国收入分配研究院,2016.
[18] 常兴华.界定中等收入者[N].国际金融报,2003-12-30.
[19] 常亚青.中国中等收入者的收入流动性研究[D].上海:上海社会科学院,2011.
[20] 超八成城乡老人领养老金,农村老人难依靠其生活[N].工人日报,2016-03-16.
[21] 陈宝英.庇古"收入均等化"理论对我国收入分配制度改革的启示[J].河南教育学院学报(哲学社会科学版),2010,29(03):96-98.
[22] 陈慧.浅议中国事业单位管理体制改革[J].经济师,2011(7):14-16.
[23] 陈新华.中国中产阶层的状况分析与前景展望[D].苏州:苏州大学,2005.
[24] 陈新年.中等收入者论[M].北京:中国计划出版社,2005.
[25] 陈元春.公共财政的本质、目的及其基本框架[J].财政研究,2004(10):45-47.
[26] 陈云,李慧芸,郭鸽.我国中等收入群体界定及其测算研究述评[J].全国商情(经济理论研究),2016(02):3-5.
[27] 陈云,李慧芸.居民收入主观感知状况及其影响因素测度研究——基于北京市居民微观调查数据分析[J].统计与信息论坛,2015,30(01):106-112.
[28] 程名望,盖庆恩,Jin Yanhong,史清华.人力资本积累与农户收入增长[J].经济研究,2016,51(01):168-181,192.
[29] 迟福林.扩大改革普惠性形成六亿中等收入群体[N].上海证券报,2016-06-14(009).
[30] 迟福林.消费主导:中国转型大战略[M].北京:中国经济出版社,2012.
[31] 迟福林.转型升级需要深化教育改革[N].经济参考报,2015-06-10.
[32] 迟福林.走向消费主导的经济转型[N].中国经济时报,2011-12-14.
[33] 代灵敏.中国税制优化研究[D].成都:西南财经大学,2014.
[34] 德怀特·L·杜蒙德.现代美国(1896—1946年)[M].宋岳亭,译.北京:商务印书馆,1984.
[35] 德经济学家:"脱欧"将致欧盟和英国两败俱伤[EB/OL].新华社.2017-02-17.
[36] 狄煌.合理界定中等收入者[N].经济参考报,2003-02-18(2).
[37] 方显仓,王昱坤.社会保障、预防性储蓄与上海居民消费[J].上海经济研究,2013(10):75-84.
[38] 冯俏彬.国家分配论、公共财政论与民主财政论——我国公共财政理论的回顾与发展[J].财政研究,2005(04):8-11.
[39] 冯云.中国教育不平等对居民收入差距影响研究[D].大连:东北财经大学,2014.
[40] 福克讷.美国经济史(下卷)[M].王锟,译.北京:商务印书馆,1964:403.
[41] 付卫东.跨越"中等收入陷阱"关键期我国职业教育发展战略研究[J].职教论

坛,2015(6)：11-15.

[42] 付志方.为贫困患者撑起保障网（建言）[EB/OL].人民日报.2016-07-13. http://opinion.people.com.cn/n1/2016/0713/c1003-28548713.html.

[43] 甘行琼.西方财政理论的发展趋势[J].财贸经济,1999(09)：38-42.

[44] 高涓.地方民生财政支出效率评价的实证研究[D].苏州：苏州大学,2015.

[45] 高培勇.中国公共财政建设指标体系：定位、思路及框架构建[J].经济理论与经济管理,2007(08)：40-46.

[46] 葛夕良,沈腊梅.马斯格雷夫的现代市场财政观——《财政理论与实践》译介[J].经济资料译丛,2002(01)：105-110.

[47] 葛延风.社会保障制度存在的突出问题[J].理论参考,2007(04)：10-11.

[48] 葛振纲,韩淑珍.山西城镇中等收入群体的基本分析[J].经济问题,2012(10)：15.

[49] 贡森,张文魁,陈昌盛.突出五项保障,保民生扩内需[J].发展研究,2010(10)：75-83.

[50] 顾纪瑞.界定中等收入群体的概念、方法和标准之比较[J].现代经济探讨,2005(10)：10-16.

[51] 顾昕,周适.中国教育总费用的水平、构成和流向[J].河南社会科学,2010,18(4)：183-188.

[52] 顾永红,向德平.居民收入与健康水平变动关系研究[J].学术论坛,2014,37(02)：92-99.

[53] 郭长林.财政支出效率管理：理论分析[J].合作经济与科技,2007(08)：83-84.

[54] 郭存海.拉丁美洲中产阶级研究[D].北京：中国社会科学院,2012.

[55] 国家卫生和计划生育委员会.中国卫生和计划生育统计年鉴2016[M].北京：中国协和医科大学出版社,2016.

[56] 国务院再降社保费率 企业每年减负千亿[EB/OL].每日经济新闻,2016-04-14.

[57] 韩秉志.让社会保障制度更公平更可持续——访中国社会保障学会会长、中国人民大学教授郑功成[N].经济日报,2017-12-16.

[58] 韩静舒.受益归宿视角下的基本公共支出均等化研究[D].北京：中央财经大学,2016.

[59] 郝晓薇.基于新公共管理运动的瓦格纳定律之审视：实证与启示[D].成都：西南交通大学,2011.

[60] 何冬妮.公共服务财政支出对中等收入群体的影响路径和机理[J].经济研究参考,2019(14)：125-128.

[61] 何振一.构建与完善财政内控体系的研究[J].财政监督,2005(08)：8-9.

[62] 何振一.社会主义财政学创新中的几个理论认识问题[J].财贸经济,2008(04)：54-60.

[63] 洪丽.当代国外居民收入差距的实证研究及对中国的启示[D].武汉:武汉大学,2010.

[64] 侯定凯.全球人才竞争力:国际趋势与中国表现[EB/OL].国家教育宏观政策研究院网站,2017-07-24.

[65] 胡道玖.可行能力:阿马蒂亚·森的发展经济学方法及价值关怀[J].福建论坛(人文社会科学版),2014(04):74-80.

[66] 胡其图.我国事业单位改革面临的阻力与对策[J].呼伦贝尔学院学报,2009,17(3):33-35.

[67] 黄洪.当前商业健康险规模较小、人均保费较低、医疗总费用占比低[EB/OL].中央政府门户网站,2015-02-10.

[68] 丹尼斯·吉尔伯特,约瑟夫·A.卡尔.美国阶级结构[M].彭华民,译.北京:中国社会科学出版社,1992.

[69] 纪宏,陈云.我国中等收入者比重及其变动的测度研究[J].经济学动态,2009(6):11-16.

[70] 纪宏,刘扬.我国中等收入者比重及其影响因素的测度研究[J].数理统计与管理,2013,32(05):873-882.

[71] 纪玉山,代栓平,何翠翠.中等收入者比重的扩大及"橄榄型"财富结构的达致[J].社会科学研究,2005(02):35-40.

[72] "技能型"还是"学术型"——高考该如何选择?[EB/OL].新华社,2014-04-07.

[73] 贾根良,何增平.特朗普减税、财政危机与美国经济的结构性问题[J].江西社会科学,2017(11):41-52.

[74] 贾康.公共财政的几个基本问题[J].人民论坛,2007(24):12-13.

[75] 贾康.关于财政理论发展源流的概要回顾及我的"公共财政"观[J].经济学动态,2008(04):9-13.

[76] 贾康.关于公共财政的若干思考[J].中国社会科学院研究生院学报,2005(06):27-32+143.

[77] 贾晔.促进就业的财政支出政策研究[D].济南:山东财经大学,2012.

[78] 江涛.舒尔茨人力资本理论的核心思想及其启示[J].扬州大学学报(人文社会科学版),2008,12(06):84-87.

[79] 姜迪武.转型期我国扩大中等收入者阶层的理论与实证研究[D].成都:西南财经大学,2011

[80] 莱维·巴特拉.1990年大萧条[M].中国国际信托投资公司国际研究所,译.上海:上海三联书店,1988.

[81] 蓝皮书:中国高校毕业生工作与专业相关度仅为65%[EB/OL].中新网,2016-12-21.

[82] 李波.基于人力资本的社会阶层收入差距研究[D].北京:北京交通大学,2012.

[83] 李长久.当前中产阶级在世界各国的发展状况及作用[J].红旗文稿,2016(03):37-38.

[84] 李春玲.中国中产阶级的不安全感和焦虑心态[J].文化纵横,2016(04):32-39.
[85] 李春玲.中国中产阶级的发展状况[J].黑龙江社会科学,2011(01):75-87.
[86] 李芳蹊.中国财政性教育支出对经济增长影响的实证研究[D].沈阳:辽宁大学,2015.
[87] 李金.马克思的阶级理论与韦伯的社会分层理论[J].社会学研究,1993(02):23-30.
[88] 李曼.关于影响我国中等收入者比重因素的实证分析[J].广东行政学院学报,2015,27(01):79-86.
[89] 李萌.养老服务体系中政府责任的国际借鉴[J].老龄科学研究,2013(5).
[90] 李娜,袁志刚.财政社会保障和就业支出的就业效应实证研究——基于面板数据工具变量法的分析[J].经济研究导刊,2015(22):153-154,160.
[91] 李培林,张翼.中国中产阶级的规模、认同和社会态度[J].社会,2008(02):1-19,220.
[92] 李培林.关于扩大中等收入者比重的对策思路[J].中国党政干部论坛,2007:11-43.
[93] 李培林.怎样界定中等收入群体更准确[N].北京日报,2017-07-17.
[94] 李齐云,刘小勇.财政分权、转移支付与地区公共卫生服务均等化实证研究[J].山东大学学报(哲学社会科学版),2010(05):34-46.
[95] 李实,赵人伟.中国居民收入分配再研究[J].经济研究,1999(4):3-17.
[96] 李实.阿马蒂亚·森与他的主要经济学贡献[J].改革,1999(01):101-109.
[97] 李实.中国中等收入群体的规模及其变化趋势[J].社会治理,2017(06):32-34.
[98] 李树佩.中产阶级对韩国民主化的作用[D].沈阳:东北师范大学,2017.
[99] 李太淼.构建和完善中国特色的具体分配制度体系[J].学习论坛,2010,26(01):10-14.
[100] 李伟,王少国.收入增长和收入分配对中等收入者比重变化的影响[J].统计研究,2014,31(03):76-82.
[101] 李银秀.我国民生类政府财政支出的国际比较[J].湖北经济学院学报,2013,11(06):76-81.
[102] 李雨潼.促消费背景下扩大我国中等收入群体的路径探析[D].成都:四川师范大学,2015.
[103] 李正东.关于当前中产阶层研究的几个思考[J].天府新论,2004(01):90-95.
[104] 梁文泉,陆铭.城市人力资本的分化:探索不同技能劳动者的互补和空间集聚[J].经济社会体制比较,2015(03):185-197.
[105] 刘国余.基于教育社会收益率的我国教育财政投入研究[D].大连:东北财经大学,2014.

[106] 刘国余.收入分配福利评价的文献综述[J].现代经济信息,2013(18):13-14.
[107] 刘乐山.基于财政视角的中国收入分配差距调节研究[D].西安:西北大学,2006.
[108] 刘璐.中等收入群体比重变动问题研究[D].合肥:安徽大学,2015.
[109] 刘明.我国储蓄率变动影响因素的量化分析[J].商学研究,2017(8):87-93.
[110] 刘尚希."公共财政"概念的由来[J].经济研究参考,2009(70):16.
[111] 刘伟,周月梅,周克.中等收入家庭界定方法探讨[J].经济评论,2007(1):51-56.
[112] 刘文斌.收入差距对消费需求的制约[J].经济学动态,2000(9):13-16.
[113] 龙莹.中等收入群体比重变动的因素分解——基于收入极化指数的经验证据[J].统计研究,2015,32(02):37-43.
[114] 娄峥嵘.我国公共服务财政支出效率研究[D].徐州:中国矿业大学,2008.
[115] 卢燊.城乡居民大病保险制度的脱贫效应及模式研究[D].南京:南京大学,2017.
[116] 陆学艺.当代中国社会阶层研究报告[M].北京:社会科学文献出版社,2002.
[117] 罗丽娟,方栓喜.中日经济高速增长期的中产阶层规模差距比较分析[J].亚太经济,2012(03):82-86.
[118] 罗纳德·C.费雪.州和地方财政学[M].吴俊培,译.北京:中国人民大学出版社,2000.
[119] 马强,孙剑平.西方收入分配的主要思想理论述评[J].现代管理科学,2011(01):24-26.
[120] 马强.我国居民消费需求不足的成因与对策[J].宏观经济管理,2004(5):46-48.
[121] 马晓河."中等收入陷阱"的国际观照和中国策略[J].改革,2011(11):5-16.
[122] 孟续铎.城镇社会保险政策的反再分配效应——基于省级面板数据的经验研究[J].中国人力资源开发,2010(04):61-65.
[123] 莫连光,洪源,廖海波.收入分配财政政策调节居民收入差距效果的实证研究[J].财经论丛,2014(03):32-39.
[124] 南欧国家年轻人失业率高达30%西班牙甚至达50%[EB/OL].人民网.2016-01-10.
[125] 倪建伟,何冬妮.挪威城乡一体化核心制度安排及对中国的启示[J].经济社会体制比较,2010(6):82-88.
[126] 宁方景.中美医疗保障史研究[D].北京:中央财经大学,2016.
[127] OECD发展中心.2011年拉丁美洲经济展望[M].北京:当代世界出版社,2011:157.
[128] 彭梦瑶.法国:"身份倒退"的中产阶层[N].经济参考报,2010-05-13(005).

[129] 彭文生.人口结构的宏观经济含义[J].金融发展评论,2011(5):24-27.
[130] 彭晓玲.日本中产阶级的启示[N].第一财经日报,2017-07-21(A11).
[131] 齐丹.劳动价值论从亚当·斯密、大卫·李嘉图到卡尔·马克思的发展[D].吉林:吉林大学,2016.
[132] 齐海鹏.调节居民收入分配差距的财税视角分析[J].现代财经-天津财经学院学报,2004(11):18-21.
[133] 曲莉春,张莉莉.挪威扩大中等收入群体的经验及对我区的借鉴与启示[J].理论研究,2017(04):77-80.
[134] 人才贡献率26.6%意味着什么[N].光明日报,2012-05-23(15).
[135] 任泽平,潘文聊.结构式乘数及其对凯恩斯主义宏观经济理论的发展[J].数量经济技术经济研究,2009,26(08):83-95.
[136] 任忠富.我国财政社会保障支出对居民收入分配的影响效应研究[D].大连:东北财经大学,2016.
[137] 茹长芸.中等收入群体持续扩大的财税政策建议[J].会计之友,2013(29):105-107.
[138] 萨缪尔森.经济学(18)[M].萧琛,译.北京:人民邮电出版社,2008:405-427.
[139] 上海金融和法律研究院.对个人所得税法修正案草案的五点建言[N].澎湃新闻,2018-07-21.
[140] 邵常顺.欧洲难民危机背景下德国社会保障制度研究[D].哈尔滨:黑龙江大学,2018.
[141] 邵育群.美国与全球化关系的再定义——高度不确定的未来[J].国际展望,2017(1):18-33.
[142] 社会化养老时代 老人仍是社会的主角[N].广州日报,2016-12-29.
[143] 沈晖.中国中产阶级的认同及其整合[J].探索与争鸣,2008(07):16-17.
[144] 沈瑞英.西方中产阶级与社会稳定研究[D].上海:上海大学,2008.
[145] 石刚,韦利媛.我国中等收入者比重研究评析[J].经济学动态,2008(11):77-80.
[146] 史为磊.社会主义和谐社会视野下我国中等收入阶层研究[D].北京:中共中央党校,2014.
[147] 史为磊.中产阶级理论探源及其在中国的发展变迁[J].兵团党校学报,2012(05):40-44.
[148] 宋健.科学发展观上升为党的指导思想的历程及其启示[D].杭州:浙江农林大学,2015.
[149] 宋晓梧.收入分配是改革重大问题[N].经济参考报,2013-10-24.
[150] 宋志华.中国政府卫生支出的规模、结构与绩效研究[D].沈阳:东北大学,2010.
[151] 苏海河.日本到2025年将新引进50万劳动力[N].经济日报,2018-06-13

(011).
[152] 苏海南.当代中国中产阶层的兴起[M].杭州：浙江大学出版社,2015.
[153] 苏海南.我国中等收入群体调查[N].北京日报,2013-04-15(018).
[154] 孙凤,王玉华.中国居民消费行为研究[J].统计研究,2001(4)：24-30.
[155] 孙涛.我国基本公共教育服务均等化问题研究[D].大连：东北财经大学,2015.
[156] 孙执中.论日本从统制经济到市场经济转变时期的措施[J].日本研究,1988(02)：7-12.
[157] 孙志燕.美国财政支出的演变趋势及启示[J].经济纵横,2012(11)：113-116.
[158] 唐钧.社会保障关键词："覆盖城乡居民"[J].中国社会保障,2010(12)：26.
[159] 唐开源.日本的介护保险制度[J].中国卫生资源,2001,4(4)：191-192.
[160] 陶振全.中等收入陷阱的历史考察与我国跨越路径研究[D].北京：中国社会科学院研究生院,2017.
[161] 统计局发布2017年农民工监测调查报告[EB/OL].国家统计局网站,2018-04-27.
[162] 托马斯·皮凯蒂.21世纪资本论[M].巴曙松等,译.北京：中信出版社,2014.
[163] 万雪梅.罗斯福新政如何解决失业问题[J].历史教学,2003(11)：67-74.
[164] 汪辉平,王增涛,马鹏程.农村地区因病致贫情况分析与思考——基于西部9省市1 214个因病致贫户的调查数据[J].经济学家,2016(10)：71-81.
[165] 王聪.扩大我国城镇中等收入群体比重的财政政策研究[D].沈阳：辽宁大学,2017.
[166] 王凤才.新世纪以来德国阶级问题研究[J].中国社会科学,2016(04)：25-36.
[167] 王宏.国际视野的中等收入阶层：内涵界定、指标体系与地区差异[J].改革,2013(05)：15-24.
[168] 王家永.实现基本公共服务均等化：财政责任与对策[J].财政研究,2008(08)：64-66.
[169] 王建平.社会转型中的韩国中产阶级[J].当代亚太,2004(04)：59-64.
[170] 王开玉.中国中产阶层的初级形态[J].合肥学院学报(社会科学版),2006(01)：6-14.
[171] 王力.我国居民收入差距的测度及其影响因素研究[D].大连：东北财经大学,2012.
[172] 王亭喜.美国个人所得税制优化研究[D].长春：吉林大学,2014.
[173] 王小鲁,樊纲.中国收入差距的走势和影响因素分析[J].经济研究,2005(10)：24-36.
[174] 王小鲁.我国收入差距分析及对策[J].国家行政学院学报,2007(4)：17-20.

[175] 王延中,等.中国社会保障收入再分配效应研究——以社会保险为例[J].经济研究,2016(2):4-15.

[176] 王哲慧,龙莹.我国中等收入群体收入差距影响因素分解[J].安徽农业科学,2015,43(13):292-294,318.

[177] 卫计委:健康扶贫工程已分类救治260多万贫困患者[EB/OL].中国新闻网,2017-06-06.

[178] 卫生部统计信息中心.中国卫生服务调查研究 第四次家庭健康询问调查分析报告2008[M].北京:中国协和医科大学出版社,2009.

[179] 魏立萍,刘晔.民生财政:公共财政的实践深化[J].财政研究,2008(12):7-10.

[180] 文建东,欧阳伟如.罗伯特·巴罗对宏观经济学的贡献[J].经济学动态,2017(04):151-160.

[181] 我国健康险在总保费中占比仅为8%美国占40%[EB/OL].中国新闻网,2015-02-10.

[182] 吴俊培.财政支出效益评价问题研究[J].财政研究,2003(01):15-17.

[183] 吴青荣.产业结构变迁、人力资本、R&D强度对中等收入群体影响的动态测度——基于协整和状态空间模型的实证[J].经济问题探索,2017(09):25—29,93.

[184] 吴青荣.中国梦视阈下中等收入群体扩容之路[J].云南财经大学学报,2014,30(06):16-22.

[185] 吴仁广.大病医疗保险制度实施效果评估研究[D].济南:山东大学,2017.

[186] 小林义雄.战后日本经济史[M].孙汉超,马君雷,译.北京:商务印书馆,1985.

[187] 谢勇才,王茂福.瑞典社会保障制度调节收入再分配对我国的启示[J].西安财经学院学报,2013,26(06):87-93,300.

[188] 新加坡:两大制度培育庞大中产阶层[J].学习博览,2014(10):68.

[189] 徐丙奎.西方社会保障三大理论流派述评[J].华东理工大学学报(社会科学版),2006(03):24-31.

[190] 徐佳舒,段志民.中等收入持续期及其影响因素分析——构建橄榄型收入结构视角[J].江西财经大学学报,2017(02):24-39.

[191] 徐建华,陈承明,安翔.对中等收入的界定研究[J].上海统计,2003(8):12-14.

[192] 徐谦.关于扩大中产阶级的财政政策研究[D].成都:西南财经大学,2007.

[193] 徐祖辉,谭远发.健康人力资本、教育人力资本与经济增长[J].贵州财经大学学报,2014(06):21-28.

[194] 亚行副行长:中国需深化财政改革促进包容性增长和经济再平衡[EB/OL].新华网,2013-03-24.

[195] 严斌剑,周应恒,于晓华.中国农村人均家庭收入流动性研究:1986—2010年

[J].经济学(季刊),2014(3):939-968.
[196] 颜卿鸿.中产主义:"罗斯福新政"及其启示[J].读书,2010(7):96-99.
[197] 杨翠迎.中国社会保障制度的城乡差异及统筹改革思路[J].浙江大学学报(人文社会科学版),2004(03):13-21.
[198] 杨兰品,陈锡金,唐留昌.国有垄断行业要素收入分配的结构性偏差——基于工业部门不同类型行业的比较研究[J].经济评论,2015(02):101-114.
[199] 杨亮.中国政府卫生支出的问题与对策[D].武汉:武汉大学,2012.
[200] 杨玲玲.当代中国的中等收入群体探析[J].中共中央党校学报,2013(4):68-72.
[201] 杨敏.经济转型与政府调适[D].武汉:华中师范大学,2009.
[202] 杨晓妹,王有兴.公共就业支出结构与不同收入群体就业差异调节效应分析[J].西安财经学院学报,2016,29(03):5-10.
[203] 杨晓妹.财政政策就业效应研究[D].成都:西南财经大学,2014.
[204] 杨宜勇,顾严.2006—2007年:政府高度重视下的收入分配[J].经济研究参考,2007(18):4-10.
[205] 杨宜勇.对瑞典和德国中产阶级的考察[J].开放导报,2004(6):87-90.
[206] 姚洋.作为一种分配正义原则的帕累托改进[J].学术月刊,2016,48(10):44-54.
[207] 一定让老人老有所医——全国政协委员、宁夏医学院副院长戴秀英呼吁尽快出台老年医疗服务的刚性文件[J].首都食品与医药,2012(7):30-30.
[208] 医护比低于国家最低标准,广东仍需注册护士18万[EB/OL].华夏经纬网,2014-05-12.
[209] 尹恒,龚六堂,邹恒甫.收入分配不平等与经济增长:回到库兹涅茨假说[J].经济研究,2005(04):17-22.
[210] 尹蔚民.全面建成多层次社会保障体系[J].中国社会保障,2018(2):14-16.
[211] 于佳宁.如何推动中国制造迈向中高端[N].经济日报,2017-12-22.
[212] 于良春,张俊双.中国垄断行业收入分配效应的实证研究[J].财经问题研究,2013(01):24-29.
[213] 余央央.中国人口老龄化对医疗卫生支出的影响[D].上海:复旦大学,2012.
[214] 余增威.当前我国中产阶层规模变化探析[D].成都:四川省社会科学院,2017.
[215] 喻良涛.积极劳动力市场政策与就业支出绩效评析[J].财政研究,2010(02):52-55.
[216] 袁东振.拉美国家收入再分配政策的局限性[J].拉丁美洲研究,2003(03):23-28.
[217] 曾雁冰.基于系统动力学方法的医疗费用过快增长问题建模与控制研究[D].上海:复旦大学,2011.
[218] 翟艳群.美国各级政府义务教育责任及对我国的启示[D].杭州:浙江财经大

学,2016.

[219] 张长浩.社会保障和就业支出对就业与失业影响的研究[D].昆明:云南师范大学,2014.

[220] 张车伟.《中国的劳动与社会保障问题》评介[J].中国工业经济,2005(05):127-128.

[221] 张辉.建设现代化经济体系的突破路径[N].经济参考报,2018-07-04.

[222] 张健.布坎南与公共选择理论[J].经济科学,1991(02):70-75.

[223] 张京萍.OECD个人所得税改革趋势研析[J].国际税收,2017(03):24-28,296.

[224] 张敬石,胡雍.美国个人所得税制度及对我国的启示[J].税务与经济,2016(01):97-102.

[225] 张晴晴.澳大利亚老年护理保障制度研究[D].武汉:武汉科技大学,2011.

[226] 张少良.中等收入群体规模变动的因素分析[D].杭州:浙江工商大学,2017.

[227] 张世晴,王辉,甄学民.新老凯恩斯主义宏观经济政策的比较[J].南开经济研究,1999(02):32-37.

[228] 张世伟,吕世斌,赵亮.库兹涅茨倒U型假说:基于基尼系数的分析途径[J].经济评论,2007(04):40-45.

[229] 张世伟,万相昱.基于洛伦茨曲线的收入分配评价方法[J].江西社会科学,2008(02):70-76.

[230] 张术茂.中国财政支出政策就业效应研究[D].沈阳:辽宁大学,2014.

[231] 张兴祥."美国梦"衰落了吗?——奥巴马政府重建中产阶级基石的动因与举措[J].国际政治研究(双月刊),2015,52(3):9-33.

[232] 张雅光.加快推进拔尖创新型人才队伍建设[J].中国国情国力,2014(11):58-60.

[233] 张岩.二十世纪九十年代以来西欧社会党社会政策改革研究[D].济南:山东大学,2014.

[234] 张寅凯.社会保障支出的国际比较及启示——以中国和部分OECD国家为例[J].大观.2017,(7):185.

[235] 张迎春,张琦.优化人力资本结构与扩大中等收入者比重[J].大连海事大学学报(社会科学版),2006(01):65-68.

[236] 张原.职业教育助推经济转型升级[N].中国社会科学报,2013-08-13.

[237] 张占斌.中国公共卫生政府投入及国际比较分析[J].学习论坛,2009,25(3):43-46.

[238] 张志强,高丹桂.刘易斯二元经济理论再解构[J].中国石油大学学报(社会科学版),2008,24(06):22-26.

[239] 赵娟.中国经济波动研究:基于总量和产业层面[D].武汉:华中科技大学,2011.

[240] 赵鹏飞.公共卫生支出与国民健康及经济发展的关系研究[D].北京:北京交

通大学,2012.
[241] 赵竹茵.中国中产阶级发展问题研究[D].武汉：武汉大学,2014.
[242] 郑秉文.中国养老金发展报告2014——向名义账户制转型[M].北京：经济管理出版社,2014.
[243] 郑春荣.欧盟逆全球化思潮涌动的原因与表现[J].国际展望,2017,9(01)：34-51,145-146.
[244] 郑功成.中国社会保障："十二五"回顾与"十三五"展望[J].社会政策研究,2016(01)：77-97.
[245] 中东欧国家支持中国加入世界贸易组织《政府采购协定》[EB/OL].财政部国库司,2018-07-10.
[246] 中国大病保险覆盖城乡9.66亿人超800万人直接受益[EB/OL].中国新闻网,2016-12-19.
[247] 中央全面深化改革小组：提高城乡居民基本养老险水平[N].上海证券报,2018-01-26.
[248] 钟慧澜,章晓懿.从国家福利到混合福利：瑞典、英国、澳大利亚养老服务市场化改革道路选择及启示[J].经济体制改革,2016(05)：160-165.
[249] 钟祥财.萨伊经济思想再议[J].贵州社会科学,2010(04)：101-109.
[250] 周天勇.三大原因导致居民收入分配比重下降[J].学习月刊,2010(25)：45.
[251] 周晓虹.扩大中等收入者的比重是保证社会和谐发展的不二法则[J].学习与探索,2005(06)：24-29.
[252] 朱富强.收入分配与经济萧条：霍布森的人本思想[J].嘉应学院学报,2009,27(04)：61-65.
[253] 朱国林,范建勇,严燕.中国的消费不振与收入分配：理论和数据[J].经济研究,2002(5)：72-80
[254] 朱睿.丹麦财政社会保障支出公平性分析及启示[J].中国市场,2015(33)：251-252.
[255] 朱卫东,姚建平.人口老龄化对我国未来养老保险制度的影响及其对策[J].经纪人学报,2005(2)：64-68.
[256] "注重孩子全面发展"呼声最高[N].深圳特区报,2017-04-19
[257] 专家学者解读科学人才观：人才投资是效益最大的投资[N].中国组织人事报,2012-06-15.
[258] 庄健.中国居民收入差距的国际比较与政策建议[J].宏观经济研究,2007(02)：29-35.
[259] 邹东红.古典、新古典收入分配理论比较[J].价格月刊,2008(11)：84-86.
[260] Afonso, A., Schuknecht, L. & Tanzi, V. (2010). Public Sector Efficiency: Evidence for New EU Member States and Emerging Markets [J]. Applied Economics, 2010：42(17), 2147-2164.
[261] Afonso A., Kazemi M. Assessing Public Spending Efficiency in 20 OECD

Countries. In: Bökemeier B. , Greiner A. (eds) Inequality and Finance in Macrodynamics, Dynamic Modeling and Econometrics in Economics and Finance, vol 23. Springer, Cham. 2017(23): 7-42.

[262] Borraz F, Pampillón N G, Rossi M. Polarization and the Middle Class [EB/OL] http://www. fcs. edu. uy/archivos/2011. pdf.

[263] Ervik R. The Redistributive Aim of Social Policy: A Comparative Analysis of Taxes, Tax Expenditure Transfers and Direct Transfers in Eight Countries [Z]. LIS Working Paper, 1998(184).

[264] Faris R. The Middle Class from a Sociological Viewpoint [J]. Social Force, 1960,39(1): 13.

[265] Ferranti D D, Perry G E, Fancisco H G. Ferreira and Michael Walton, Inequality in Latin America: Breaking with History? [Z]. Washington, D. C. : The World Bank, 2004.

[266] Gómezy D. Las clases medias latinoamericanasy España: Oportunidadesy Desafíos [Z]. Documento de Trabajo, 24/2008.

[267] Goñi E, López JH, Servén L. Fiscal Redistribution and Income Inequality in Latin America [Z]. The World Bank: Policy Research Working Paper 4487, 2008.

[268] Heipertz M, Ward-Warmedinger M. Economic and Social Models in Europe and the Importance of Reform [J]. Financial Theory & Practice, 2008,32(3): 255-287.

[269] Herbertsson T T. Accounting for Human Capital Externalities with an Application to the Nordic Countries [J]. European Economic Review, 2003, 47(3): 553-567.

[270] Hubbard RG, SkinnerJ, Zeldes S P. Precautionary Saving and Social Insurance [J]. Journal of Political Economy, 1995,103(2): 360-399.

[271] Jean-Yves Hocquet, Relations between Employment and Social Security Policies in Europe: Social Protection and Employment' Partnership or Rivalry [R]. Report of EU-China Social Protection Reform Project, 2016.

[272] Jesuit D, Mahler V. State Redistribution in Comparative Perspective: A Cross-National Analysis of theDeveloped Countrie [R]. Luxembourg Income Study Working Paper, 2004.

[273] Jr AMS. The Coming of the New Deal [J]. Boston: Houghton Mifflin Company, 1958: 288.

[274] Jrge G. Castañeda and Hector Aguilar Camin [J]. A Future for Mexico, 2008: 46.

[275] KristjanssonAS. Income Redistribution in Iceland: Development and European Comparisons [J]. European Journal of Social Security, 2011(4): 392-423.

[276] Lindert K, Skoufias E, Shapiro J. Redistributing Income to the Poor and the Rich: Public Transfers in Latin America and the Caribbean [Z]. World Bank: Discussion Draft, 2005.

[277] Marklund, S. & Nordlund, A., 1999. "Economic Problems, Welfare Convergence and Political Instability." In M. Kautto et al., eds., Nordic Social Policy: Changing Welfare States [M]. London and New York: Routledge.

[278] Meyerson H. Who's Got the Political Will to Save the Middle Class? April 30, 2014.

[279] Milanovic B. Do More Unequal Countries Redistribute More? Does the Median Voter Hypothesis Hold [Z]. World Bank Policy Research Working Paper, 1999(2264).

[280] Mills C, Collar W. The American Middle Classes [M]. New York: Oxford University, 1951.

[281] Olivieri S. Debilitamiento de la Clase Media: Gran Buenos Aires 1986 – 2004 [EB/OL] Diciembre, 2007. http://www.depeco.econo.unlp.edu.ar/maestria/tesis/051-tesis-olivieri.pdf.

[282] PEW Research Center. The Lost Decade of Middle Class [R]. PEW Research Center, 2012.

[283] Solimano, A. The Middle Class and the Development Process. Serie Macroeconomía del Desarrollo 65. Santiago, Chile: United Nations, Economic Commission for Latin America. 2008: 1 – 51.

[284] The American Middle Class is Losing Ground [Z]. Pew Research Center, 2015.

[285] Thompson D. The Hollowing Out of America's Middle Class [J]. The Atlantic, 2010.

后 记

本书的写作缘起于10年前我参与中国(海南)改革发展研究院(以下简称"中改院")关于收入分配与公共服务体制建设的研究,当时就萌生了研究公共财政政策与中等收入群体发展两者之间关系的想法。尔后,工作之余,我的博士学位论文研究以及我负责的国家社科基金项目研究都围绕这一问题开展。在此,特别感谢国家社科基金的支持。

特别感谢中改院院长迟福林教授,他常跟我们说中改院"以直谏改革为己任""做问题导向的行动研究""做一个建设者",时时为我们在浩瀚的科研海洋中引航。感谢我的博导贾康教授为本书研究提供的宝贵意见和建议,我从导师身上,不仅感受到对学术的执着追求,也体会到一名学者的恪尽职守。感谢殷仲义教授,这些年他在研究方法、研究框架和规范写作等方面,与我做了许多的探讨,给予许多耐心的指导。本书对中等收入群体与公共服务财政支出两者关系的理论研究,受到了中国宏观经济研究院教授常修泽、国务院发展研究中心研究员倪红日两位老师的启发。在中等收入群体与公共服务财政支出的相关性分析以及调查问卷研究过程中,蔡文龙、陆峰等给了我许多宝贵的建议和帮助,在此一并感谢。我要感谢中国(海南)改革发展研究院苗树彬、方栓喜、匡贤明、危文锋、钟尹曼等领导和同事一路的关心、鼓励与支持。本书的思考得益于与许多前辈和同事的交流与讨论,但文责完全自负。

感谢母亲,在我投入科研写作的日子里,她全心奉献、照料家庭,始终是我最坚强的后盾。感谢女儿,她的古灵精怪常常为我提供灵感火花。感谢他,感谢他在我遭遇挫折困顿时对我的理解和鼓励。

"这个世界会好吗?"这是梁漱溟先生的世纪之问。先生已逝,但这个问题仍盘旋在新世纪的上空,盘旋在我们每一个人的上空。这追问是激励,也是责任。我时常想起鲁迅先生的名言"能做事的做事,能发声的发声。有一分热,发一分光。"作为千千万万科研工作者中的一名,心怀希望、心怀感恩,努力地发挥一份自己的能量,不仅是为了成为更好的自己,更为一个更好的世界。

何冬妮

2020 年 5 月

图书在版编目(CIP)数据

公共服务财政支出与中等收入群体发展 / 何冬妮著. —上海：上海社会科学院出版社，2020
 ISBN 978 - 7 - 5520 - 3297 - 0

Ⅰ. ①公… Ⅱ. ①何… Ⅲ. ①公共服务—财政支出—研究—中国②居民收入—研究—中国 Ⅳ. ①F812.455 ②F126.2

中国版本图书馆 CIP 数据核字(2020)第 173258 号

公共服务财政支出与中等收入群体发展

著　　者：何冬妮
责任编辑：王　睿
封面设计：黄婧昉
出版发行：上海社会科学院出版社
　　　　　上海顺昌路 622 号　邮编 200025
　　　　　电话总机 021 - 63315947　销售热线 021 - 53063735
　　　　　http://www.sassp.cn　E-mail: sassp@sassp.cn
照　　排：南京前锦排版服务有限公司
印　　刷：上海天地海设计印刷有限公司
开　　本：710 毫米×1010 毫米　1/16
印　　张：16.75
字　　数：242 千字
版　　次：2020 年 11 月第 1 版　2020 年 11 月第 1 次印刷

ISBN 978 - 7 - 5520 - 3297 - 0/F·630　　定价：88.00 元

版权所有　翻印必究